JN245782

保育内容総論

福﨑淳子・及川留美 [編著]

今井康晴・梶原里美
金　瑛珠・山路千華・善本眞弓 [著]

創 成 社

はじめに

　園生活における何気ない日常的な保育のなかで，日々，たくさんのエピソードが生まれています。園庭の隅で見つけたクモの巣を前に，「あ　ひかってる」「こっちはひかってない」と不思議そうな顔でクモの巣を見つめる子どもたち。前日の雨に濡れ，クモの巣が水滴で輝いていますが，光っている巣と光っていない巣に気づいたのです。「どうしてだろう」「ここだけ雨がふらなかった」「クモが食べちゃった」とクモの巣談義の子どもたち。様子を見ていた保育者が「こっちはいっぱいお日さまがあたってるね」と一言。「そうか」と何かに気づいた子どもたちのなかから「おひさまって，宝石つくるんだ」と叫ぶ子どもの声。一同納得。笑顔が溢れています。そこには，保育者とともに「なぜだろう」談義を楽しみながら，発見をよろこび合う子どもたちの姿があります。その姿を思い描いてみてください。発見をよろこぶ子どもたちの声が聞こえてきませんか。子どもたちと保育者の笑顔が見えてきませんか。そして，ほのぼのとした温かさにもふれる思いがしませんか。園生活のなかで生まれるさまざまなエピソード。そこには，思いもよらぬ子どもの発想に心揺さぶられたり，釘付けになったりしながら，私たち大人が忘れかけていた大切な何かに気づかされるできごとが詰まっています。そして，日々繰り広げられる何気ないエピソードの積み重ねのなかで，子どもたちは，人としての心も育んでいきます。

　このような何気ない園生活のなかで繰り広げられるエピソードを紐解きながら，保育の学びを深めていくことをめざして編集されているのが，「エピソードから楽しく学ぼう」シリーズです。すでに，「旧版　保育内容総論」「子ども理解と支援」「環境指導法」を刊行し，本書は，2017 年に告示された「幼稚園教育要領」「保育所保育指針」「幼保連携型認定こども園教育・保育要領」をふまえ，「新版　保育内容総論」のテキストとしてまとめられました。

●

幼稚園や保育所，認定こども園において展開される保育内容について，その意味や歴史的な変遷をはじめ，子どもの発達や遊び，環境や生活のあり方，カリキュラムの展開や課題など，保育について総合的に理解していくことをめざして編集されています。そのため，保育者を志す方のテキストになることはもちろん，日々子どもと向かい合っている保育者の方，そして保育に関心をもたれている方にとっても保育の学びを深めるための一助になると考えています。

本書では，まず，1章と2章において，保育内容の意味や歴史的な流れを学びます。その上で，3章から6章にかけて，子どもの発達や遊び，環境や生活に関することについて保育内容とのかかわりを考えながら学びを深めます。さらに，7章から9章において，保育の営みの根底的な理念を深めるために法令との関係を学び，その上でカリキュラムの展開を考えていきます。そして最終の章において，保育内容の課題をみつめるという構成です。特に，7章と8章は，法令と保育内容との関係について，前半の章の学びを土台にさらに学びを深めていただきたいという思いから，後半に構成しました。

なお，各章の終わりに「確認問題」を用意しました。それぞれの章の学びを再確認していただく一助になれば幸いです。

また，各章とも，読者とともに学び合う思いを込め，「学ぼう」という問いかけからはじまっています。そして，その学び合いを深めるために，保育の実践の場で日々繰り広げられているエピソードをたくさん取り上げています。各章の執筆者が，自ら体験し心揺さぶられたエピソードや観察を通して魅せられたエピソードが織り込まれています。そのエピソードを通して，読者の方一人ひとりが，具体的に子どもの姿を思い浮かべ，自分だったら子どもの姿をどのようにとらえるだろうかと考えながら，保育の営みの深さ，尊さを学んでいただけたら幸いです。保育は，子どもの育ちを支える尊い営みです。その尊さを，本書を通して深めてくださることを心から願っています。

2019年2月

福﨑淳子

目　次

第10章　保育内容の課題について学ぼう ———————— 233

第 1 章
保育内容の意味について学ぼう

本章のねらい

　本章ではこの本を読み進めるにあたり基本となる「保育内容」とは何かということについて学んでいきます。

　幼稚園や保育所や認定こども園で保育者と子どもたちによって営まれる日々の生活を「保育」といいます。保育の基本や保育において大切にしていることを具体的なエピソードをもとにしながら解説をしていきます。日々の「保育」がどのように営まれているのかということについて以下の視点から理解を深めていきましょう。

① **「保育」とはどのような営みなのか学びましょう。**

　幼稚園や保育所や認定こども園において日々展開されている「保育」について学ぶとともに，そこで大切にしていることはどのようなことなのかということについて理解しましょう。

② **保育内容について学びましょう。**

　「育みたい資質・能力」「幼児期の終わりまでに育ってほしい姿」および幼児をとらえる視点としての5つの領域について学びましょう。またそれぞれの関連について具体的な保育場面から理解を深めましょう。

③ **保育の構造と保育者の援助について学びましょう。**

　日々の保育は連続的に営まれています。保育の仕組みを理解するとともに，そこにおける保育者の援助とはどういうものなのかについて学びましょう。

第1節 「保育」とはどのような営みか

（1）「保育」とは

　本書は，保育現場で働く保育者や将来保育現場で働きたいと考えている保育者養成校の学生，および子育てに興味をもつ人が「保育」についての学びを深めることを目的としています。そこでまず，本書でとりあげる「保育」とはどのような営みなのかを考えてみたいと思います。

　保育という語の源源は，大人が乳幼児を保護し育てることにあります。つまり家庭において家族が子育てをする場合においても，家庭外の保育施設で保育者が子育てをする場合においても子どもを保護し，育てる場合において"保育をする"ということができます。しかし，一般的には家庭における子育てを育児，保育施設などで子育てにあたる場合を保育としています。それでは，幼稚園や保育所では「保育」をどのようにとらえているのでしょうか。

　たとえば学校教育法※1）の第三章，第二十二条において「幼稚園は，義務教育及びその後の教育の基礎を培うものとして，幼児を保育し，幼児の健やかな成長のために適当な環境を与えて，その心身の発達を助長することを目的とする。」（傍線筆者）としています。そして幼稚園教育要領※2）においては，「幼児期の教育は，生涯にわたる人格形成の基礎を培う重要なものであり，幼稚園教育は，（中略）幼児期の特性を踏まえ，環境を通して行うものであることを基本とする」としています。また，保育所保育指針※3）においては，保育所の役割を「保育を必要とする子どもの保育を行い，その健全な心身の発達を図ること」とし，「その目的を達成するために，保育に関する専門性を有する職員が，家庭との緊密な連携の下に，子どもの状況や発達過程を踏まえ，保育所における環境を通して，養護及び教育を一体的に行うこと」（傍線筆者）が保育所の特性であるとしています。

　このように幼稚園や保育所においては，保育の専門性を有する保育者による保育を通して子どもの心身の発達を図ることが目的として掲げられているとい

えます。そしてそこでいう「保育」とは保育者が子どもたちのために適当な環境を構成したり援助[4]をしたりすることにより，活動が豊かに展開されることを通して子どもが健やかに成長できるようにすることであるといえるでしょう。本書では，子どもたちの保育場面におけるエピソードをもとにしながら，さまざまな側面から「保育」について具体的に学んでいきます。

（2）保育において大切にしていること

　幼稚園や保育所，認定こども園は教育の基礎を培うところです。教育とは「教え育てること」[5]とありますが，その方法論は小学校以上の教育と異なるといえるでしょう。前述したように「環境を通して」行われるのが保育施設における教育すなわち保育です。

　子どもたちの遊びからこのことについて考えてみたいと思います。幼稚園教育要領では，「幼児の自発的な活動としての遊びは，心身の調和のとれた発達を培う重要な学習である」とし「遊びを通しての指導を中心」として行うこととしています。つまり，子どもの「遊び」を「環境を通して」行えるようにすることが保育において大切であるといえます。子どもたちの遊びの様子を見てみましょう。

エピソード 1-1　**お茶作りから，お店屋さん（4歳児6月）**

　畑付近を散歩中，ホノ，マイカが，「これはお茶の葉っぱなんだよ」「これを，擦るとお茶が出るんだよ」と，お茶の葉っぱを発見します。ちょうど，部屋にすり鉢があったのを思い出し，「すり鉢があるよ」と保育者が提案すると，「やるやる！」とのことで，お茶作りが始まりました。

　保育者が園庭に机を設置してホノたちがお茶作りを行っていると，ハルキやユウタもやってきました。ユウタが，葉っぱを丸ごとすり鉢に入れ「なかなか（色

が）出ないな〜」とつぶやくと，すかさずマイカが「小さくちぎって入れた方がいいよ」とアドバイスします。教えてもらったユウタは，「ほんとだ！」とキレイな緑色が表れ，嬉しそうです。この4人はふだんいつも一緒に遊ぶ関係ではありませんが，面白い遊びを通して，新しい仲間と関わりが出てきました。

　翌日，朝から「お茶の続きをやろう！」と園庭に向かっていったホノ，マイカ。ユウタも登園すると園庭に向かっていきます。昨日のようにお茶を作り，今日はペットボトルに入れることにします。すると，ユウタが「お店屋さん，やらない？」と遊びを提案し，「お茶屋さん」を開店することになりました。

　ちょうど園庭に家を作って遊んで見ていた男の子たちが，「お茶屋さんの家を作ってあげようか！」とスダレを上から吊るしたり，「ここに座ってお茶を飲めるようにするのは？」とベンチを運んできてくれました。遊びと遊びがつながり，お店屋さんが展開していきました。

　お茶の葉っぱを見つけたホノとマイカ，保育者の「すり鉢あるよ」という提案でお茶遊びが始まりました。すり鉢というモノの存在が子どもの遊びを豊かにするきっかけとなっているといえるでしょう。園庭に設置した机で展開される遊びは，園庭で遊んでいる子どもたちの目を惹きます。そこはいつもとは違う仲間と遊びを共有する場となりました。また，ペットボトルやスダレやベンチは，子どもたちのこうしたい，ああしたいといった遊びのイメージを実現し，遊びをより豊かに展開させます。エピソード1−1にあるように，モノや空間や保育者そして友だちに触発され，子どもがそれらと関わり合いながら展開される生活を「環境を通した」保育といいます。保育者は子どもたちの遊びの展開を見通しながら，モノを準備したり場を構成したり援助したりすることが大

切になってきます。

　幼稚園教育要領解説書においては，環境を通した保育においては子どもたちの生活を大切にしなければならないとしています。そのため，友だちと関わりあいながら，興味や関心に基づいた直接的な体験が得られるような「幼児期にふさわしい生活が展開されるようにすること」や，「遊びを通しての総合的な指導が行われるようにすること」，子どもの発達や内面を理解しながら「一人一人の特性に応じた指導が行われるようにすること」の3点を重視する事項として挙げています。

第2節　幼稚園教育において育みたい資質・能力および幼児期の終わりまでに育ってほしい姿

（1）幼児期の終わりまでに育みたい資質・能力

　情報化社会に伴い，あらゆる情報が誰でも瞬時に入手できるようになりました。そのため，教育の現場においても教育に対する問いが「何を知っているか」から「何を理解しているか」，「個別の知識・技能」から『生きて働く「知識・技能」』へ，つまりは「どのような問題解決を現に成し遂げるか」に変化[1]したとしています。

　そして 2017（平成29）年に告示された小学校学習指導要領[※6] 第1章総則には育成を目指す資質・能力として以下のように示されています。

　（1）知識及び技能が習得されるようにすること

　（2）思考力，判断力，表現力等を育成すること

　（3）学びに向かう力，人間性等を涵養すること

　同じく 2017（平成29）年告示の幼稚園教育要領，保育所保育指針，幼保連携型認定こども園教育・保育要領においては，各施設において育みたい資質・能力及び「幼児期の終わりまでに育ってほしい姿」[※7] として新しい項が加わり

ました。以下は3つの育みたい資質・能力です。

> （1）豊かな体験を通じて，感じたり，気付いたり，分かったりできるように なったりする「知識及び技能の基礎」
>
> （2）気付いたことや，できるようになったことなどを使い，考えたり， 試したり，工夫したり，表現したりする「思考力，判断力，表現力 等の基礎」
>
> （3）心情，意欲，態度が育つ中で，よりよい生活を営もうとする「学び に向かう力，人間性等」

　学習指導要領と幼稚園教育要領等を比較するとわかるように，幼児期に身に付けたことが小学校以上の教育へとつながっていくことがイメージできると思います。そして，上の（1）～（3）の資質・能力が育まれている子どもの小学校就学時における具体的な姿であり，保育者が指導を行う際に考慮するものとして図表1－1の10の姿を挙げています。

　実際の子どもたちの日々の姿から具体的に資質・能力が育まれるということについて考えてみましょう。

図表1－1　幼児期の終わりまでに育って欲しい姿

健康な心と体	自立心	協同性	道徳性・規範意識の芽生え	社会生活とのかかわり
思考力の芽生え	自然との関わり・生命尊重	数量や図形，標識や文字などの関心・感覚	言葉による伝えあい	豊かな感性と表現

エピソード 1−2　　仲間と試行錯誤①（4歳児9月）

　2学期から転入してきたリョウが、空き箱で車を作りました。ストローにキャップをくっつけてタイヤを作りましたが、あまりしっくりきていない様子です。帰りの会で、そのことを話題にすると、「キャップに穴

を開けて、棒に刺すといいよ！」と教えてもらい、数人の仲間が教えてくれることになりました。

　木曜日、リョウとアキヒト、ミナコが車を作ると、3人で園庭に車を持って走らせにいきました。すると、その姿を見て興味をもった子たちがたくさん集まってきたので、園庭での車作りが始まりました。

　完成すると、いつも遊んでいる“雨どい”を使って「ピタゴラスイッチでもできそうじゃん！」「山から走らせてもいいかも！」と園庭の色々な所で走らせてみます。

　エピソードからは空き箱で車を作りながら、どうしたら車のタイヤを車体につけることができるか試行錯誤をしたり、どこで作った車を走らせたら面白いかなど仲間と工夫をしたりする子どもたちの姿が見られます。保育者が帰りの会でリョウが車づくりで悩んでいることを取り上げたことをきっかけに、友だちがどうしたらよいかという考えを伝える（言葉による伝えあい）とともに、次の日の遊びへとつながって行きました。遊びのなかでは、お互いの考えを伝えあったり、一緒に考えたり工夫したりしながら（協同性・思考力の芽生え）より遊びをおもしろいものへしていこうとする様子が読み取れます。

　エピソードにあるように、子どもたちは日々の生活のなかで、図表1−1の10の姿にあるような経験を重ね、資質・能力が育っていくといえるでしょう。

エピソード 1−3　仲間と試行錯誤②（4歳児9月）

　翌日になると，その姿を見て色々な子たちが車作りに挑戦します。キャップの穴あけは保育者が手伝いますが，それ以外は自分でできる所はやっていきます。登園して，作りたい子たちが車作りに集中していると，「なんか変！」とアキラがつぶやきます。見ると，箱に対してタイヤの棒が短く，これではタイヤは回りません。そのことに気づいたようです。

　このとき，私は思わずヒントを出しそうになりましたが，一緒に車を作っていた子どもたちが，アキラが困っていることに耳を傾けている様子を感じたので，少し待ってみました。

　すると，「もう少し頑丈にすればいいんじゃない？」とか「テープをしっかり貼るんだよ」と周りの仲間がアドバイスし始めました。でも，アキラはどれもしっくり来ていない様子。すると，昨日同じような経験をしたゴロウが，箱を横にすればいいんだよ，とまさに自分が昨日解決できたアイデアを提案します。箱を横にすると，自分が思っていた車の形ではなくなるのが嫌なのか，アキラは，「うーん」と首をひねっています。自分でも，タイヤの向きを変えたりしていますが，どれもうまくいきません。

　同じように車を作りながら，時折アキラの様子を見ていたマイが，「箱が大きいんじゃない？」という言葉に "あぁ" とアキラの表情がパッと明るくなりました。自分のやりたいことは，それ！　と，マイのアドバイスがアキラのイメージと合致したのでしょう。空き箱コーナーから，タイヤの棒がはまる大きさの牛乳パックを持ち，ようやくアキラの車は完成しました。

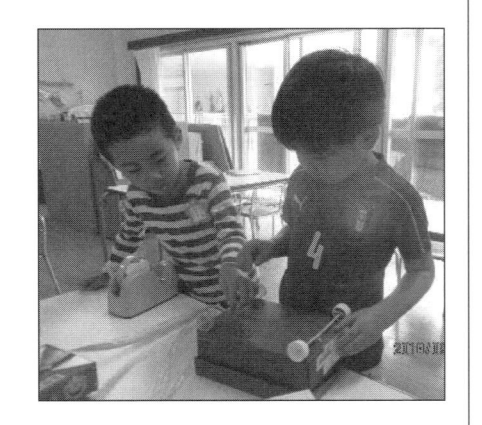

　このエピソードはエピソード1－2　『仲間と試行錯誤』①の翌日の子どもの様子となります。悩んでいるアキラに，保育者は直接アドバイスをせず子どもたちの様子を見守ることにします。このように子どもに直接関わらずに意図をもって見守ることも保育者の援助となります。前日のように仲間からアドバイスをもらい（言葉による伝えあい）ながら，アキラは車を作っています。しかし，友だちのアドバイスのとおり車を作り直してみる（思考力の芽生え）ものの，なかなか自分の思い通りにはいかない様子がわかります。試行錯誤を繰り返した結果，牛乳パックを使用して車を作ることにより自分でイメージした車を作り上げる（自立心・豊かな感性と表現）ことができました。このエピソードからは，アキラの試行錯誤の後の達成感を読み取ることができます。

　エピソードで見てきた通り，子どもたちの遊びを中心とした生活は重層的な多くの経験によって成り立っています。幼稚園教育要領や保育所保育指針，幼保連携型認定こども園教育・保育要領に示されている10の姿は，達成目標ではありません。日々の保育を考える際には，子どもたちが多様な経験を通して育っていくことを考慮し，その方向性として幼児期の終わりまでに育ってほしい10の姿を念頭に置きながら，保育環境を整えたり援助をしたりすることが必要となるといえます。

（2）保育の内容
①　幼児におけるねらい及び内容

　幼児期において，育みたい資質・能力を幼児の生活する姿からとらえたものを「ねらい」とし，それを達成するために子どもの実情をふまえながら援助し，子どもたち自ら環境に関わり身に付けていくことが望まれるものを「内容」といいます。そしてこの「ねらい」と「内容」を子どもの発達の側面からまとめたものとして幼稚園教育要領，保育所保育指針，幼保連携型認定こども園教育・保育要領では5つの領域を編成しています。

> ・心身の健康に関する領域「健康」
> ・人との関わりに関する領域「人間関係」
> ・身近な環境との関わりに関する領域「環境」
> ・言葉の獲得に関する領域「言葉」
> ・感性と表現に関する領域「表現」

　この領域とは，子どもの発達の側面をまとめたものであるため，あらかじめ枠組みを設定している小学校以上の教科とは異なるとともに，それと直接結びつくものではないということに注意が必要となります。たとえば小学校の学習指導要領では，「国語」の目標の1つとして「日常生活に必要な国語について，その特質を理解し適切に使うことができるようにする。」とあります。これは国語という時間のなかで，教科書を用い，教師の指導により子どもが身に付けることとなります。

　一方で領域の「言葉」はどうでしょうか。「言葉」のねらいの1つに「人の言葉や話などをよく聞き，自分の経験したことや考えたことを話し，伝え合う喜びを味わう。」とあります。これは遊びを中心とした子どもたちの生活の全体を通して，言葉を使った体験を重ねることであるといえます。そして子どもの遊びや生活とは，1つの領域に特化したものではなく，さまざまな領域の要素を総合的に含んだものです。前述したエピソード1－3『仲間と試行錯誤②』をもとにして子どもの遊びからこのことについて考えてみましょう。

　アキラに友だちがアドバイスをすること，そのアドバイスを聞くことは「したいこと，してほしいことを言葉で表現したり，分からないことを尋ねたりする」（領域：言葉）経験といえます。また友だちとアドバイスをし合える関係というのは，「友達と楽しく活動する中で，共通の目的を見出し，工夫したり，協力したりする」（領域：人間関係）経験を経て生まれたものといえるでしょう。自分のイメージした車をなんとか作り上げようとするアキラは，「素材に親しみ，工夫しながら，感じたこと考えたことなどをもとにつくる」（領域：表現）

体験をしています。

　幼稚園教育要領には，各領域のねらいについて「幼稚園における生活の全体を通じ，幼児が様々な体験を積み重ねる中で相互に関連をもちながら次第に達成に向かうものであること」と示されています。各領域に示されているような子どもの育ちの方向性である「ねらい」に基づく生活のなかで，さまざまな経験を積み重ねることによって前述したような10の姿が子どもたちに現れてくるのです。

②　乳児期および 1 歳以上 3 歳未満におけるねらい及び内容

　誕生してすぐの赤ちゃんは，自らの意思で動いたり移動したり，言葉を利用して欲求を伝えたりすることができません。生後 1 年間で運動機能が発達し，自分の意思で移動できるようになるとともに，一語文を話したり簡単な言葉がわかるようになります。このように乳児期の子どもは著しい発達を見せるとともに，その後の育ちの基礎となる重要な時期となります。そこで2017（平成29）年告示の保育所保育指針においては，乳児期および 1 歳以上 3 歳未満の保育の内容が加えられました。

　乳児においては，心身のさまざまな機能が未熟であると同時に，発達の諸側面が互いに密接な関連をもち，未分化な状態[2]です。そのため以下の 3 つの視点からねらい及び内容がまとめられています。

身体的発達に関する視点	**「健やかに伸び伸びと育つ」**
社会的発達に関する視点	**「身近な人と気持ちが通じ合う」**
精神的発達に関する視点	**「身近なものと関わり感性が育つ」**

　そして 1 歳以上 3 歳未満児の保育に関しては，3 歳以上児と同様に 5 つの領域としてねらい及び内容をまとめています。乳児の未分化な 3 つの視点，そして図表 1 - 2 からわかるように乳児の 3 つの視点から 1 歳以上 3 歳未満児のねらいへ，そして 3 歳以上児のねらいへと子どもの育ちが連続的につながってい

図表1－2　領域「健康」のねらい

1歳以上3歳未満		3歳以上
○明るく伸び伸びと生活し，体を動かすことを楽しむ。 ○自分の体を十分に動かし，様々な動きをしようとする。 ○健康，安全な生活に必要な習慣に気付き，自分でしようとする気持ちが育つ。		○明るく伸び伸びと行動し，充実感を味わう。 ○自分の体を十分に動かし，進んで運動しようとする。 ○健康，安全な生活に必要な習慣や態度を身に付け，見通しをもって行動する。

ることがわかるでしょう。

③　養護に関わるねらい及び内容

　保育所はその施設の特徴から，子どもたちが入所する年齢が低いとともにそこで子どもたちが1日の大半を過ごすことも少なくありません。だからこそ，乳幼児にとって安心して過ごすことができる場であることが必要となってきます。保育所保育指針においては，保育の目標に「十分に養護の行き届いた環境の下に，くつろいだ雰囲気の中で子どもの様々な欲求を満たし，生命の保持及び情緒の安定を図ること」とあります。この子どもの生命の保持及び情緒の安定を図るために保育士等が適切に行う援助や関わりとして養護に関するねらい及び内容が示されています（くわしくは第8章にて学びます）。

　この養護の関わる内容は，これまでみてきた保育の内容と独立したものではありません。安心して過ごせる場であるからこそ，子どもたちが自己を発揮し，主体的に活動することができるといえます。保育とは，養護と保育を一体的に行うことが重要であるといえるでしょう。

第3節　保育者の援助と保育の構造

（1）保育者の援助

　保育は遊びを通しての指導が中心であるとしました。遊びとは基本的に子どもの自発的な活動であるとされています。しかし，幼稚園や保育所，認定こども園に来れば子どもたちのだれもが自発的に遊び始めるわけではありません。まずは，遊びを誘発する環境が不可欠であると同時に子どもの遊びを支える保育者の適切な援助が重要となってきます。遊びのエピソードから保育者の援助について考えてみましょう。

エピソード 1-4　**初めて走った（3歳児2月）**

　2学期，年長クラスの姿に刺激され，クラスで盛り上がっていたリレーごっこ。タケルは，みんなが走る様子を近くで見ながらも（バトンも持っているのに！），「俺はやらなーい」と保育者に言い放ち，決して入ってこようとはしません。1学期から「みんなのやっている遊び」に一度も入ってきたことのないタケルに，保育者も「なんとかして一歩踏み出せないかな…」と機会をうかがっていました。やりたい気持ちはあるのか，仲良しのコウタに「リレーやる？」と誘われ，「できるよ」と返事をする姿もありました。

　ある日外遊びをしている途中，コウタが「リレーやろう」と言い出しますが，「おれはやらない」とその場を立ち去るタケル。そこに，同じクラスのリクトがバトンを手渡してきました。手渡されたバトンを靴箱に置きに行ったタケルに，保育者が「二人きりでやってみない？」と誘ってみま

すが，それも拒否。その後皆がぞくぞくとバトンを手にして集まってくると…「先生と二人で勝負ならできるけど？」と言ってきました。

「ヨーイドン！」で保育者と二人きりで走ってみると，調子が出てきたようでコウタやリクトに誘われ，何回も走りました。部屋に帰ってから，「おれ，タケルより速かったんだよ」と保育者に話すリクトの言葉を聞いて，「うん，そうだよ。でもおれが一番になったときもあった！」と満足そうに話してくれたのでした。

　3歳児のタケルはみんなと遊びたい気持ちがあるものの，友だちの遊びに入っていくことに一歩踏み出せないようです。コウタに誘われても「できるよ」と答えるだけで自信がないのか遊びには加わりません。コウタの様子をみて，数カ月も前からずっと機会をねらっていた保育者は，コウタが友だちと遊べるようになることを願いながら，まずは「二人でやってみない？」と誘います。保育者と一緒に走ってみるという経験をきっかけとして，今まで自分から遊びに入っていくことがなかったコウタが友だちと何回も走ることを楽しみます。その後の様子からは，友だちと一緒に遊んだことの満足感と，次からは自分から友だちの遊びに入っていけるであろうコウタの姿を読み取ることができます。

　エピソードにみられるような保育者の「どうかかわることが可能なのかを見極めた上で，子どもが望ましい状態に達してほしいという大人の願いをもって子どもにかかわる」[3] ことを援助といいます。3歳児になると友だちと一緒に遊びを楽しむ姿が見られるようになります。しかしそれは保育者が主導して友だちの遊びへと加わらせようとするのでは意味がありません。子どもの様子を

みながら適切な援助をすることによって自発的に友だちと遊びを楽しめるようにすること，このような保育者の関わりが保育のなかでは重要になってきます。

（2）保育の構造

　幼稚園や保育所，認定こども園の一日は，登園から遊び，昼食…と連続しています。そして日々の保育も昨日から今日，そして明日へと連続しています。保育者は子どもたちが日々の生活を通して前節で説明した保育のねらいが達成できるように保育を構想しています。

　園には入園から卒園までの子どもたちの道筋を示した教育課程や全体的な計画，それに基づいた具体的な保育の計画である長期指導計画や短期指導計画があります。保育の計画について詳しくは9章で学習します。ここでは，日々の保育がどのような構造のもとに進められているのかをエピソードをもとにしながら具体的に考えてみたいと思います。

エピソード 1−5　鳥ごっこ（4歳児6月）

　年中クラスに進級し，6月になりました。新しい環境にまだ慣れなかったタエ。安心して遊んで欲しいと，保育者が年少クラスの時に好きだった水族館ごっこの遊びをやろうと提案します。すると，「私ね，鳥になりたい！」と近くにあった鳥の図鑑を指差します。保育者と一緒に鳥のお面を作ることになりました。作っている途中で，興味をもっ

たサエコも一緒に鳥の絵を描いて，お面を作りました。

「鳥のお家はどこなの？」と，タエに聞いてみると，「外！」ということ
で，園庭にゴザを敷いて，鳥のお家を作りました。園庭にお家ができるこ
とで，みなの注目を浴び，子どもたちが寄ってきます。サエコが「入る人
はお面被らないとダメだよ！」と伝えてくれたことで，鳥ごっこブームが
やってきて，毎日遊びが続いていきます。

　進級をして新しい環境に慣れずに遊び始めることができないタエの現在の姿
があります（図表1－3①）。保育者は年少クラスの時に水族館ごっこを楽しん
でいた子どもたちの姿を思い出したのでしょう（図表1－3② → ③）。水族館
遊びをすることを提案し（図表1－3④），タエの希望で鳥のお面を作り始めま
す（図表1－3⑤）。保育者はその後の遊びの展開を予測（図表1－3⑥）して「鳥
のおうちはどこなの？」と聞き，園庭に鳥の家を作ります（図表1－3⑦⑧）。
子どもたちの目に留まる場所に鳥ごっこの遊びの拠点となる鳥の家ができたこ
とで，次の日もその次の日も子どもたちの鳥ごっこ遊びが続いていきます。

　現在の子どもの姿がどうであるかという『子ども理解』は保育を考える上で
の基本となります。その上で，図表1－3のように過去のことを省察しながら

図表1－3　保育の構造

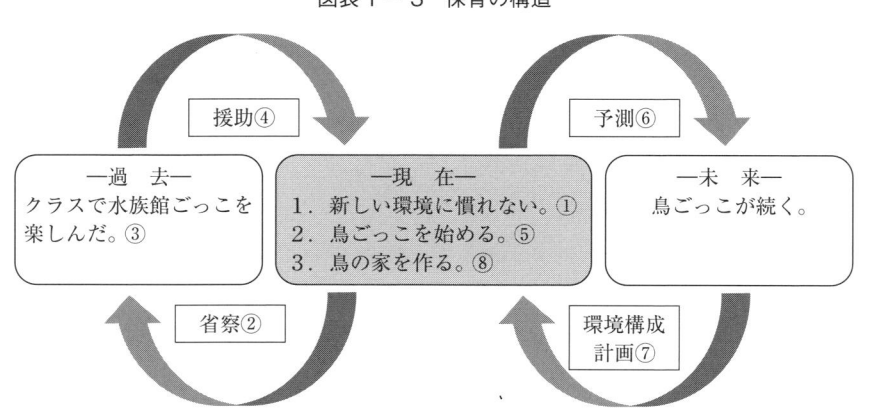

子どもに対してどのように援助したらよいかを考え援助をします。そして遊び
がどのように展開していくかという未来を予測しながら，環境を構成します。
現在の遊びの様子から過去を省察し，それをもとに未来の予測をし保育を計
画します。計画に基づいて保育を実践するこの繰り返しが日々の保育であり，
日々の保育を通して保育のねらいが次第に達成されることが保育の基本構造で
あるといえます。

＊エピソード1－1，1－2，1－3，1－5は白梅学園大学附属幼稚園教諭西井宏之氏に，
　1－4は白梅学園大学附属幼稚園教諭松尾桃子氏に提供いただきました。

【注】

※1）学校教育法は1947年に教育基本法と同日に施行され，幼稚園，小学校，中学校，
　　高等学校，中等教育学校，特別支援学校，大学及び高等専門学校について，学校お
　　よび学校の設置者や設置基準などを規定した法律のことをいいます。
※2）文部科学省が告示する幼稚園における教育課程の基準のことをいいます。幼稚園
　　教育において育みたい資質・能力を明確化すること，「幼児期の終わりまでに育っ
　　てほしい姿」を明確にし，小学校との円滑な接続を図ることをねらいとして平成29
　　年3月に改訂されました。
※3）保育所における保育の内容やこれに関する運営等について定めたもの。1965年に
　　保育所保育のガイドラインとして制定されましたが，2008年に厚生労働大臣による
　　告示となり，より規範性をもつ基準としての性格をもつようになり，2017年に改定
　　されました。
※4）ここでいう援助とは，「幼児に対し，どうかかわることが可能なのかを見極めた
　　上で，子どもが望ましい状態に達してほしいという大人の願いをもって子どもにか
　　かわること。」をさします。小川博久『保育援助論』生活ジャーナル，2000年，24頁。
※5）広辞苑によれば，教育とは教え育てることであり，望ましい知識・技能・規範な
　　どの学習を促進する意図的な働きかけの諸活動であるとされています。幼稚園と小
　　学校ではこの意図的な働きかけの方法が異なるといえます。
※6）小学校学習指導要領とは，文部科学大臣より告示された教育基本法に定められた
　　小学校教育の目的の実現を図るために国が定める教育課程の基準のことをいいま
　　す。2017年に改訂されました。
※7）育みたい資質・能力及び「幼児期の終わりまでに育って欲しい姿」は，幼稚園教
　　育要領，保育所保育指針，幼保連携型認定こども園教育・保育要領においてすべて
　　共通の内容となっています。

———————————————— 引用文献 ————————————————

（1） 奈須正裕『資質・能力と学びのメカニズム』東洋館出版，2017年，41頁。
（2） 厚生労働省編『保育所保育指針解説』，2018年，90頁。
（3） 小川博久『保育援助論』生活ジャーナル，2000年，24頁。

・・・・・・・・・・・・・・・・・ 参考文献 ・・・・・・・・・・・・・・・・・

小川博久『遊び保育論』萌文書林，2010年。
河邉貴子・赤石元子監修『今日から明日へつながる保育』萌文書林，2009年。
鯨岡峻・鯨岡和子『保育のためのエピソード記述入門』ミネルヴァ書房，2007年。
中央教育審議会（答申）「幼稚園，小学校，中学校，高等学校及び特別支援学校の学習
　指導要領等の改善及び必要な方策等について」平成28年。
文部科学省『幼稚園教育要領解説』フレーベル館，平成30年。
厚生労働省『保育所保育指針解説』フレーベル館，平成30年。
内閣府・文部科学省・厚生労働省『幼保連携型認定こども園教育・保育要領解説』フ
　レーベル館。

第1章　確認問題

次の文を読み，①〜⑫にあてはまる語句を記入しましょう（同じ番号には同じ語句が入ります）。

1．「保育」とは保育者が適当な（　①　）を構成したり（　②　）をしたりすることにより，子どもたちの活動が豊かに展開されるようにすることをいう。

2．幼児の自発的な活動としての（　③　）は，心身の調和のとれた発達を培う重要な（　④　）である。そのため幼児教育では（　③　）を通しての指導が中心に行われることが基本となる。

3．幼稚園教育要領，保育所保育指針，幼保連携型認定こども園教育・保育要領においては幼児期において，育みたい資質・能力を幼児の生活する姿からとらえたものを（　⑤　）とし，それを達成するために子どもの実情を

ふまえながら援助し，子どもたち自ら環境に関わり身に付けていくことが
望まれるものを（　⑥　）という。そしてこれらを子どもの発達の側面か
らまとめたものとして 5 つの（　⑦　）を編成している。5 つの（　⑦　）
は（　⑧　）・（　⑨　）・（　⑩　）・（　⑪　）・（　⑫　）である。

第2章
保育内容の歴史的変遷について学ぼう

本章のねらい

　日本で本格的な保育施設が誕生したのは，幼稚園が明治9年，託児所（後の保育所）が明治23年です。その後，社会が子どもや保育に求めるものの変化に伴い保育制度も改正され，保育内容は変わってきました。つまり，保育内容は社会の情勢，保育思想などから影響を受け，段階的な変化を経て現在に至っています。

　最初の保育内容の規定は幼稚園において定められ，保育内容は明治9年から昭和初期にかけて幼稚園を中心に展開されてきました。そこで，本章では幼稚園を中心にして時代を追って保育内容の変遷をたどります。

　第1節で幼稚園創成期（明治初期）から第二次世界大戦まで，第2節で終戦以降の昭和，第3節で平成，の3つの時代に分けて幼稚園の保育内容について解説します。そして第4節では保育所の保育内容の変遷，第5節で「幼保連携型認定こども園教育・保育要領」の保育内容についてまとめます。

　保育内容の歴史的な変遷を以下の視点に沿って学んでいきましょう。

① **保育内容に関する変遷を学びましょう。**

　保育内容は社会的な制度によって規定されてきました。時代を追って，どのような制度があったのか，制度の変更と共に保育内容がどのように変わったのかを理解しましょう。

② **保育内容の変化について学びましょう。**

　幼稚園の創成期に行われていた保育を起点にして，それぞれの時代の子どもや保育者のあり方に思いをはせながら，どのような保育が展開していたのかを理解しましょう。

③ **現在の保育内容成立の経過を理解しましょう。**

　保育内容は子どものよりよい成長・発達と幸福を追求すべく，今後も変化を遂げていくでしょう。現在の保育内容がどのような経過を経て成立したのかを知り，今後の保育内容を考える視点を身につけましょう。

　日本の保育内容の変遷を学ぶにあたり，はじめに 1871 年『学制』の公布から現在に至るまでの保育内容に関する年表を確認しておきましょう。

図表２－１　保育内容の変遷に関する年表

1871（明治４）年	「学制」公布
1876（明治９）年	**東京女子師範学校附属幼稚園開設**
1877（明治10）年	「**東京女子師範学校附属幼稚園規則」制定**
1879（明治12）年	「教育令」制定（学制の廃止）
1881（明治14）・1884（明治17）年	「**東京女子師範学校附属幼稚園規則」改正**
1899（明治32）年	「**幼稚園保育及設備規程」制定**
1911（明治44）年	「小学校令施行規則」改正（保育項目の内容規定削除）
1926（大正15）年	「**幼稚園令」公布　「幼稚園令施行規則」制定**
1941 ～ 45（昭和16 ～ 20）年	第二次世界大戦（太平洋戦争）
1946（昭和21）年	「日本国憲法」公布
1947（昭和22）年	「教育基本法」「学校教育法」「児童福祉法」公布（幼稚園令廃止）
1948（昭和23）年	「**保育要領―幼児教育の手びき―」刊行**
1956（昭和31）年	「**幼稚園教育要領」刊行**
1964（昭和39）年	「**幼稚園教育要領」改訂**
1965（昭和40）年	「**保育所保育指針」制定**
1989（平成元）年	「**幼稚園教育要領」改訂　６領域から５領域へ**
1990（平成２）年	「**保育所保育指針」改正**
1998（平成10）年	「**幼稚園教育要領」改訂**
1999（平成11）年	「**保育所保育指針」改正**
2008（平成20）年	「**幼稚園教育要領」改訂「保育所保育指針」改定**
2014（平成26）年	「**幼保連携型認定こども園教育・保育要領」制定**
2017（平成29）年	「**幼稚園教育要領」改訂「保育所保育指針」改定**
	「**幼保連携型認定こども園教育・保育要領」改訂**

太字は直接「保育内容」の変更に関わる事項

第１節　明治・大正・昭和（第二次世界大戦まで）の保育内容

（１）最初の幼稚園

　日本で最初の幼稚園は，1876（明治9）年，東京女子師範学校[※1]に創設された官立幼稚園・東京女子師範学校附属幼稚園（のちのお茶の水女子大学附属幼稚園）（以下「附属幼稚園」）とされています。当時は外国の文化を取り入れようとする風潮が強く，幼稚園は外国の教育思想を取り入れた高度な教育が行われる

特別な場でした。付き添いがついて馬車や人力車で送り迎えをするなど「上層階級の子弟のための学校」[1]とされていました。

① 開設当初の保育内容

　保育時間は1日4時間，対象年齢は3歳から6歳まで，1学級40名の年齢別の組で構成され，ドイツでフレーベル（Fröbel, F. W., 1782-1852）[2]の理論を学んだ松野クララが首席保姆（保母）となり，フレーベルによって考案された「恩物」[3]中心の保育が行われました。「恩物」は20種の教材（教育玩具）で，当時は「二十遊嬉」[4]と呼ばれていました。当時の恩物，二十遊嬉の名称と現在の恩物の名称を確認しておきましょう。

図表2-2　二十遊嬉[5]と恩物[6]

	二十遊嬉	恩　物		二十遊嬉	恩　物
第一恩物	六球法（ムツノマリ）	球（6個）	第十一恩物	刺紙法（サシガミ）	穴あけ
第二恩物	三体法（ミツノタイ）	三体（球・立方体・円柱）	第十二恩物	繍紙法（ヌイガミ）	縫う
第三恩物	第一積体法（積木）	立方体	第十三恩物	剪紙法（キリガミ）	描く
第四恩物	第二積体法（積木）	直法体	第十四恩物	織紙法（オリガミ）	組む・編む・織る
第五恩物	第三積体法（積木）	立方体　三角柱（2種）	第十五恩物	組板法（組ミ板・貼紙）	紙を折る
第六恩物	第四積体法（積木）	直法体（3種）	第十六恩物	連板法（ツラネイタ）	紙を切る
第七恩物	置板法（板ナラベ）	色板	第十七恩物	組紙法（クミガミ）	豆細工
第八恩物	置箸法（箸ナラベ）	細い木の棒（箸）	第十八恩物	摺紙法（タタミガミ）	厚紙細工
第九恩物	置鐶法（環ナラベ）	環（及び半環）	第十九恩物	豆工法（マメサイク）	砂遊び
第十恩物	図画法（描キカタ）	粒体	第二十恩物	模型法（ツチサイク）	粘土遊び

「幼稚園二十遊嬉」東京女子師範学校附属幼稚園（明治9年）

出所：お茶の水女子大学文教育学部附属幼稚園『年表　幼稚園百年史』
　　　国土社，1976年，9頁。

保育は以下のような流れで行われていました。

図表２－３　開設当初の１日の保育の流れ

登園　⇒　整列　⇒　遊嬉[7]室－唱歌　⇒　開誘室[8]－修身話[9]か庶物話（談話あるいは博物理解）　⇒　戸外あそび　⇒　整列　⇒　開誘室－恩物－積木　⇒　遊戯室－遊戯か体操　⇒　晝食　⇒　戸外あそび　⇒　開誘室－恩物　⇒　帰宅

出所：文部省『幼稚園教育百年史』ひかりのくに，1979年，56-57頁。

それぞれに20分ないし30分の時間がとられ，鐘の合図で行動していました。

② 　保育内容の規定―三科目・二十五子目―

開設当初の附属幼稚園には保育内容についての規定はありませんでしたが，翌 1877（明治 10）年に「東京女子師範学校附属幼稚園規則」[10]（以下，「幼稚園規則」）が制定され，ここに初めて保育内容の規定が記されました。保育内容は「保育科目」とされ，第一「物品科」，第二「美麗科」，第三「知識科」の三科目に，子目という 25 の内容が置かれていました。

フレーベルの強い影響を受けていたので，25 子目のうち 20 子目は恩物によるもので，恩物以外は「博物理解」「唱歌」「説話」「体操」「遊戯」のわずか 5

図表２－４　東京女子師範学校附属幼稚園規則による保育科目

【三科目】
第一「物品科」　日用ノ器物即チ椅子机或ハ禽獣花果等ニツキ其性質或ハ形状等ヲ示ス
第二「美麗科」　美麗トシ好愛スル物即チ彩色等ヲ示ス
第三「知識化」　観玩ニ由テ知識ヲ開ク即チ立方体或ハ幾個ノ端線平面幾個ノ角ヨリ成リ其形ハ如何ナルカ等ヲ示ス
【二十五子目】
「五彩球ノ遊ヒ」「三形物ノ理解」「貝ノ遊ヒ」「鎖ノ連接」「形体ノ積ミ方」「形体ノ置キ方」「木箸ノ置キ方」「環ノ置キ方」「剪紙」「剪紙貼付」「針画」「縫画」「石盤図画」「織紙」「畳紙」「木箸細工」「粘土細工」「木片ノ組ミ方」「紙片ノ組ミ方」「計数」「博物理解」「唱歌」「説話」「体操」「遊嬉（遊戯）」

出所：文部省「幼稚園教育百年史」ひかりのくに，1979年，57頁。

子目のみでした。

　保育は３歳児・４歳児・５歳児の年齢別クラスごとに１週間の時間表が組まれ，教科のように30分から45分の時間に区切られて，子目の指導が行われていました。５歳児の時間表を見てみましょう。

図表２－５　保育時間表「第一ノ組　小児満五年以上満六年以下」

	三十分	三十分	四十五分	四十五分	一時半
月	室内会集	博物修身等ノ話	形体ノ置キ方 （第七箱ヨリ第九箱ニ至ル）	図画及ヒ 紙片組ミ方	遊戯
火	同	計数（一ヨリ百ニ至ル）	形体積ミ方（第五箱）及ヒ小話	針画	同
水	同	木箸細工（木箸ヲ折リテ四分 ノ一以下分数ノ理ヲ知ラシメ 或ハ文字及ヒ数字ヲ作ル）	剪紙及ヒ同貼付	歴史上ノ話	同
木	同	唱歌	形体置キ方（第九箱ヨリ第十一 箱ニ至ル）	畳紙	同
金	同	木箸細工（豆ヲ用ヒテ六面形 及ヒ日用器物ノ形ヲ模造ス）	形体積ミ方 （第五箱ヨリ第六箱ニ至ル）	織紙	同
土	同	木片組ミ方及ヒ粘土細工	環置キ方	縫画	同

但シ保育ノ余間ニ体操ヲ為サシム

出所：文部省『幼稚園教育百年史』ひかりのくに，1979年，58頁。

第三恩物第一積解法

　子どもたちは一人ずつ縦横に線の引かれた「恩物机」[※11)]の前に座り，保姆（保母）の指示によって恩物の操作を行う，保育者主導の一斉保育が行われていました。

出所：関信三「幼稚園法二十遊嬉」／岡田正章監修『明治保育文献集』第２集，日本らいぶらり，1977年，399頁より転載。

日本には伝承物語やわらべう
たなどがありましたが，当時は
海外の保育を取り入れることに
重きが置かれていたので，「唱
歌」では外国の歌詞を翻訳し，
保姆が歌詞を書き替えて，雅楽
調の曲がつけられたものが歌わ
れていました。右の絵はその一
例で，子どもが手をつないで丸
くなり，体を動かした遊戯「鳩

「家鳩」の遊戯（明治 10 年頃）

出所：お茶の水女子大学文教育学部附属幼稚園
『年表　幼稚園百年史』国土社，1976 年，
14 頁より転載。

巣（家鳩）」の様子です。歌詞は以下のようでした。歌詞を見ただけで，当時
の唱歌はかなり難しいものであったことが予想されます。

【翻訳された歌詞】	【保姆によって書き替えられた歌詞】
「鴿舎ノ歌」	「家鳩」
鴿舎をあけて鴿を放そ	いへばとの　すのとひらきて　はなちやる
鴿ハ何処へ行タ田畝に遊び草原に遊ぶ	ゆくゑやいづこ　やまにのに　しばふのはらに
早く帰れ鳩舎閉よ	あそぶらん　あそびてあらば　かへらなん
帰らぬから閉めよソラ閉マッタ	とくかへらなん　かへらずば　すのととぢてん
	すのととぢてん

出所：文部省『幼園教育百年史』ひかりのくに，1979 年，61 頁。

③　保育科目の改正—24 科目から 20 科目へ—

　東京女子師範附属幼稚園の保育内容を手本に，1879（明治 12）年には鹿児島
県女子師範学校附属幼稚園，大阪府立模範幼稚園，木町通小学校附属幼稚園
（宮城県），私立稚児保育所（和歌山県）に設立されました。1880（明治 13）年に
は公立愛珠幼稚園（大阪府）が設立され，附属幼稚園にならって恩物中心の保
育が行われていきました。しかし，実際に子どもと接している保姆から，次第
に恩物への疑問が生じ，遊嬉（遊戯）を重視する保育実践が展開され，恩物の
整理が進められていきます。

1881（明治 14）年には「幼稚園規則」の保育科目も改正されました。

図表 2 － 6　改正された保育科目

「会集」「修身ノ話」「庶物ノ話」「雛遊ヒ」「木ノ積立テ」「板排ヘ」「箸排ヘ」「鐶排ヘ」「豆細工」「土細工」「鎖繋ギ」「紙織リ」「紙摺ミ」「紙刺シ」「縫取リ」「紙剪リ」「結ヒ物」「画キ方」「数ヘ方」「読ミ方」「書キ方」「唱歌」「遊戯」「体操」

出所：文部省『幼稚園教育百年史』ひかりのくに，1979 年，60 頁。

　改正前と比較すると「三科目」がなくなり，子目が整理され名称が変更しています。注目すべきは，恩物のなかから幼児には簡単すぎる「五彩球ノ遊ヒ」や「三形物ノ理解」「貝ノ遊ヒ」「木片ノ組ミ方」が削除され，新たに「会集」「雛遊ヒ」「結ヒ物」が加えられたこと，また，読み書きができるようになってほしいという親の要望から「読ミ方」「書キ方」が加えられたことでしょう。さらに，道徳的な教育の重視から「説話」は「修身ノ話」となり，小学校の「科目」に近づく傾向から「博物理解」は「庶物ノ話」に改められています。

　1884（明治 17）年に保育科目は再度改正され，「雛遊ヒ」「土細工」「結ヒ物」「体操」が削られ，保育科目は 20 科目になりました。

図表 2 － 7　改正された保育科目・20 科目

「会集」「修身ノ話」「庶物ノ話」「木ノ積立テ」「板排ヘ」「箸排ヘ」「環排ヘ」「豆細工」「珠繋ギ」「紙織り」「紙摺ミ」「紙刺シ」「縫取リ」「紙剪リ」「画キ方」「数ヘ方」「読ミ方」「書キ方」「唱歌」「遊嬉」

出所：文部省『幼稚園教育百年史』ひかりのくに，1979 年，60 頁。

　改正された「保育科目」は以降設置される多くの幼稚園の基準になっていきます。しかし，恩物を取り入れた保育は 1890 年代（明治 30 年頃）まで行われ，全国の幼稚園に広がっていきました。

（2）はじめての国の基準「幼稚園保育及設備規程」^{※12)}の制定
—保育四項目—

　全国に幼稚園が創設され，1895（明治28）年には全国の幼稚園数は200を超えました^{※13)}。1896（明治29）年には幼稚園関係者による自主的な保育研究団体・フレーベル会が発足しました。全国の幼稚園では，1897（明治30）年以降，児童中心主義，自由主義に基づく理論が保育に取り入れられるようになり，恩物にかわって，「遊嬉（遊戯)」「唱歌」が行われることが多くなり，幼稚園数もさらに増加していきます。

　1898（明治31）年，フレーベル会により文部大臣に幼稚園の明確な位置づけと制度化を求める建議書が提出され，1899（明治32）年，日本ではじめての幼稚園独自の公的規定となる「幼稚園保育及設備規程」が制定されました。

　この規定によって，入園者の年齢が満3歳から就学するまでとされ，保育時間は昼食時間を含み1日5時間以内，1人の保姆が担当する子どもの数は40人以内とされ，ほかに保育の要旨，保育項目（保育内容)，設備等が定められました。

　第五条に保育の要旨について次のように記されています。

保育ノ方法ハ幼児ノ心身発育ノ度ニ適応セシムヘク其会得シ難キ事物ヲ授ケ或ハ過度ノ業ヲ為サシメ又ハ之ヲ強要シテ就業セシムヘカラス

　これによって，これまでの反省をふまえて，幼児の心身の発育に合わせて，難しすぎることを教えたり，強要しないようにすることが示されています。そして，保育項目は「遊嬉（遊戯)」「唱歌」「談話」「手技」の四項目に整理され，一般に「保育四項目」⁽²⁾と呼ばれました。第六条の保育項目については以下のように記されています。

図表 2 − 8　保育項目

第六条　幼児保育ノ項目ハ遊嬉，唱歌，談話及手技トシ左ノ諸項ニ依ルヘシ
一　遊嬉
　　遊嬉ハ随意遊嬉，共同遊嬉ノ二トシ随意遊嬉ハ幼児ヲシテ各自ニ運動セシメ共同
　　遊嬉ハ歌曲ニ合ヘル諸種ノ運動等ヲナサシメ心情ヲ快活ニシ身体ヲ健全ナラシム
二　唱歌
　　唱歌ハ平易ナル歌曲ヲ歌ハシメ聴器，発声器及呼吸器ヲ練習シテ其発育ヲ助ケ
　　心情ヲ快活純美ナラシメ徳性涵養ノ資トス
三　談話
　　談話ハ有益ニシテ興味アル事実及寓言，通常ノ天然物人工物等ニ就キテ之ヲナ
　　シ徳性ヲ涵養シ観察注意ノ力ヲ養ヒ兼テ発音ヲ正シクシ言語ヲ練習セシム
四　手技
　　手技ハ幼稚園恩物ヲ用ヒ手及眼ヲ練習シ心意発育ノ資トス

出所：文部省『幼稚園教育百年史』ひかりのくに，1979年，505頁。

　保育項目の最初に「遊嬉（遊戯）」が置かれ，子どもの遊びや身体活動が尊重されました。そして「遊嬉」は幼児が自由に遊んだり運動したりする「随意遊嬉」と，歌曲に合わせて身体を動かす遊びを中心にした「共同遊嬉」に分けられました。

　従来，保育の中心であった「恩物」は「手技」のなかに含まれ，恩物中心の保育から，幼児の発達にそった遊びや活動を重視する保育に転換していく方向性が示されました。

　しかし，幼稚園に関するこの規定は単独法令として位置づけられることなく，1900（明治33）年に改正された「小学校令施行規則」のなかにそのまま包含されました。

　1900（明治33）年以降，フレーベル会の雑誌「婦人と子ども」により，子どもの自然な活動を重視する自由保育の思想が紹介されていきます。

　1904（明治37）年に東基吉（ひがしもときち）（1872-1958）[14]による『幼稚園保育法』（目黒書店），1908（明治41）年に和田實（わだみのる）（1876-1904）[15]らによる『幼児教育法』（フレーベル会）が発表され，保育を構造的にとらえる試みがなされ，恩物中心の保育から遊戯

中心の保育実践がなされていきます。

このようななか，1911（明治44）年に「小学校令施行規則」が改正されました。幼稚園に関する規定から「保育事項」が除かれ，「手技」に恩物を使う規定はなくなりました。

1912（明治45）年，全国の幼稚園数は500を超えました[16]。各幼稚園において保育内容が工夫され，「郊外保育」「園芸」「観察」などを行う幼稚園もあり，かなり自由な保育内容が行われるようになりました。

1912（明治45）年には倉橋惣三（1882-1955）[17]によりモンテッソーリ（Montessori, M., 1870-1952）[18]の「児童ノ家」が紹介され，以降，新しい保育思想，さまざまな保育内容が取り入れられていきます。

（3）大正の保育内容―自由な遊びを尊重した保育―

1917（大正6）年に附属幼稚園の主事になった倉橋惣三は子どもの生活を尊重し，子どもの自発性，子どもが自由に遊ぶことを大切にしました。それまで教材であった恩物（積木）を子どもの生活のなかに入れ，幼児教育に一大転機をもたらしました[3]。倉橋は「幼児さながらの生活」を尊重し，自発的な活動（遊び）を重視し，保育の場には自由な時間と活動しやすい設備（環境）と，保育者の充実指導―誘導―協同が必要であることを，後に著書『幼稚園保育法真諦』（1934・昭和9年）のなかで記しています。

では実際にどのような保育が行われていたのか，附属幼稚園の1日の流れを紹介します。

図表2－9　保育の実際・1日の流れ（大正5年頃）

9時登園 ⇒ 保育室・園庭－自由に遊ぶ ⇒ 視診 ⇒ 遊戯室－会集－朝のあいさつ，事こばなし，注意事項，歌，遊戯（のちに倉橋の発案で取りやめになる） ⇒ 談話－絵はなし，童話をきかせる（時には幼児自身が話すこともある） ⇒ 手技－粘土，きり紙，つなぎものが中心（排べ方，たたみ紙などの古い手技はほとんどしなくなった）動物ごっこ ⇒ お弁当 ⇒ お帰り

出所：お茶の水女子大学文教育学部附属幼稚園『年表　幼稚園百年史』国土社，1976年，41頁より抜粋。

　先に紹介した 1876（明治 9）年開設当初の 1 日の流れと比較してみると，恩物中心主義から脱却し，子どもの自由な遊びの機会が増えていることがわかります。保育の内容について，もう少しくわしく見てみましょう。

図表 2 － 10　東京女子師範学校附属幼稚園の保育内容（大正 5 年頃）

1．唱歌　遊戯　　　鳩ぽっぽ　金太郎　桃太郎　牛若丸など 30 数種
1．談話　　『幼児に聞かせるお話』（日本幼稚園協会刊行）が談話の資料として使
　　　　　われる。
　　　　　人形芝居，劇遊びが始められる。
1．手技　積木　小積木　床上積木（床の上で積んで大型のものを作って遊ぶ積木）
　　三体つなぎ，木製の立方体，球，円筒の三種を木綿の紐に通して結び三体の通す
　順序をくふうして遊ぶ。色のついた麦わらを適当な長さに切って色模造紙の花やちょうの型紙とつなぎ合わせ，首飾りや飾りものにつかわれ女児はこのんでこれで遊んだ。粘土はこのころでも幼児の最もよろこんだ手技の一つであった。豆細工，えんどう豆とヒゴとで，いろいろ立体的なものが作られていた。
　　幼児の手技は，排方，摺紙，縫取りなどするものがごく少数で，画をかくことが多かった。
観察　園庭には鶏小屋，はとの家，花だん，池，藤棚などがあった。年長組は朝顔とそら豆の鉢植えをし観察した。
　　遠足は毎年三月，卒業記念に上野の動物園へ年長組が歩いていった。

出所：お茶の水女子大学文教育学部附属幼稚園『年表　幼稚園百年史』国土社，1976 年，40-41 頁より抜粋。

エピソード 2－1　動物園ごっこ（大正 6 年 2 月）

　動物園ごっこを幼稚園を挙げてした。つくる前に動物園へ行き実際に動物を見たり，絵をかいたりしてつくった。学習院の幼稚園にも招待したりして楽しんだ。また部屋の片隅をつり掘りにして自由につくって遊んだ。

出所：お茶の水女子大学文教育学部附属幼稚園『年表 幼稚園百年史』国土社，1976 年，41 頁。

　保育内容の項目は「唱歌・遊戯」「談話」「手技」となり，「遠足」が行われたり，「動物ごっこ」のような，子どもの自由な遊びを尊重した保育が行われていたことがわかります。

（4）「幼稚園令」[19] の制定―保育四項目から五項目へ―

　1926（大正15）年には幼稚園数は倍増し 1,000 園を超え[20]，各園の保育実践にはさまざまな創意工夫が見られるようになりました。子どもの自発的な活動を重視するデューイの教育思想や，モンテッソーリ・メソッド[21] などを導入する幼稚園もあり，新たな保育実践が行われていきました。

　そのようななか，1926（大正15）年に初めての幼稚園単独法令「幼稚園令」が制定され，「幼稚園令施行規則」[22] に保育内容が示されました。これまでの「遊嬉」は「遊戯」になり，四項目に「観察」が加えられ，「遊戯」「唱歌」「観察」「談話」「手技」の五項目となり，「等」の 1 字が加えられました。

　「遊戯」は，鬼ごっこやかくれんぼなどの伝承遊び，すべり台やぶらんこなどの固定遊具の遊び，積木，砂遊び，ままごと，ごっこ遊びなどの子どもの自由な遊びをさす「自由遊戯」と，ダンス，創作舞踊，リトミックなど音楽や唱歌を伴った集団遊戯をさす「律動遊戯」に分けられました。

　「唱歌」には身体の動き（遊戯）を伴ったものもあり，「むすんでひらいて」「チューリップ」「蝶々」など，現在も歌われている幼児にわかりやすく簡単なものが挙げられました。

　「観察」は，名称を教えたり覚えさせたりするのではなく，ありのままにふれるものとし，小学校以降の理科教育とは異なるものとしています。

　「談話」には，昔話，童話，科学的な知識の話，教訓的な話，行事に関する話などが取り入れられています。

　「手技」の，折り紙，切り紙，豆細工，織紙，縫取り，自由画についてはこれまでも行われていましたが，恩物がそのまま使われることは少なくなりました。

　五項目に付け加えられた「等」は，すでにそれぞれの幼稚園が行っている保育内容について，適当なものであれば認めていくことを示し，保育内容の規制はより緩和されました。そして「幼稚園令」制定以降，ほとんどの幼稚園が自由遊びを取り入れていくようになります。

（5）第二次世界大戦　戦前・戦中の保育内容

　1930年代の後半頃から次第に社会全体に戦争の気配が漂い，幼稚園も徐々にその影響を受けるようになっていきます。法令として特別な措置はなかったものの，1941（昭和16）年，第二次世界大戦開戦後，子どもの遊びや保育のなかに戦争に関する内容が取り上げられたり，訓話のような話やしつけ，体力増進を重視するような内容が取り入れられていきました。1944（昭和19）年に出された東京都戦時託児所の規定には，「体育訓練」「生活訓練」「規律訓練」などの保育方針が示されています[4]。

　実際に「防空訓練」「戦争に関する談話」「飛行機の音を聞き分けるための音感教育」を行った幼稚園もあったり，子どもの遊びのなかに「戦争ごっこ」「兵隊さんごっこ」「看護婦さんごっこ」「防空演習ごっこ」「軍艦・戦艦ごっこ」「出征兵士送りごっこ」「突撃ごっこ」「バケツリレー遊び」「空襲ごっこ」など，子どもたちが戦争の影響を強く受けたことを示す遊びが見られました[5]。

　1945（昭和20）年に終戦を迎えるまで，戦時託児所になる幼稚園や，休園を余儀なくされた幼稚園，空襲により焼失する幼稚園などもあり，戦前の1940（昭和15）年には全国に2,079園あった幼稚園が，終戦後の1946（昭和21）年には1,303園に減少してしまいました[※23]。

第2節　終戦以降の昭和の保育内容（1946年以降）

（1）「保育要領─幼児教育の手びき─」[※24]の刊行
─保育内容12項目─

　第二次世界大戦終戦の翌年1946（昭和21）年に「日本国憲法」が制定され，1947（昭和22）年「教育基本法」「学校教育法」が制定されました。「学校教育法」第77条には「幼稚園は幼児を保育し，適当な環境を与えて，その心身の発達を助長することを目的とする」と定められ，ここにはじめて幼稚園は学校として位置づけられました。

　文部省では，倉橋惣三が委員長を務める「幼児教育内容調査委員会」を発

足して，1948（昭和23）年，「保育要領―幼児教育の手びき―」を刊行します。作成には厚生省も加わり，「保育要領」は幼稚園だけでなく，託児所（保育所）の保育や家庭の子育てにも参考にされるように作成されました。

　全体は「1　まえがき」「2　幼児期の発達特質」「3　幼児の生活指導」「4　幼児の生活環境」「5　幼児の一日の生活」「6　幼児の保育内容」「7　家庭と生活」の7つの章で構成され，遊具や幼稚園の設計図など，かなり細かい点まで記されたものになっています。

　「1　まえがき」には，幼児には「幼児特有の世界があり，かけがえのない生活内容がある」ので「子供の興味や要求」を重視すること，保育は「子供の現実の生活」が出発点であること，つまり，子どもの生活（遊び）を中心とした保育の重要性が強調されています。

　「5　幼児の一日の生活」には，幼稚園の1日の生活は自由な遊びを中心にするように記され，標準的な日課が具体的に示されました。

図表2－11　幼稚園の一日

（「五　幼児の一日の生活　1幼稚園の一日」冒頭部より抜粋）
幼稚園における幼児の生活は自由な遊びを主とするから，一日を特定の作業や活動の時間に細かく分けて，日課を決めることは望ましくない。一日を自由に過ごして，思うままに楽しく活動できることが望ましい。そして，その間に教師は幼児のひとりびとりに注意を向けて，必要な示唆を与え，個々に適切な指導をし，身体的にも，知的，感情的にも，社会的にも，適当な発達をはからなければならない。幼稚園の毎日の日課はわくの中にはめるべきでなく，幼児の生活に応じて日課を作るようにすべきである。

出所：民秋言『幼稚園教育要領・保育所保育指針の成立と変遷』萌文書林，2008年，33頁。

図表2－12　「幼稚園日課の一例」

（「五　幼児の一日の生活　1幼稚園の一日」）
登園（8時から9時までの間。母親が勤労者である場合は適当に早くする）⇒　朝の検査（登園した幼児の健康状態を順々に調べる）⇒　自由遊び（朝の検査がすんだのち，自由に遊ぶ。その間に音楽・お話・リズム・観察・絵画・粘土・紙細工等のいずれかを，幼児の自由な選択にまかせて行う。時には，約20分程度，いっしょに集まって行うのもよい。）⇒　間食（10時）⇒　休息（20分）⇒　自由遊び（散歩につれてゆくこともある）⇒　昼食（11時30分から12時30分まで）⇒　休息（約20分）⇒　帰りじたく（12時50分）⇒　帰宅（1時）

出所：民秋言『幼稚園教育要領・保育所保育指針の成立と変遷』萌文書林，2008年，34頁。

　保育内容は「6　幼児の保育内容」に記され，「見学」「リズム」「休息」「自由遊び」「音楽」「お話」「絵画」「製作」「自然観察」「ごっこ遊び・劇遊び・人形芝居」「健康保育」「年中行事」の12項目になりました。注目すべき点は，①保育内容が「幼児の楽しい経験」とされたこと，②「自由遊び」が加えられたこと，③「休息」や「健康保育」など従来見られなかった内容が盛り込まれたことです。

図表2－13　保育内容12項目の概要

「1見学」	園外における直接体験，社会の見学，自然体験，遠足，園外保育
「2リズム」	歌に合わせて遊ぶ「唱歌遊び」，音楽に合わせて表現して遊ぶ「リズム遊び」
「3休息」	保育の環境整備，午睡や運動後などの「休息のとり方」
「4自由遊び」	子どもの自発性に基づいた自由な遊びの環境設定，指導，観察
「5音楽」	旋律の美しい明るく単純な歌，器楽（楽隊），よい音楽を聞く（観賞）
「6お話」	子どもに対する言葉，子ども自身が話すこと，言葉遊び，話を聞く態度，よい童話の基準
「7絵画」	クレヨン・チョーク・墨・絵の具・鉛筆等で興味をもって描く，絵の観賞
「8製作」	粘土，紙粘土，木・自然物などを用いた製作，作ったもので遊ぶ，自然物の利用，観察
「9自然観察」	身近な自然の経験（小さな生きものの捕獲・飼育や植物の栽培・観察・遊び）
「10ごっこ遊び・劇遊び・人形芝居」	幼児の自発性を尊重した模倣遊び，劇遊び（お話遊び），人形劇
「11健康保育」	健康記録，健康で安全な環境，運動，休息，生活習慣，栄養，疾病予防と早期発見
「12年中行事」	伝統的な年中行事，園の行事

　これらの保育の内容は，子どもに何かをさ・せ・る・のではなく，あくまでも子どもの意欲や自発性に基づいて，遊びを通して楽しく経験できるようにすることがよいとされています。「保育要領」には子どもの生活と遊びが重視された自由保育の考え方が盛り込まれましたが，各幼稚園での受け止め方はさまざま

で，相変わらず保育者主導の指導中心の保育を行っていた幼稚園もありました。

（２）「幼稚園教育要領」[25] の制定（1956 年）―6 領域―

　1950（昭和 25）年，「学校教育法施行規則」が改正され，幼稚園にも「教育課程」という用語が使われ，「保育要領」は幼稚園の教育課程の基準であることが記されました。

　「保育要領」は幼稚園・保育所・親への提言としてはよいが，幼稚園の役割や独自性が明確でない，学校としての教育内容には適当ではない，目標と内容のつながりが明示されていないなどの批判が起こります[6]。そこで，1956（昭和 31）年，文部省から幼稚園のみの教育課程の基準を示す「幼稚園教育要領」が刊行され，「第Ⅰ章　幼稚園教育の目標」には，幼児が達成すべき具体的な目標が示されました。

図表2－14　幼児が達成すべき目標

第Ⅰ章　幼稚園教育の目標　より抜粋
1　健康で安全な生活ができるようになる。
2　幼稚園内外における身近な集団生活に適応できるようになる。
3　身近な自然に，興味や関心をもつようになる。
4　ことばを正しく使い，童話や絵本などに興味をもつようになる。
5　自由な表現活動によって，創造性を豊かにする。

出所：文部省『幼稚園教育百年史』ひかりのくに，1979 年，628-629 頁より抜粋。

　これらの目標に従って，保育の内容は「健康」「社会」「自然」「言語」「音楽リズム」「絵画製作」の 6 領域となり，「第Ⅱ章　幼稚園教育の内容」において領域別に「幼児の発達上の特質」と「望ましい経験」が記されています。6 領域の概要を確認しておきましょう。

図表２−15　６領域「望ましい経験」の概要

「健康」	健康のための習慣（清潔・食事・排便・衣服・運動・休息），運動や遊び，疾病予防，設備や用具の扱い，けがの予防
「社会」	できることは自分でする，仕事をする，きまりを守る，ものを大切に使う，友だちと仲よく協力，身近な人への親しみと感謝，身近な道具・機械を見る，行事への関心
「自然」	身近なものの見聞，動植物の世話，自然の変化や美しさに気づく，集めて遊ぶ，機械や道具を見る
「言語」	話をする，聞く，絵本・紙しばい・劇・幻燈・映画などを楽しむ，数量・形・位置・速度に関する用語を使う
「音楽リズム」	歌を歌う，歌曲を聞く，楽器をひく，動きのリズム表現
「絵画製作」	絵を描く・物を作る，形や色を知る，美しい絵や物を見る

出所：文部省『幼稚園教育百年史』ひかりのくに，1979年，630-636頁よりまとめ。

　「望ましい経験」は幼児の実態に応じて，また，各幼稚園によって適宜工夫を加えながら実践することが付け加えられました。

　また，領域については，「小学校以上の学校における教科」とは性格の異なるものであることが強調され，幼児の生活経験はいくつかの領域にまたがって交錯していること，小学校の教科のような指導は幼児には適さないことなど，基本的な考え方が示されています。

（３）「幼稚園教育要領」[※26] の第１次改訂（1964年）

　1956（昭和31）年制定の「幼稚園教育要領」に領域は「教科」とは異なるものであると示されましたが，指導計画は小学校の教育課程を考慮して立てるように記されていました。そこで，実際には領域を教科のように扱ったり，指導計画に領域の活動を単元としてまとめるなど，領域別の一斉活動，保育者主導の指導型の保育を行う幼稚園がみられました。

　これを問題として，1964（昭和39）年に「幼稚園教育要領」の第１次改訂が行われ，基本方針に「幼稚園教育は，小学校教育と異なるものがあることに留意し，その特質を生かして，適切な指導を行なうようにすること」と明示され，

幼稚園教育の独自性が示されます。

　この改訂では保育内容の向上を図ることが目的とされ，「第二章内容」の各領域には「望ましい経験」ではなく，「幼稚園修了までに幼児に指導することが望ましいねらい」が示されました。6領域の概要を確認しておきましょう。

図表2－16　改訂・6領域の概要

「健康」	健康な生活に必要な習慣や態度，いろいろな運動への興味，安全な生活に必要な習慣や態度
「社会」	個人生活・社会性生活における望ましい習慣や態度，身近な社会事象への興味や関心
「自然」	身近な動植物の愛護と親しみ，身近な自然事象への興味や関心，日常生活に必要な簡単な技能，数量や図形への興味や関心
「言語」	ことばや話の理解・表現，日常生活に必要なことばの使用，絵本や紙芝居への興味・想像力の育成
「音楽リズム」	歌唱や楽器の演奏・動きのリズムと表現の喜び，音楽への親しみ，音や動きの表現
「絵画製作」	絵を描く・ものを作る・表現の喜び，表現への工夫，材料や用具の使用，美しいものへの興味や関心

出所：文部省『幼稚園教育百年史』ひかりのくに，1979年，653-658頁よりまとめ。

　6領域のねらいは，教科のように独立したものではなく「相互に密接な連関があり，幼児の具体的，総合的な経験や活動を通して達成されるもの」とされています。しかし，具体的な内容の記載がなく，実際に行われる幼児の経験や活動の内容は各幼稚園にまかされていました。そのため，多くの幼稚園では，6領域の「ねらい」を達成するために「幼児の生活経験に即した適切なものを選び，それが相互に関連しあうように配列すること」に重きを置き，保育者が活動を選択し計画する保育者主導の保育が展開されました。

第3節　平成の保育内容

（1）「幼稚園教育要領」の第2次改訂（1989年）
―6領域から5領域へ―

　1964（昭和39）年の改訂以来25年が経過し，少子化，核家族化，女性の社会進出・労働形態の変化，高学歴化，高齢化，地域社会の希薄化，都市化，自然破壊など，幼児を取り巻く家庭や社会や自然の環境が著しく変化しました。

　また，一部の幼稚園で幼児の発達を考慮していない保育，早期教育など，幼稚園教育の基本からそれた適切でない保育が行われている実態が明らかにされました[27]。

　これらを受けて，1989（平成元）年に「幼稚園教育要領」の第2次改訂が行われました。前回の改訂時に示された「望ましい経験や活動」としての領域は，「幼児の発達を見る視点」になりました。そして保育内容「6領域」は小学校教育の教科に準じているという誤解や批判を受け，「健康」「人間関係」「環境」「言葉」「表現」の5領域に変更されました。

　5領域の内容は以下のとおりです。

図表2－17　5領域

「健康」	心身の健康に関する領域
「人間関係」	人とのかかわりに関する領域
「環境」	身近な環境とのかかわりに関する領域
「言葉」	言葉の獲得に関する領域
「表現」	感性と表現に関する領域

　各領域には具体的な教育目標を示す「ねらい」と「内容」が別に明示されました。「ねらい」は「幼稚園修了までに育つことが期待される，心情，意欲，態度」で，幼稚園生活の全体を通して「相互に関連性をもちながら」達成されるものとされています。「内容」は「ねらい」を達成するために教師が援助し，幼児が身につけていくことが望まれるもので，「具体的な活動を通して総合的

に」展開するものであることが強調されました。そして，内容の取扱いについて留意する必要のある事項が「留意事項」として別に示されています。

また，「環境を通して行う教育」「幼児期にふさわしい生活の展開」「遊びを通した総合的な指導」「一人一人の発達の特性に応じた指導」などを重視することが示され，幼児に「望ましい経験や活動」をさせようとする保育者主導の保育から，一人ひとりの幼児の主体性を重視した保育への転換の方向性が示されました。

（２）「幼稚園教育要領」の第３次改訂（1998年）
―「生きる力」の基礎を育む―

家庭や社会や自然など，子どもを取り巻く環境の変化は一層進み，保育に対するニーズも多様化してきました。こうしたなか，1996（平成8）年に中央教育審議会により「いかに社会が変化しようと，自分で課題を見つけ，自ら学び，自ら考え，主体的に判断し，行動し，よりよく問題を解決する資質や能力」「自らを律しつつ，他人とともに協調し，他人を思いやる心や感動する心など，豊かな人間性」「たくましく生きるための健康や体力」などを「生きる力」として，ゆとりのなかで「生きる力をはぐくむこと」の重要性が提言されました。これを受け，1998（平成10）年に「幼稚園教育要領」の第３次改訂が行われ，保育内容についての基本方針が以下のように示されました。

図表２－18　保育内容改訂の基本方針

ア	心身の健康を培う活動を積極的に取り入れること
イ	自然体験，社会体験などの直接的，具体的生活体験を重視すること
ウ	幼児期にふさわしい知的発達を促す教育の在り方を明確に示すこと
エ	自我が芽生え，自己を抑制しようとする気持ちが生まれる幼児期の発達の特性に応じたきめ細かな対応を図ること
オ	集団とのかかわりの中で幼児の自己実現を図ること

出所：文部省『幼稚園教育要領解説』フレーベル館，1999年，3-4頁。

　領域別に示された「留意事項」は，内容の重要性を踏まえて「内容の取扱い」に改称されました。保育内容（5 領域）についての大きな変更はありませんでしたが，自然体験や社会体験など，幼児がさまざまな環境に直接関わる内容が取り入れられています。

　また引き続き，子どもの主体的な遊びを中心とした一人ひとりに応じた総合的な指導を充実させること，さらに，小学校との連携などを充実・強化するよう示されています。

（3）「幼稚園教育要領」の第 4 次改訂（2008 年）

　2006（平成 18）年，制定から 60 年を経た「教育基本法」が改定され，幼児期の教育についての規定が新たに設けられました。翌 2007（平成 19）年には「学校教育法」が改正され，幼稚園は小学校の前に位置づけられ，幼稚園の目的や目標が改訂されました。

　また，一層深刻になった少子高齢化，家庭や地域の子育て力の低下，女性の社会進出の拡大・就労形態の多様化などによる保育ニーズの多様化，情報化など，子どもを取り巻く環境の変化をふまえて，2008（平成 20）年，「幼稚園教育要領」の 4 度目の改訂が行われました。この改訂では，幼稚園教育の充実，食育の指導，家庭との連携，幼稚園と小学校の連携，特別支援教育，預り保育，子育て支援など幼稚園の機能の充実が記されています。保育内容については，これまでと同様 5 領域で示され，大きな変更はありませんでした。

（4）「幼稚園教育要領」の第 5 次改訂（2017 年）

　子どもたちに，急速に変化する社会に対応できる力を育むことが求められ，幼稚園教育と小学校教育との円滑な接続を重視することをねらいとして，2017（平成 29）年，「幼稚園教育要領」の改訂が行われました。

　今回の改訂では，「知識技能の基礎」「思考力・判断力・表現力等の基礎」「学びに向かう力，人間性等」が，幼稚園教育において育みたい資質・能力として示されました。保育内容の 5 領域，領域のねらいや内容についての大きな変更

はありませんでしたが，「幼児期の終わりまでに育ってほしい姿」として，「健康な心と体」「自立心」「協同性」「道徳性・規範意識の芽生え」「社会生活との関わり」「思考力の芽生え」「自然との関わり・生命尊重」「数量や図形，標識や文字などへの関心・感覚」「言葉による伝え合い」「豊かな感性と表現」などが明示されました。

　保育内容の詳細については第7章ほかを参照して理解を深めてください。

第4節　保育所の保育内容

（1）託児所の保育内容

　日本の保育所のはじまりは，貧困家庭の子どもを預る託児所としてスタートしました。最初の託児所は1890（明治23）年に赤沢鍾美（1867〜1937）・仲子夫妻が新潟に創設した私塾・新潟静修学校につくられた託児所（1908年に「守孤扶独幼稚児保護会」と命名）とされています。

　当時，幼稚園は裕福な家庭の子どもが通うところであったのに対して，託児所は，民間人の善意によって支えられた，貧困な家庭の子どもを保護し養育するところでした。

　同年，農繁期の臨時託児所「下味野村子供預かり所」，1894（明治27）年に東京の紡績工場内に託児所がつくられるなど，慈善事業としての託児所が創られていきました。

　その後，貧困階層にも幼児教育を広げようと1900（明治33）年，東京に野口幽香・森島峰により本格的な保育所「二葉幼稚園」（1915年「二葉保育園」に改称）が創設されました。ここは経済的困難を抱える家庭の子どもを対象にした幼稚園でしたが，むしろ託児の機能が中心でした。保育内容は「幼稚園保育及設備規定」に定められた，「遊嬉（遊戯）」「唱歌」「談話」「手技」4項目が中心となっていましたが，恩物による教育は子どもの実態に合わず，子どもの現実の生活に沿った保育が求められ，生活習慣，言葉，園外の活動などが取り入れられていました。

　日本が本格的に託児事業に取り組んだのは大正期に入ってからになります。児童の保護は国が行う社会事業であると考えられ，1920（大正9）年，内務省に社会局が設けられ，託児事業を所轄することになりました。保育内容については，1921（大正10）年の「東京市託児保育規定」によると，幼稚園の規定と同じ「遊嬉（遊戯）」「唱歌」「談話」「手技」の4項目が挙げられていました。しかし，実際には朝6半頃から夕方6時頃まで子どもを預り，次のような時間割で保育が行われていました。

図表2−19　「託児所の保育時間割・東京市江東橋保育所の例」

午前6時〜8時　登園・自由な遊び ⇒ 8時〜9時　衛生及び整装 ⇒ 9時〜9時半　お話，乳児・匍匐児[※28]に牛乳又は代用食 ⇒ 9時半〜10時　自由遊戯 ⇒ 10時〜10時半　手芸及び遊戯 ⇒ 10時半〜11時　自由遊戯 ⇒ 11時〜11時半　手洗や昼食の準備 ⇒ 11時半〜　昼食 ⇒ 昼食後〜12時半　自由に過ごす ⇒ 12時半〜　昼寝・休息 ⇒ 午後2時〜2時半　遊戯，唱歌，手工等 ⇒ 2時半〜　手洗 ⇒ 3時〜　おやつ ⇒ おやつ後〜4時　自由に過ごす ⇒ 4時〜　衛生・整装 ⇒ 4時〜6時　帰宅準備・帰宅

出所：岩崎次男編『近代幼児教育史』明治図書，1979年，298-299頁。

　実際の保育内容は，遊戯などのほかに，手洗い，髪を結う，爪切り，治療や手当て，鼻を拭く，排泄の世話など，身の回りの世話までしていました[7]。

　1926（大正15）年に312箇所だった託児所は，昭和に入り急増し，1934（昭和9）年には900を超えました[※29]。しかし，「幼稚園令」のような規定がなく，子どもの年齢の制限や保育者の資格もないままに保育が行われていました。

　このようななか，託児所の社会事業としての役割に焦点が当てられ，1934（昭和9）年に「東京市託児保育規定」が改正され，保育要項は「生活訓練」「性格教育」「健康増進」「その他託児の心身の健全なる発達に必要な事項」となりました。

　その後，第二次世界大戦が始まり，都市の託児所，農繁期託児所は急増します。しかし，全国的な託児所の規定はまだみられず，各託児所では独自の保育

が行われていました。1944（昭和19）年には「戦時託児所の規定」により，保育方針に「体育訓練」「生活訓練」「規律訓練」と示されました。戦時託児所，疎開託児所など，戦争の影響を受けて開設した託児所は，1945（昭和20）年に終戦を迎えその役目を終えました。

（2）児童福祉施設としての保育所の制定と保育内容

　第二次世界大戦終了の翌年，1946（昭和21）年，日本国憲法が制定され，翌1947（昭和22）年に将来を担う子どもの幸せ（福祉）のために「児童福祉法」が制定されました。児童福祉法により児童福祉施設の1つとして保育所が位置づけられ，ここではじめて「託児所」は「保育所」に改称されました。そしてこれ以降，保育所は「保育に欠ける子ども」を保育する児童福祉施設としての役割を担っていきます。

　その翌年，1948（昭和23）年に「児童福祉施設最低基準」が制定され，保育における「保育の内容」は第35条に記されました。

図表2－20　保育の内容

児童福祉法最低基準　第35条
保育所における保育の内容は，健康状態の観察，服装等の異常の有無についての検査，自由遊び及び昼寝のほか，第十二条第一項に規定する健康診断を含むものとする。

出所：岩崎次男編『近代幼児教育史』明治図書，1979年，298-299頁。

　保育所の保育の内容は，健康状態の観察，服装等の検査，自由遊び，昼寝，健康診断とされ，教育的な要素よりも生活と遊びが中心であったことがわかります。

　同年，文部省より刊行された「保育要領」は保育所の保育も視野に入れた保育内容が定められていましたが，1950（昭和25）年に厚生省より「保育所運営要領」[※30]が刊行され，保育所の意義や役割などが明確に示され，保育の内容は「乳児の保育」と「幼児の保育」に分けられました。

図表2－21　「保育所運営要領」による乳児の保育・幼児の保育

「乳児の保育」の保育内容・11 項目	「幼児の保育」の保育内容・7 項目
睡眠，授乳，排泄・おむつ，整容，清拭，入浴，日光浴，空気浴，乾布摩擦，乳児体操，お遊び玩具	健康状態の観察，個別検査，自由遊び，休息，午睡，間食，昼食（給食）

出所：岩崎次男編『近代幼児教育史』明治図書，1979 年，298-299 頁。

（3）「保育所保育指針」の制定（1965 年）

　昭和 30 年代・40 年代は高度経済成長期で，女性の社会進出・就労が劇的に増加しました。それに伴い保育ニーズが増大し，「ポストの数ほど保育所を」というスローガンが掲げられ，保育所の数は飛躍的に伸びていきます。

　都市化や核家族化により，家族や地域の子育て力が低下し，育児不安の増大や，児童虐待の増加が問題になり，自然環境の変化，遊び場の減少，少子化による遊び仲間の減少など，子どもを取り巻く社会的な問題などもクローズアップされました。

　このようななか，1965（昭和 40）年，保育内容の質的向上を図るべく「保育所保育指針」が制定されます。ここには「保育所における保育の基本的性格」について「養護と教育とが一体となって豊かな人間性をもった子どもを育成」することとされています。

　保育内容は，「望ましいおもな活動」として以下のようにまとめられました。

図表2－22　望ましいおもな活動

1 歳 3 カ月未満	生活，遊び
1 歳 3 カ月から 2 歳まで	生活，遊び
2 歳	健康，社会，遊び
3 歳	健康　社会　言語　遊び
4・5・6 歳	健康・社会・言語・自然・音楽・造形

　保育内容には，保育所独自のものと幼稚園と共通のものがあるとして，6カ月から2歳までは生命の保持を原則とした「生活」と「遊び」の2領域，2歳は「健康」「社会」「遊び」の3領域，3歳は2歳の保育内容に「言語」を加えた4領域となっていました。1963（昭和38）年，文部省と厚生省の申し合わせにより，「保育所のもつ機能のうち教育に関するものは「幼稚園教育要領」に準ずることが望ましい」とされ，4歳以上の保育内容は「幼稚園教育要領」と同様の6領域になっています。

（4）「保育所保育指針」第1次改正（1990年）

　その後，第二次ベビーブーム，女性の社会進出の増加，労働形態の多様化などによる社会状況の変化による保育ニーズの増大と多様化を受け，保育所の増設が進められ，厚生省により，乳児保育の強化，延長保育，夜間保育などの施策が打ち出されました。

　平成に入ると少子化の傾向が続き，都市への人口集中，地方の過疎化などにより，地方の保育所では定員割れの状況がみられるようになりました。

　こうした状況のなか，1989（平成元）年に「幼稚園教育要領」が改訂され，その翌年1990（平成2）年に「保育所保育指針」も改正されました。乳児保育の年齢区分に6カ月未満児が加えられるなど乳児保育の拡大，障害児保育，延長保育など，多様な保育ニーズへの対応が盛り込まれました。

　保育内容は，「幼稚園教育要領」の改訂を受け，「環境による保育」「遊びを通しての総合的指導」が提示され，6領域から「健康」「人間関係」「環境」「言葉」「表現」の5領域に変更されました。

（5）「保育所保育指針」第2次改正（1999年）

　前回の改正からおよそ10年が経ち，1999（平成11）年，「保育所保育指針」の2回目の改正が行われました。これまで，保育所の教育に関する保育内容は「幼稚園教育要領」に準ずることが望ましいとされ，「幼稚園教育要領」の1年後に行われていましたが，今回の改正では「幼稚園教育要領」の告示（1998年

12 月）と「保育所保育指針」の通知（1999 年 3 月）は，同年度に行われました。

　保育内容に関する変更点は，各年齢区分が「発達過程」区分になり，新たに子どもの発達に応じた「保育士の姿勢と関わりの視点」が設けられたことです。また，低月齢児の保育内容の充実，3 歳以上児の保育内容に「生きる力の基礎を育てる」内容が付加されました。

（6）「保育所保育指針」第 3 次改正（2008 年）

　第 2 次改正からおよそ 10 年，少子化，親の子育てに対する不安，養育力の低下，児童虐待の増加，親の就労状況の多様化など，子どもや子育て家庭を取り巻く状況の変化は改善されていませんでした。また，情報化が進み，子どもが自然と直接関わる経験の不足，人間関係の希薄化など，子どもの成長・発達への影響も相変わらず懸念されていました。

　このような状況のなか，「幼稚園教育要領」の改訂と同時に，2008（平成 20）年，「保育所保育指針」の改定が行われました。この改定の特徴は，通知ではなく大臣告示となり，法的な拘束力のある規範として位置づけられたことです。そのため改訂ではなく改定と表記されています。また，保育所の役割や機能の明確化，保育の内容および養護と教育の充実，小学校との連携の推進，保護者に対する支援，保育計画・評価・職員の資質向上など保育の質を高める仕組みが盛り込まれました。

（7）「保育所保育指針」第 4 次改正（2017 年）

　少子化，核家族化，地域連携の希薄化の進行，共働き家庭の増加，低年齢児の保育所利用数の増加，児童虐待相談件数の増加など，子育てに関する問題がクローズアップされるなか，「全ての子どもに質の高い保育」・教育が提供されることを目標に，2015（平成 27）年に「子ども・子育て支援新制度」が施行されました。それを受けて，2017（平成 29）年，「保育所保育指針」は「幼稚園教育要領」「幼保連携型認定こども園教育・保育要領」と同時改定（改訂）となり，共通の「幼児期の終わりまでに育ってほしい姿」が明示されました。

　5領域の「ねらい」「内容」「内容の取扱い」も整合化が図られ，「幼保連携型認定こども園教育・保育要領」とともに，これまでひとくくりであった「乳児」と「1歳以上3歳未満児」の記載が分けられたことは注目すべき点です。

　保育内容の詳細については第8章で理解を深めてください。

第5節　幼保連携型認定こども園教育・保育要領

（1）「幼保連携型認定こども園教育・保育要領」の制定（2015年）

　核家族化，女性の社会進出が一層進み，保育所へのニーズの高まり，保育所への入所を希望する待機児童の問題がクローズアップされるようになり，幼稚園への入園児数に減少傾向が見られるようになってきました。そこで，子育てに関する諸問題の解決をめざし，2015（平成27）年「子ども・子育て支援新制度」が施行され，就学前の「全ての子どもに質の高い保育」の提供を目標として「幼保連携型認定こども園」が創設されました。認定こども園には，幼稚園と保育所の両方の機能を併せもつ「幼保連携型」，幼稚園に保育所の機能を備えた「幼稚園型」，保育所に幼稚園の機能を備えた「保育所型」，幼稚園・保育所の認可がない「地域裁量型」の4つのタイプがあります。

　保育内容の規定については，文部科学省による「幼稚園教育要領」，厚生労働省による「保育所保育指針」にならい，内閣府及び文部科学省・厚生労働省による「幼保連携型認定こども園教育・保育要領」が策定されました。「幼保連携型」とされていますが，他の3つのタイプのこども園もこの「幼保連携型認定こども園教育・保育要領」を基本とした保育および運営が行われています。

（2）「幼保連携型認定こども園教育・保育要領」の改訂（2017年）

　刊行から2年，2017（平成29）年，「幼稚園教育要領」「保育所保育指針」の改訂（改定）と同時に，「幼保連携型認定こども園教育・保育要領」も改訂されました。

　特筆すべき点は，「幼稚園教育要領」「保育所保育指針」との整合性を図り，

「幼児期の終わりまでに育ってほしい姿」が記載されたこと，また，「保育所保育指針」と同様に，「乳児」および「1歳以上3歳未満児」の保育に関する記載が分けられたこと，幼児教育の場であることの確認，子どもの健康及び安全に関する記載が盛り込まれたことです。

　他に，こども園の特性である，在園時間・日数が異なる子どもへの配慮，2歳児から3歳児への移行に関する配慮，子育て支援に関する配慮などの記載が充実しました。

【注】

※1）のちに東京女子高等師範学校となる。現在のお茶の水女子大学の前身。
※2）ドイツの教育者，世界最初の幼稚園の創始者であり「恩物」の考案者。
※3）フレーベルによって考案された幼児教育の教材（教育玩具）。ドイツ語で"Gabe"，英語で"gift"とされ「天からの賜物」「神が人間に与えたすばらしい賜物」という意味がある。
※4）明治初期の恩物のこと。1876（明治9）年，桑田親五訳『幼稚園』，関信三訳『幼稚園記』によって紹介された。
※5）「二十遊嬉」の名称は，関信三『幼稚園法二十遊嬉』青山堂，1879（明治12）年，（岡田正章監修『明治保育文献集』第2巻，日本らいぶらり，1977年，397-416頁所収）を参考にした。
※6）現在の「恩物」の名称は，玉成恩物研究会『フレーベルの恩物であそぼう』フレーベル館，2000年，7頁・126頁を参考にした。
※7）遊嬉とは遊戯のこと，遊嬉室は遊戯室，保育室のことをさす。
※8）当時は保育のことを「開誘」，保育室を「開誘室」と呼んでいた。
※9）「保育課程」（明治14年）によれば「和漢ノ口碑賢ノ教ニ基キテ近易ノ談話ヲナシ高悌忠信ノコトヲ知ラシメ務メテ善良ノ性質習慣ヲ養ハンコトヲ要ス」とされ，身を整えて正しい行いをすることを説いた。道徳的な話。
※10）全文は，お茶の水女子大学文教育学部附属幼稚園『年表　幼稚園百年史』国土社，1976年，21-24頁に掲載。
※11）恩物の操作をするための縦横の線が引かれた一人用の机。
※12）全文は，文部省『幼稚園教育百年史』ひかりのくに，1979年，505-506頁に掲載。
※13）合計219園（内訳：国立1，公立161，私立57）。文部省，前掲書，821頁。
※14）恩物中心の保育を批判した教育者。幼児の自己活動を重視し，保育の中心に遊戯（遊び）を置いた（森上史郎他編『保育用語辞典』ミネルヴァ書房，2013年，430頁）。
※15）小学校教員を経て東京女子師範学校に勤め，目白幼稚園を創立した。遊戯を重

視し，そのなかで幼児を誘導するという考え方を示した（森上史郎他編，上掲書，431頁）。

※16）合計533園（内訳：国立2，公立222，私立309）。文部省，前掲書，821頁。

※17）東京女子師範学校に勤め，後に附属幼稚園の主事になる。日本の幼児教育界の理論的指導者（森上史郎他編，前掲書，425頁）。

※18）イタリアではじめての女性の医師で「子どもの家」の創始者。モンテッソーリ・メソッドの考案者（森上史郎他編，上掲書，420頁）。

※19）全文は，文部省，前掲書，512頁に掲載。

※20）合計1,066園（内訳：国立2，公立372，私立692）。文部省，上掲書，821頁。

※21）モンテッソーリ（Montessori）が考案した「教具」を用いた教育法。子どもの発達（敏感期）に合わせた日常生活訓練教具，感覚訓練教具（視覚・触覚・聴覚・味覚・嗅覚），教科教具（算数・読み書き・理科や社会の内容）などの「教具」および環境を用意し，遊びではない子どもの作業を重視する理論と実践をさす（岩崎次男編『近代幼児教育論』明治図書出版，1979年，87-108頁）。

※22）全文は，文部省，上掲書，513-515頁に掲載。

※23）1940年（内訳：国立2，公立651，私立1,426），1946年（内訳：国立2，公立625，私立676）。文部省，上掲書，821頁。

※24）全文は，文部省，前掲書，533-583頁に掲載。

※25）全文は，文部省，前掲書，627-640頁に掲載。

※26）全文は，文部省，前掲書，652-661頁に掲載。

※27）1986（昭和61）年9月3日に出された「幼稚園教育の在り方について」（幼稚園教育要領に関する調査研究協力者会議）の「Ⅱ幼稚園教育の実態上の問題」において「幼児期の発達・指導に関する理解を巡る問題」として「同年齢の幼児を一定到達度に向けて同一の方法で指導しようとする傾向も見られる」「知識・技能の獲得を急ぐなど，いたずらに競争心をあおる結果を招いている傾向等もみられるようになっている」と指摘されている。

※28）匍匐とは手と足で這うこと。匍匐児とは，はいはいをしている子どもをさす。

※29）1934（昭和9）年の託児所数は945箇所（岩崎次男編，上掲書，305頁）。

※30）厚生省児童局編「保育所保育運営要領」中央社会福祉協議会，1950年に全文掲載。

—— 引用文献 ——

（1）お茶の水女子大学文教育学部附属幼稚園『年表 幼稚園百年史』国土社，1976年，21頁。

（2）文部省『幼稚園教育百年史』ひかりのくに，1979年，137頁。

（3）お茶の水女子大学文教育学部附属幼稚園，上掲書，42頁。

（4）日本保育学会『日本幼児保育史』第 5 巻，フレーベル館，1974 年，90 頁。
（5）日本保育学会，上掲書，92 頁，111-112 頁。
（6）坂元彦太郎編『幼稚園教育要領解説』フレーベル館，1966 年，1 頁。
（7）岩崎次男編『近代幼児教育史』明治図書，1979 年，298 頁。

・・・・・・・・・・・・・・・ **参考文献** ・・・・・・・・・・・・・・・

岩崎次男編『近代幼児教育史』明治図書，1979 年。
岡田正章監修『明治保育文献集』日本らいぶらり，1977 年。
岡田正章監修『大正・昭和保育文献集』日本らいぶらり，1978 年。
岡田正章『戦後保育史』第 1 巻・第 2 巻，フレーベル館，1980 年。
お茶の水女子大学文教育学部附属幼稚園『年表　幼稚園百年史』国土社，1976 年。
玉成恩物研究会『フレーベルの恩物であそぼう』フレーベル館，2000 年。
倉橋惣三・新庄よし子『日本幼稚園史』臨川書店，1930 年／復刻版 1980 年。
倉橋惣三著，柴崎正行解説『幼稚園真諦』フレーベル館，2008 年。
厚生省「保育所保育指針」，1965，1990，1999 年。
厚生労働省「保育所保育指針」，2008，2017 年。
厚生労働省『保育所保育指針解説』フレーベル館，2018 年。
坂元彦太郎編『幼稚園教育要領解説』フレーベル館，1966 年。
全日本日本私立幼稚園連合会「幼稚園教育要領理解のために」，1989 年。
民秋言『幼稚園教育要領・保育所保育指針の成立と変遷』萌文書林，2008 年。
内閣府・文部科学省・厚生労働省「幼保連携型認定こども園教育・保育要領」，2014，
　　2017 年。
内閣府・文部科学省・厚生労働省『幼保連携型認定こども園教育・保育要領解説』フ
　　レーベル館，2015，2018 年。
日本保育学会『日本幼児教育史』第 1 ～ 6 巻，フレーベル館，1968-1975 年。
森上史朗・柏女霊峰編『保育用語集・第 7 版』ミネルヴァ書房，2013 年。
文部省「幼稚園教育要領」，1956，1964，1989，1998 年。
文部省『幼稚園教育百年史』ひかりのくに，1979 年。
文部省『幼稚園教育指導書増補版』フレーベル館，1989 年。
文部省『幼稚園教育要領解説』フレーベル館，1999 年。
文部科学省「幼稚園教育要領」，2008，2017 年。
文部科学省『幼稚園教育要領解説』フレーベル館，2008，2018 年。

第2章　確認問題

1. フレーベルの恩物について調べ，幼稚園，保育所，認定こども園などで現在も行われている子どもの遊びや活動のなかに，類似する遊びがないかどうか確認してみましょう。

2. 保育内容の変遷をふまえて，「子どもの自主性を尊重した保育」とはどのような保育なのか，仲間と話し合って考えてみましょう。

第3章
保育内容と子どもの発達について学ぼう

本章のねらい

　乳幼児期は，子どもの心身が著しく発達し，人として生きていく上での基礎が形成される大切な時期です。それだけに，乳幼児期の発達の特徴を把握し，そのときを生きる子どもの姿を的確にとらえていく目をもつことは，保育者にとってとても重要なことだといえます。しかし，その乳幼児期の発達をどのようにとらえるか，もし，そのとらえ方を誤ると，子どもの育ちを支えるという保育における「援助」のしかたにも影響を及ぼしかねません。そこで，本章では，子どもの発達の特徴を理解しながら，子どもにとって必要な保育のあり方を，以下の視点から学んでいきましょう。

① **乳幼児期の発達と特徴を学びましょう。**

　乳幼児期の発達を理解するために，身体的な発達，知的な発達，社会的な発達の視点からその特徴を学び，一般的な発達の道筋を理解するとともに，ひとりの子どもの姿のなかに息づく，その子なりの育ちのあり方についても考えましょう。

② **保育における発達のとらえ方について学びましょう。**

　「発達段階論」から「発達過程論」への転換の意味を理解しながら，保育における発達のとらえ方としての重要な視点を学びましょう。また，子どもの発達と保育内容との関係についての理解も深めましょう。

③ **子どもの心の育ちを支える保育者のあり方について学びましょう。**

　園生活のなかでさりげなく子どもの心の育ちを支えている保育者の存在の重要性について学びましょう。

第1節　乳幼児期の発達とその特徴

（1）乳幼児期の区分と特徴

　私たちは，一般的に生まれたばかりの子どもを赤ちゃんと呼んでいますが，この赤ちゃんという言葉は，生後2年くらいまで使われています。しかし，心理学では，誕生から生後1カ月の短い期間の子どもを「新生児」と呼び，乳児期の最初期として位置づけています。乳児期はこの新生児も含め，生まれてからだいたい歩けるようになるまでの生後約1年から1年半くらいまでの時期をさしています。この時期の子どもは，養育者による身体的な保護・養育・世話に全面的に依存していますが，乳児期は，授乳や愛撫・おむつ交換などを通して，養育者との間に愛情関係が培われ，人間関係の基礎となる愛着（アタッチメント［attachment］※1））が形成される大切な時期といえます。この養育者と子どもの間につくられた安定感が基礎となり，人としての自立に向かって成長していきます。

　乳児期の終わりと幼児期の始まりを明確に区別することは難しく，離乳，初語（最初の有意味語），自立歩行が1つの目安になります。しかし，これらがすべて同時に始まるわけではありませんので，乳児期と幼児期を併せて乳幼児期といわれる場合も多くあります。

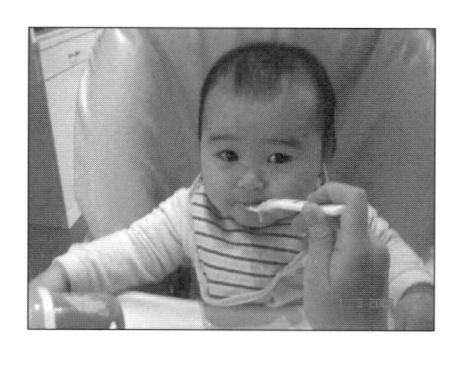

　幼児期は，歩行の確立，すなわち歩けるようになるという著しい運動機能の発達によって行動の範囲を広げ，探索の世界を広げていきます。公園や道ばたに風船でも飛んで来ようものなら，もう大変です。幼児は風船を追いかけてトコトコと進んでいきます。「危ない！　待って！」という大人の叫び声にもおかまいなしにひたすら風船の後を追いかけていきます。皆さんもそんな幼児の

姿を思い浮かべることができるのではないでしょうか。関心をもったものに向かってまっしぐらに走っていく，それが幼児期の自然な姿でもあるのです。

　では，幼児とは，いつごろまでをさすのでしょうか。

　児童福祉法の第1章第4条では，満18歳に満たない者を児童と定義し，1歳未満を乳児，1歳から小学校就学の始期に達するまでを幼児，小学校就学の始期から満18歳に達するまでを少年としています。また，言葉の獲得や思考など心身の発達に大きな変化のみられる3，4歳を境に，年少幼児（前期）と年長幼児（後期）に分けてとらえる考え方[1]もあります。法律や学問的見地からいろいろなとらえ方はありますが，一般に幼児期は，歩けるようになる生後1年あるいは1年半頃から小学校就学前までの期間をさしています。

　冒頭に述べましたように乳児期は，人間関係の基礎となる愛着が形成される大切な時期であり，これに続く幼児期は，精神的な発達の土台づくりとしてとても重要な時期です。すなわち，自分を取り巻く世界を通し，言葉の獲得やものの理解が深まり，心という精神世界にも広がりが生まれてくる時期なのです。幼児は，大人の助けを受けながらも基本的な生活習慣を身につけて，行動の範囲を広げながら徐々に自分自身の行動をコントロールできるよう，自律的な存在に向けて歩んでいきます。

　一方，幼児期の特徴として発達の未分化性も挙げられます。自己と環境との未分化による自己中心性や「いま　ここ」の世界に支配され，一時的・動揺的で持続性に乏しいということも指摘されています。しかし，従来考えられていたよりもはるかに幼児期の世界は，豊かで奥が深いということが現在では明らかにされています（乳児期の世界も同様であり，環境に自らはたらきかける存在としての赤ちゃんの有能性が明らかにされています）。自分を取り巻くさまざまな世界に対する認識の基礎ができ，自我が形成され，他者との交流を図りながら協力して生きていくという，人としての力の基礎が育まれていくのが幼児期の特徴といえます。

　このような乳幼児期の生活の一部を占めている幼稚園や保育所，認定こども園における体験は，人として生きていく上での大切な土台づくりの一端を担っ

ているといえます。そのことを心にとめながら，乳幼児期の発達と特徴について，エピソードとともにもう少し詳しく学んでいきましょう。

（2）身体的な発達

　乳児期は身体的な発達が最も急速に進む時期であり，幼児期においても身体的な側面は引き続き著しい発達を遂げています。誕生時は一般に身長は50cm，満1歳ごろには誕生時の約1.5倍，4歳でおよそ2倍，5歳で2.2倍にもなります。体重も誕生時は約3kgですが，1歳で誕生時の約3倍，3歳で約5倍，5歳でおよそ6倍近くになるといわれています。身長に比べ体重の増加率は著しく，幼児期を一般に太る時期として「第一充実期」とも呼んでいます。

　身体測定を月ごとに行っている園も多いのですが，子どもの身体の発達には目を見張るものがあります。子ども自身も，自分の身長・体重の増加を喜び，大きくなることへのあこがれがそこに重ね合わされています。園の身体測定の日，測定の時間がくると大急ぎで服を脱ぎ捨てパンツ一枚になり，我先にと列に並んで身長・体重を測ってもらう子，記録している先生の方を覗きこみ「大きくなったね」と先生からいわれると「やった！」といって大はしゃぎする子。一方で，なかなか服を脱げず手助けを得ながら先生の手に引かれていく子，列で待つことのできない子，体重計の前で座り込み固くなってじっと動かずにいる子，あるいは，裸になった解放感からか保育室中を走り回る子などもいます。それぞれの子どものありようを受けとめてやりながら，急かさず測定に臨む姿勢も保育者には必要です。増えたことを喜び得意になる子どももいれば，変化の少ない子どももいます。大切なことは，一人ひとりの健康状態をとらえながら，その子にとっての育ちのあり方を見守ることなのです。同時に，体重の極度の増加や減少の傾向に対しては保育者も注意を注ぎ，その背景に何があるのかをしっかりとらえる目をもつことも必要です。

　乳児期の身体的な発達に関わる大切な課題の1つとして，歩けるようになるための姿勢の確立が挙げられます。首がすわり，肩を床からもちあげ転ばないように座れるようになるという順序で，身体全体が形成されていきます。そし

て，這って移動し，直立ができるように
なると伝い歩きが始まり，1歳あたりか
らひとり歩きの第一歩を踏み出します。2
〜5歳の間に，転ばないで走り，片足で
スキップし，平均台で平衡をとれるように
なり，リズム運動も盛んに行うように
なります。運動能力の発達とともに，駆
ける，登る，飛び降りる，三輪車に乗る
など活発な動きによって行動範囲が広が
りますので，園庭を駆けずり回る子ども
の姿がよく見られます。縄跳びや鉄棒，

雲梯などさまざまな遊具の体験も飛躍的に増していきます。しかし，運動能力
は個人差が大きく，「できる─できない」という評価の視点が優先されないよ
うに，一人ひとりの子どもに寄り添いながらその子の姿を受けとめていくこと
が何よりも大切なことです。そして，できなかったことができるようになった
時の子どもの喜びを，しっかりと受けとめていくことも保育者として重要なこ
とです。子どもは何かできた時，「みて」「みてて」と保育者に呼びかけること
が，2歳あたりからよく見られます。保育者に認めてもらうこと，それは，で
きる喜びをさらなる自信へと導き，次の行動へと躍進していくきっかけにもな
っているのです。たとえ，大人にとっては何でもないと思えるような小さな行
為であっても，「すごいね」と承認してくれる保育者の存在が，子どもの活動
を支えていることを忘れないでほしいと思います。

　次のエピソード[(2)]は，幼稚園3歳児学級の4月初旬に見られたものです。

▌エピソード 3-1 ▌　笑ってうなずく（3歳児）─────

　サヤがボールをロッカーに向けて蹴ろうとしますが，つま先がうまく
ボールにあたりません。しかし，何度か蹴りながら少し離れたところで他
児とやりとりしている保育者の方向に目を数回向けます。それから「先

生　みてて」と保育者に向かって叫びます。保育者のまなざしが向けられ「みてるよ」という返事が返ってくると，サヤは笑いながらボールを蹴って見せるのです。保育者が「わー　サッカーしてるみたいだね」というと，ボールはうまくあたっていないにもかかわらず，保育者の顔を見て笑ってうなずき返します。

　エピソード3－1に見るように，サヤのボールを蹴る行為は，決して上手にできているわけではありません。しかし，サヤは何度も保育者の方を見ており，保育者を気にしていることがわかります。サヤにとってはとにかく保育者に自分の方を向いてもらいたい，存在を認めてもらいたいという気持ちが行為を見せるよりも優先的にはたらいているのでしょう。また，この保育者は，サヤの行為の上手下手ではなく，「サッカーしてるみたいだね」という肯定的な表現でサヤの行為を受け入れています。この肯定的な応答に対するサヤのうなずきには，自分の存在そのものを保育者に受け入れてもらったという満足感が映し出されていると考えられます。

　このように，運動能力的な側面を考えたなら決して上手にできているわけではない子どもの行為ですが，得意そうに保育者に見せる時があります。その時の子どもが何を求めているのか，その心の動きをしっかりと受けとめてあげることも，保育者にとっては大切なことです。特に，この時期の3歳児にとっては，「できる―できない」の評価ではなく，丸ごとの自分を受けとめてくれる保育者の存在に支えられています。

　また，幼児期は複雑な細かい操作能力も著しく発達する時期です。箸でこぼさないように食事ができる，自分で衣服の着脱ができる，洗顔・歯磨きができる，紙を使って便の後始末ができるといった食事，着衣，洗面，排便などの自立に必要な動きを獲得し，基本的な生活習慣が確立されていきます。さらに，複雑な協応運動も年長になると可能となり，紙を細かく切るためにうまくはさみを使いこなし，線の上を上手に伝わって歩くこともできるようになります。しかし，ここにも個人差があります。いとも簡単に空箱の端をはさみで切り取

っていく子どももいれば，おぼつかない子どももいます。その子なりの育ちをとらえ，急かさずに見守りながら支えていくことが保育者には求められます。

　このように，身体的な発達に伴い幼児期は，基本的な生活習慣の自立とともに行動面がますます活発になり，思いっきり身体を動かして動き回ります。寒い冬の日でも「先生，お外行こう」と手を引っ張る子どもの姿があります。冒頭にも述べたように，じっとしていられないのが子どもの姿なのです。母親が寒い日だと思い子どもに厚着をさせて登園させ，子どもがそのまま遊び始めると汗びっしょりとなってしまうこともあります。子どもの運動量を考えて衣服の着脱への配慮も必要なことです。とはいっても，元気よく走り回る子どもばかりとは限りません。寒い日には縮こまって動かずにいる子どももいます。寒がりで動かずにいるのか，体調によるものであるのかをしっかり見極め，遊びへの参加を促すことが必要な場合もあります。日々の保育のなかで，子どもの身体的な状況をしっかり把握していくことも，保育者には求められています。

（3）知的な発達

　知的な発達における第一の特徴として言葉の発達が挙げられます。「子どもの言葉に，子どもが持っているその時々の知的な能力が反映されている」[3]といわれるように，言葉の獲得は，ものの意味やことがらを理解するための知的側面において重要な役割をもち，その能力に反映しています。

　幼児期の言葉の発達は，誕生後に不快な状態（苦痛・飢えなど）の時に聞かれる叫喚発声[※2]，1カ月頃から聞かれる非叫喚発声[※3]，5，6カ月頃から見られる喃語[※4]を経て，1歳〜1歳半に，「マンマ」「バーバ」という一語文（一語発話）[※5]が生まれます。これが言葉の誕生です。2歳前後に「パパ　ネンネ」（パパが寝ている）「オトト　イル」（外にいる）「アカイバッパー」（赤い自転車）「バチュバッパー」（バスが走っている）[4]というような二語文（二語発話）が出現します。このあたりから多くの言葉を発するようになるので言葉の爆発的獲得期といわれ，3歳前後には構文的には一応完成すると考えられています。そして，4歳くらいになると日常生活のなかで言葉の使用が板につき，自分の言葉

で日々の生活を営むことができるようになってきます。

　また，このような言葉の発達の間に，9カ月ごろから指さし行動といわれる行動がみられます。乳児が興味をもったものを見つけたときにそれを指で指し示す行動ですが，すぐれて人間的な行動であり，言葉の基盤になる大切な行動と考えられています。子どもの指さしたものに応じて，大人が注意を共有し，感情をともにするということで，コミュニケーションの発達が促されていると考えられています。

　このように，先に述べた叫喚発声・非叫喚発声・喃語や指さし行動などの見られる乳児期は，幼児期の言葉の獲得に向けて，その土台を固めるための大切な準備期間でもあるのです。このような過程を経て，子どもは自分の思いや体験を言葉で伝えることができるようになっていきます。

　語彙も幼児期になるとめざましい数に増えていきます。「言葉の爆発的獲得期」といわれる2歳前後で200語を越え，3歳でおよそ1,000語，5歳では2,500語から3,000語近く獲得するといわれており，幼児期は驚異的に言葉を獲得していく時期といえます。また，発音上の未熟さから生まれる「チェンチェ」「チュミキ」「ミジュ」などの幼児音も，5歳半前後に「一般的な日本語のために必要な音を出せるようになる」[5]といわれており，これに伴い幼児音はいつの間にか聞かれなくなります。言葉の意味も他者に理解され，一般的な話し言葉が習得されてきます。

　次の会話は，洗面器のなかにいる2匹のザリガニを前に，3歳児の保育室でかわされた保育者と男児のやりとりです[6]。

　　　保育者：わあ，すごいの。だれが持ってきてくれたの
　　　男　児：ぼくだよ。ぼくがね　きのう　おとうさんと　とってきたの
　　　保育者：そう　クニちゃんがつかまえたの？
　　　男　児：ううん　ぼくつかまえようとおもったらね，ざりがにがおこって
　　　　　　　ね，ばっしゃーんととんで，こわかったよ。だから　ぼく　うえ
　　　　　　　にあがって　みてたんだ

　「だれが持ってきてくれたの」という保育者の問いかけに，自慢げに答える男児。言葉のやりとりはすっかり板についています。さらに自慢だけでなく，捕まえようとしたときの様子をこれまでの「こわい」という体験と重ね合わせて，「ざりがにがおこってね」という表現で伝えながらこわくなって見ていた自分についてもその気持ちを説明しています。このように，自分の体験したときの気持ちや思いを言葉で伝えていく姿が生まれているのです[7]。また，「ぼく」という一人称代名詞を使っています。3歳になった男児の多くは，自分のことを「タイくんね」と名前で呼ばず「ぼく」と呼ぶようになるといわれます。これに対し女児の場合は，3歳すぎても「マイが」と名前を使う場合が多いといわれ，4歳になってから急に「わたし」が増すようになるともいわれています。この男女児の違いについて，「＜わたし＞という言い方には，どこか気どった語感があって，お姉さんぶりたい年頃の女の子の心情をくすぐるのだろうか。その点，男の子は一足早く甘ったれた呼び名から抜け出して＜ぼく＞とかっこうよいところを見せたがるのかもしれない」[8]という示唆もあります。このように，自分というものをはっきり意識し始めている3歳児は「自分が自分になる年代」[9]ともいわれています。

　幼児期はこのように言葉が著しく発達する時期ですが，事物やことがらを理解する力はまだ限られており，幼児特有の意味世界をもっています。その代表的なものがアニミズムであり，幼児は，すべてのものに人間と同じような生命や精神，心があると認識しています。

　たとえば，植木に水をやりながら「はっぱさんがおいしい　おいしいっていってるよ」とつぶやく2歳児。荷造りがはずれたトラックを見ながら「ああ　あのにもつ　さむそ！」と，つぶやく3歳児。夜の空を見ながら「おひさまも　よ

るは　ねむくなるんだね」と確認する4歳児。月の出ない夜に「おつきさま　おやすみしてるんじゃない　あーあ　くたぶれたって」と説明する5歳児の姿があります[10]。

　このような考え方は，「客観的な事象に主観性を当てはめている点で，幼児の持つ自己中心性の一つの表れである」[11]とも考えられています。しかし，このような表現のなかには子どもらしい表現や鋭い観察力が刻まれており，大人が子どもの言葉を通してその深さに気づかされることもあります。子どもの育ちを支える保育者として，子どもの表現を未熟さとして切り捨てるのではなく，発達の視点から受けとめ子どもの生きている世界に共感し，その世界を共有しながら子どもの心の育ちの背後にある感性を大切に見守り育てていくことも重要なことです。

　次に，知的な発達の上で大切な＜認識する＞ということについて，認知的発達から考えてみましょう。

　認知の発達の大きな変化は，2歳前後から表象が形成され，見ていたモノが隠されてもそれがなくなるわけではないという＜モノの永続性＞が理解され始めるところにあります。母親が見えなくなってもやがて戻ってくるということを理解し，泣かずに待つことができるのも表象の形成の1つです。この表象作用が可能になることで，子どもは「ごっこ遊び」という想像の世界で遊ぶようになるのです。たとえば，落ち葉や木の実を拾ってお皿に盛り，「お菓子，おいしいね」といいながら食べる真似をしている子どもの姿を思い浮かべることができるでしょう。実物のお皿やお菓子とは区別しつつ，頭のなかにはお皿に盛られたお菓子の表象をしっかりもっているのです。このように幼児期は，吸う・なめる・触る・叩く・掴むなどという感覚運動的な知覚が中心であった乳児期から脱し，頭のなかの思考による学習がなされていきます。しかし，論理的な思考の獲得には至らず自己中心的な側面をもち，その思考は具体的・直観的な段階にあります。具体的・直観的とは目の前にある対象に左右され，背後にある本質まで考えが及ばない状況です。たとえば，綿1kgと鉄1kgでは見た目の量にかなりの違いがありますが，幼児にとっては同じ重さであるという

理解は難しいのです。

　このように幼児期の思考は，明確な概念がまだ形成されておらず，前操作的な段階といわれ，ものの考え方は論理的でなく時に飛躍する場合もあります。一方で，言葉による日常的な会話ができるようになりますので，いろいろなものごとや現象のもつ意味に興味・関心を寄せ，「どうしてなの」「なぜなの」と頻繁に大人に質問してくるようになるのです。これは，子どもの好奇心や探求心の表れでもあります。子どもが知識や理解を深めていけるように，1つひとつの問いかけに耳を傾け，子どもと一緒にその世界を共有する保育者であってほしいと願っています。

（4）社会的な発達

　「社会的」とは「社会性」を有することであり，「社会性」とは，基本的に人と人との関わり，つまり対人関係に関することをさします。したがって，社会的な発達とは，対人関係を形成したり維持したりするのに必要な社会的行動の育ちといえます。乳児期の社会的な発達の特徴は，（1）で述べた愛着の形成にあります。愛着は，愛情という情緒のめばえであるとともに，人間関係の基礎となり，その後における社会性の発達の基盤ともなる大切なものなのです。幼児期の社会的な行動は，運動・言葉・情緒などの発達とともに次第に育っていきますが，まだ自己中心的であり，真の意味での社会化・集団化は十分とはいえません。しかし，幼児期は，心身の機能の発達に伴って生活空間が広がり，子ども同士の人間関係も深められていきます。特に，園生活における子ども同

士の遊びを通して，子どもはさまざまな関わりを経験し，社会性を身につけていくことになるのです。

　2歳を過ぎるころから，同じ年齢の子どもと遊びたいという社会的な欲求も現れ遊び仲間を求めるようになりますが，相互交渉はまだ少な

く，同じ遊びを並行している場合がよく見られます。3歳くらいになると同じ遊びを一緒に遊び合う連合性が生まれ，おもちゃの交換などもできるようになります。しかし，自分の要求をコントロールすることはまだ難しく，園生活ではおもちゃの取り合いも頻繁に見られます。ブロックや積木の取り合い，ままごと道具や粘土の取り合い等々，遊びたいと思う遊具が手に入らず，泣き出す子どももたくさんいます。

次のエピソードは，ある幼稚園3歳児学級でのひとコマです。

エピソード3－2　ユイちゃんのだから（3歳児）

保育者が子どもたちに「片付けて，おべんとうになるから」と声をかけると，リョウはさっさと片付け始めますが，まわりを見渡し，まだ遊んでいるユイのところへ行き，ユイが遊んでいるブロックも片付け始めます。ユイはびっくりして「だめっ，ユイちゃんの」と怒ってリョウを追いかけ，リョウからブロックを取り上げて，リョウを突き倒してしまいます。そこで二人の取っ組み合いのけんかが始まり，ついにはリョウもユイも泣き出しました。保育者は，二人の気持ちがおさまった頃合いを見計らって，二人の間に入って聞いてみます。「ユイちゃんはどうしてリョウくんを倒したの？」　ユイは泣きながら「だって，ユイちゃんが遊んでたブロック持ってっちゃったんだもん」　保育者は「そうなの，リョウくんは？」と今度はリョウに尋ねると，リョウは「だって先生がお片付けっていったんだもん」と訴えます。「そうか，リョウくんは，ユイちゃんのブロック片付けてあげようとしたのね。でも，ユイちゃんは，もっとしたかったんだ。リョウくんはせっかく片付けてあげようと思ったんだけど，黙ってリョウくんが持っていっちゃったから，ユイちゃんは取られたって思ったんだね」と，保育者がいうと，うなずき合って二人とも落ち着き始めます。

エピソード3－2のユイとリョウには，それぞれに言い分があります。保育者として互いの言い分をしっかりと聞いてあげ，それぞれが納得できるように

相手の気持ちを代弁しながら他者の気持ちを理解していけるような関係をつくっていくこと。それは，幼児の社会的な育ちを支える上で大切な援助といえます。ただし，どのタイミングで保育者が間に入るかも重要な視点です。エピソード3－2では，二人の気持ちがおさまった頃合いを見て声をかけています。どんなに間に入っても，保育者の声が耳に入らない場合もあります。そのときの子どもの状況や思いを受け止めながら，そのタイミングを見定めて子どもの気持ちをつないでいく役割が保育者には求められます。

　幼児期の子ども同士の遊びにはけんかはつきものですが，このようなけんかの経験を通して自分の要求を抑えなければならないことも学んでいきます。集団生活の場は，子どもにとって人との関係を学ぶ大切な場でもあるのです。4,5歳になってくると，言葉による伝え合いもかなり上手になり，おもちゃの貸し借りに対し「10数えたら」などと条件を提案したり，相手との状況を見定めたりと社会的な交渉術も生まれてきます。相手の状況を見定める背景には，主導的な子どもと追従的な子どもの分化という力関係による役割分化も見られますが，同じ遊びの世界を共有し協力し合って遊ぶ姿も多くなってきます。

　次のようなおもちゃを借りるエピソード[12]があります。

■エピソード 3－3■　修理してきてあげる（4歳児）

　フロアーカーに乗っていたカズキに，ナオが「かして」といいますが，「いま　だめ　あとで」と断られます。しばらくしてもう一度ナオは懇願するのですが，「まだだめ　あとで」と応じてもらえません。優先権のあるカズキの主張にあきらめざるをえずにいたとき，ドンと音がして，カズキが壁にぶつかってしまいます。ナオは走っていって「あ，故障したみたい　修理してきてあげる」というと，カズキは思わずフロアーカーから降りて，ナオにバトンタッチ。フロアーカーを手に入れたナオは，別の場所に持って行き，しばらくフロアーカーで遊びます。その後，ナオは「修理，終わりました」と，カズキにフロアーカーを返しに来たのです。

　おもちゃを借りるための条件の提案にはいろいろあります。このエピソード3－3のように，時に子どもの発想に驚かされることがあります。けんかが起きることなく，修理という了解のもとにフロアーカーはナオの手に渡っています。その後修理を終えたというフロアーカーは，カズキの手によって所定の位置に戻されています。このような方略が友だち同士の間で生まれることもあるのです。

　しかし，園生活では，おもちゃや場所などの取り合いをめぐってけんかになることはとても多いものです。それぞれの「したい」という欲求がぶつかり合い，取っ組み合いになることもあります。集団生活を通し自分の要求を一方的に押し通すのではなく，調整する術も学びつつ自己を抑え，友だちに譲りながら自己統制力を身につけていきます。それが幼児期の社会性の育ちであり，その育ちを保育者はじっくりと子どもと向かい合いながら互いの子どもの気持ちを尊重し，理解し合えるように支えていくことが求められます。

　「乳幼児期の発達と特徴」について，この節では，身体的・知的・社会的な発達に視点を当てて大まかにその特徴を述べましたが，これは乳幼児期の発達のほんの一側面に過ぎません。さらに，身体的・知的・社会的というそれぞれが別々に発達していくのでもありません。さまざまな経験を通して，互いに影響し合いながら一人の子どもの全体の育ちが培われていきます。幼稚園や保育所，認定こども園という集団生活の場が，子どもにとって大切な育ちの場であり，その育ちを支える保育者の存在の重要性を改めて心にとめてほしいと願っています。

第2節　保育における発達のとらえ方

（1）発達段階論から発達過程論へ

　発達という言葉から，どのようなことを思い浮かべるでしょうか。いろいろなことができるようになりながら少しずつ大きくなっていくという，子どもが大人になる過程をイメージされる方もいるでしょう。確かに大人になっていく

ことは成長することですが，一般的に発達とは，受精による個体の発生に始まり死に至るまでの時間的な経過とともに生じる心身の構造・形態・機能などが量的（身長・体重など）・質的（思考・情緒など）に変化していく過程であるといわれています。そして，この人間が発達していく過程には，生涯を通してそれぞれの時期や年齢ごとにその特徴を示す段階があります。それを発達段階と呼び，正常な発達を遂げるために，各段階には達成されることが期待される課題があると考えて，それを「発達課題」として示しています。この発達課題の考え方を中心的に導入したのが，ハヴィガースト（Havighurst, R. J., 1900-1991）です。彼は乳幼児期から老年期までの人生全体を6段階に分け，それぞれの発達段階に応じた発達課題を挙げています。第1段階の乳幼児期（0〜5歳）に示された発達課題は，次のような内容です[13]。

① 歩行を開始すること

② 固形食を食べるようになること

③ 話すこと

④ からだを清潔にしておくこと

⑤ 性の違いを知り，性に対する慎みを学ぶこと

⑥ 生理的安定を得ること

⑦ ものや社会についての簡単な概念を形成すること

⑧ 両親やきょうだい・その他の人との情緒的な結びつきを形成すること

⑨ 善悪の判断と良心を身につけること

　その時期に示される段階の課題が達成されれば，次の段階への移行もスムーズですが，ある段階の課題の達成に失敗すると，次の課題の達成も難しくなる可能性が高いと考えられています。保育者として，子どもの育ちの流れをとらえ，それぞれに期待されている発達課題を把握しておくことは必要なことですが，あくまでも1つの平均的な傾向を示し

ているにすぎません。一人ひとりの子どものもつ育ちの早さには個人差のある
ことを了解しておくことが，保育者として必要です。達成の失敗がその子ども
の育ちを否定するようなことになってはなりません。

　「幼稚園教育要領」の「第1章　総則 第1の3」に，「幼児の生活経験がそ
れぞれ異なることなどを考慮して，幼児一人一人の特性に応じ，発達の課題に
即した指導を行うようにすること」，「幼保連携型認定こども園教育・保育要
領」においても「第1章　総則 第1の1の（4）」に，「園児一人一人の特性
や発達の過程に応じ，発達の課題に即した指導を行うようにすること」という
一行があります。発達課題が子どもの育ちの基準とみなされ，達成が期待され
る課題として＜できているか＞＜できていないか＞という指標になることは避
けなければなりません。そのため，この「幼稚園教育要領」や「幼保連携型認
定こども園教育・保育要領」では，「発達課題」ではなく下線のように「発達
の課題」と表現されています。そこには，子どもに与えられた発達すべき絶対
的課題というよりも，一人ひとりの子どもの特性を活かし，その子にとっての
自己課題をとらえながら指導していくことの大切さが意図されていると考えら
れます。「発達課題は，子どもの発達を暦による年齢で整理し，その年齢ごと
に特有の特徴，そして達成すべき課題があるととらえることです。発達の課題
は，それと異なり，一人ひとりの子どもがそのときに直面している，取り組ん
でいるその子にとっての課題をさしています」[14]。つまり「発達課題」は平均
的な発達の姿を示す「発達の基準」であり，「発達の課題」は，一人ひとりの
子どもの発達の足どりに目を向けた個々の「発達の過程」を重視しているとい
えます。ここに発達をとらえる視点の大きな違いがあり，それは発達段階論か
ら発達過程論への転換であり，従来の発達観の大きな見直しといえます。保育
においては，このような考え方を大切にしており，子ども自身が自らの興味や
関心に基づいて活動し，一人ひとりの子どものもつ特性を活かしつつ，その子
にとっての自己課題のあり方をとらえながら子どもの育ちを支えていくこと
が，保育者にも求められているといえます。この考え方は，「保育所保育指針」
（2017（平成29）年告示）では，「第1章　総則 1の（3）ウ」において「子ども

の発達について理解し，一人一人の発達過程に応じて保育すること」と記されており，幼稚園や認定こども園同様に，発達課題ではなく「発達の課題」を重要視することが示されています。

　では，次に，このような発達の課題を大切にするために，保育における発達のとらえ方について考えてみましょう。

（2）発達のとらえ方

　鯨岡[15] は「従来の発達の考え方の問題の一つは，心身の発達といいながら，そこに子どもの能力面（目に見える面）の成長しか視野に入らず，心の面（目に見えない面）に大人の目が向けられていなかったということがあります」という指摘をしています。能力面（目に見える面）とは，つまり，目に見えて何かができるようになること，力をつけることであり，それが子どもの発達にとって重視されている保育が存在していることを否めない現状のあることへの批判でもあるといえます。さらに彼は，子どもに力がつくように保育することと，子どもに心が育つように保育することは，どちらも保育において大切な視点であることを述べながらも，「まずは力をつけることを重視して心を育てることが後回しになる保育と，まず心を育てることを重視して力はその後からついてくると考える保育というように，保育に臨む姿勢を考えてみると，現在の保育界には『力が先か，心が先か』という，明らかに対立する考え方があるのが分かるはずです」[16] と，保育のあり方への警告を発しています。

　発達段階や発達課題を考えると，何かが上手にできるようになることが発達と考えてしまい，力が先という考え方が優先されてしまいがちです。確かに「できるようになること」はすばらしいことですし，できるようになれば自信にもつながります。しかし，できるようになることだけを追い続けると，その反対の「できないこと」が「遅れていること」という評価につながるおそれがあります。はたしてできないことは遅れていることでしょうか。たとえば，家ではおしゃべりな子どもが，必ずしも園でおしゃべりだとは限りません。逆に園では率先して自分からやりたがるのに，家では甘えてばかりで一人ではでき

ないという子どももいます。昨日までできていたことができなくなることだってあります。個々の子どもの状況によっても，できることとできないことは異なる場合があります。

　「人間が仙る発達の道筋はおおよそ共通的な側面もあるが，一人ひとりの発達の足どりは様々であり，またそれは直線的ではなく行きつ戻りつしながら時には停滞したり，時には急激な伸びを示したりする」[17]という示唆もあるように，発達は，一見後退しているように見えても，それも発達の一部であるということを改めて認識しておくことが必要です。そして，その子どもにとってのできない意味を問うことやできるようになる過程を見守り，その背景を見つめながら，その子にとっての発達を考えることが何より大切なことだといえます。

　一般的な発達の特徴として発達段階や発達課題を学ぶことも必要であり，保育者として発達の大きな流れを心得ていることはとても大切なことです。なぜなら，各年齢の像を想い描くことができなければ，その子にとってのできることとできないことの意味を問うこともできないと考えるからです。しかし，一般的な特徴にとらわれすぎないことも保育者として大切なことです。具体的な状況や関係のなかで，その日のその子のありようを把握し，個々の子どもに即した援助をしていくことが保育には求められるからです。昨日まで登園後スムーズに身支度を済ませることができていた子が，今日はどうしても一人でできないと泣く場合もあります。いつも率先して片付けていた子が，今日は片付けている他の子どもの邪魔をする場合もあります。その子どもの「できない」背景に何が生じているのか，できることだけがすべてではなく，できたことができない，やりたくないというときの子どもの心にいったい何が起きているのかを考える保育者であってほしいと願っています。「どうしたらできるのか」とその方法（how）を問うことも大切ですが，「なぜ，できないのか」のなぜ（why）を追求することも重要です。ここに「まず心を育てることを重視する」という保育の１つの姿勢があるのではないかと思います。しかし，「まず力をつけるためにどうしたらよいか」とその方法だけを追い求める保育が息づ

いていることも否めません。その背景に，できることを求める保護者の姿勢や目に見えることによる理解のしやすさということがあるのだと思います。しかし，今一度，目には見えない心の面を育てていくことの大切さを見つめてほしいと願っています。

　また，一人ひとりの子どもには，その子なりに発達する力の流れ，道筋があるはずです。何もしていないように見えても，まわりの様子をじっと見つめ吸収しているときもあります。具体的に目の前にいる子どもの今の動きのなかで，子どもの思いを感じ取ること，今生きている子どもの世界をとらえその場を共有すること，それも保育者として子どもの発達をとらえていく上では大切な感性であるといえます。

　次のエピソードは，幼稚園の5月中旬に見られた子どもの姿です。皆さんはどのように考えるでしょうか[18]。

エピソード 3-4　じっとみている（3歳児）

　サエは，ガクとショウが廊下に置いてある跳び箱の上に乗って，立ったりしゃがんだりしてガラス越しに顔を覗かせている様子を，少し離れたところで両足を前に出してじっと見ています。少ししてから，近くにいた観察者に「みててねぇー」と小声でいってから，ガクとショウの方を指さします。観察者が指さされた方を見て「あ，かくれたね」というと，サエは観察者の方を見てうなずき，もう一度ガクとショウの方を指さします。「あ，こんどはガラストントンしてるんだ」と観察者がいうと，サエは観察者に「ね」といいながら，ガクとショウの遊びをじっと見続けます。

　入園して1カ月半ほど経つのですが，サエはいつも少し離れたところで一人しゃがんでいることが多く，一見すると集団から離れボーっとしているかのように見えます。しかし，本当に集団から離れているのでしょうか。

　エピソード3-4のサエは，友だちと一緒に何かをして遊んでいるという直接的な行為ではありませんが，ガクとショウの遊びをじっと見ています。サエ

の指さしは何を意味しているのでしょうか。ガクとショウの遊びをじっと見続けた後に発した「みててねぇー」という小さな一言は，サエのどんな思いから生まれたものなのでしょうか。そこには，「みていて，これから二人がすることを」という気持ちと，二人が次に何をするかを予測しているサエの姿があると考えられます。二人の遊びに関心をもっているからこそその行為ではないでしょうか。サエはガクとショウの遊びに直接参加はしておらず物理的には離れたところに座っていますが，心理的には二人の遊びのなかに一緒にいると考えられます。ただ座っているだけでなく，周りの様子をサエの視線で見つめ二人の遊びを自分の内に取り込んでいるのです。それは，サエの「ね」という一言に映し出されており二人の遊びにまさに入り込んでいるといえます。見た目には遊びの活動に参加しているわけではありませんが，サエなりの友だちと遊び合う１つの姿であると考えられます。また，担任保育者は，自由な遊びの時間に子どもの遊びを巡回しながら，サエのそばを通るとき必ず「サエちゃん」と頭を撫でています。こうした保育者の姿は，しゃがみ込んでいるサエのありようを受けとめサエのもつ世界を見守りながら寄り添い，友だちとの関わりがサエなりに育っていくことを静かに支えているといえます。たとえ何もしていないように見える姿であってもその子なりの育ちの道筋があるのです。

　このように子どもの姿を見ていると，仲間の遊びをじっと見ている子どもがその遊びに笑いが生まれると，一緒になって笑っている時があることに気づきます。身体は一緒に遊んでいなくとも心が遊びに加わっているのです。友だちと一緒に遊べるようにと急かすのではなく，待ちながら見守ることも保育における大切な援助であることを忘れないでほしいと思います。その子の育ちのなかで，その子なりに生きている世界があることに気づくこと，難しいことではありますが，子どもの表面的な行為に引きずられることなく，その子どもの姿や行為がどのような意味をもっているのかを立ち止まって考えてみることを，保育者として大切にしてほしいと願っています。

（3）発達における相互の関連と保育内容

　「幼稚園教育要領」や「保育所保育指針」「幼保連携型認定こども園教育・保育要領」における保育内容には，心身の健康に関する領域「健康」，人との関わりに関する領域「人間関係」，身近な環境との関わりに関する領域「環境」，ことばの獲得に関する領域「言葉」，感性と表現に関する領域「表現」という５つの領域があります。これは，子どもの発達をさまざまな側面からとらえ，子どもの育ちを見つめていくための視点であり，＜窓＞のようなものだと考えられています。しかし，この５つの領域の窓をバラバラに取り外し，領域ごとの窓をもつ部屋として分断することができるでしょうか。たとえば，健康は体操するだけの部屋，ことばは文字の指導をするだけの部屋，環境は虫などを観察するだけの部屋，人間関係はだれかと話をするだけの部屋，表現は踊ったり絵を描いたりするだけの部屋というように。確かに，体操を覚え，語彙数が増え，虫の知識が得られ，上手に踊ったり絵を描いたりすることができるようになるかもしれません。しかし，まったく切り取られた別々のものとして個々に発達していくものでしょうか。人の発達は，さまざまな側面が切り取られたものとして別々に発達していくのではなく，互いに影響し合い深い関連をもって子ども全体として丸ごと育まれていくものです。

　「幼稚園教育要領」における第１幼稚園教育の基本の３には，「幼児の発達は，心身の諸側面が相互に関連し合い，多様な経過をたどって成し遂げられていくものであること」と記されています。保育内容の５つの領域は，子どもの育ちを支え援助していくために示されたそれぞれの大切な視点ですが，決して分断された指導を示すものではありません。教科という柱ではなく，領域として示されているのもそのためです。したがって，小学校以上の教科，たとえば，算

数の時間，国語の時間というように時間を区切って指導していくものではな
く，領域ごとに子ども全体の育ちを支えていくための視点です。保育の実践は，
保育内容に示されたこの5つの領域の視点が，相互に関連をもつという総合的
な営みなのです。

　また，1章でも説明されているように「幼稚園教育要領」「保育所保育指針」
「幼保連携型認定こども園教育・保育要領」(2017 (平成29) 年告示) においては
「子どもが身に付けようとすることがらの中核を資質・能力と呼び」[19]，それ
に加え「幼児期の終わりまでに育ってほしい姿」として，10項目（①健康な心
と体　②自立心　③協同性　④道徳性・規範意識の芽生え　⑤社会生活との関わり　⑥
思考力の芽生え　⑦自然との関わり・生命尊重　⑧数量や図形，標識や文字などへの関
心・感覚　⑨言葉による伝え合い　⑩豊かな感性と表現）が示されました。この10
項目は，保育内容の5領域の内容を整理したものであり，「小学校にかけて（さ
らにその後の）子どもの成長していく様子が，この10の姿を通して示されて」[20]
いるのです。

第3節　園が育む心の育ち

　乳幼児期の発達のおおまかな特徴をつかみ，保育における発達のとらえ方に
ついて学んできましたが，園生活では，子どもたちが人やモノと出会い，関わ
りながら，心を育んでいく姿が見られます。たとえば，うまく鉄棒の逆上がり
ができずに落ち込んでしゃがみこんだ友だちを励ますように，落ち込んだ友だ
ちの好きな遊びをしてその遊びに誘う5歳児の姿があります。そして，その励
まされた子どもが，今度は別の子どもが遊びから外されて寂しそうにしゃがん
でいると声をかけて励ますという姿[21]が見られています。このような他者を
思いやる心が別の子どもへと引き継がれていくという姿が，園生活に生まれて
います。集団生活だからこそ体験できる喜びや悲しみがあります。その思いを
共有しながら子どもの心は育っていくのです。そこには，その子どもの思いを
静かに見守りながら支えている保育者の存在があります。本章の最後に，何気

ない保育のなかで，さりげなく子どもの心の育ちを支えている保育者の姿をご紹介したいと思います。

> ### エピソード 3－5　みたいなー，みせて（3歳児）[22]
>
> 　保育室で，リョウ，ケン，ミク，ナナが，「みて」「ほら」と紙に書いた絵を見せに，保育者のところにやって来ます。次々に見せる絵に「わー，かわいいね」と返事する保育者。子どもたちが見せ合っているところに，ショウが近づき，両手を後ろにしたまま集団の側に立って見ています。保育者は，それぞれの子どもに返答しながらも，時々ショウの方に目を向け，じっとしているショウに「ショウちゃんも持ってきてくれたの？　みたいなー，みせて」と声をかけます。すると，ショウは一瞬後ろに下がりますが，にこっと笑って後ろに回していた手を前に差し出します。保育者は，「わー，ショウちゃんのもかわいいね」と応えます。他の子どもたちもショウの絵を覗き込み，「ショウちゃんも一緒に書いたんだよねー」とミクが説明を加えます。ショウは，保育者に見せ合う子どもたちの輪のなかで，笑顔をみせています。

　エピソード3－5では，子どもが次々に保育者のところに絵を見せに来るなかで，黙って立って見ているショウの姿があります。その姿を見逃さずに「みたいなー，みせて」と呼びかける保育者の存在が，ショウの見せたいという思いを後押しショウの心を支えていると考えられます。何気ない呼びかけのなかに，ショウの主体性を支える保育者の思いが込められているといえます。ただ黙って見つめていたショウが，友だちの輪のなかで楽しそうに笑っている姿が目に浮かんできませんか。このように，何気ない小さなことではありますが，保育者の一言が子どもの心を支え，それが心の成長の糧になっているときがあることを改めて大切にしたいと思います。

　このように，幼稚園や保育所，認定こども園は，人としての子どもの成長を支える大切な環境であり，乳幼児期における生活体験の場でもあります。子ど

もが自らの力でその環境にはたらきかけ，やりとりしながら自分の世界を広げていけるように支えていくのが保育者です。そのためには，いつも子どもを見守る目をもつことが大切です。子どもは，信頼できる保育者のもとでその子らしさを発揮していきます。保育者の存在は，子どもが安心して生活できる空間を支えているともいえるのです。そのような生活空間を支えるためにも，子どもの発達の特徴を理解しつつ一人ひとりがもつ特性やその子なりの発達の課題を見極め，それぞれの育ちの過程において必要な援助の手を差しのべていくことが保育者には求められています。

　本章で何度も繰り返し述べてきたことですが，一般的な発達の道筋は確かにあります。それを理解することも大切なことですが，乳幼児期は，身体的な条件や家庭環境の違いなどによって，一人ひとりの子どもの心身の発達に個人差があります。他児と比較するのではなく，その子にとっての育ちのあり方を大切にすること，そのことを忘れないでください。個々の子どもの育ちのあり方をしっかりと受けとめることのできる保育者であってほしいと願っています。

【注】

※１）愛着とは，人間（動物）が特定の個体に対してもつ情緒的な絆（affectional tie）のことであり，ボウルビィ（Bowlby, J., 1907-1990）によって名づけられました。

※２）叫喚発声とは，誕生後に苦痛や飢えなどによって聞かれる泣き声であり，この泣き声は，養育者の育児行動（授乳・愛撫・おむつ交換など）を触発するといわれています。

※３）非叫喚発声とは，快適な状態のときに聞かれるリラックスした発声でクオーン・クーというようなやわらかな発声でクーイングとも呼ばれています。

※４）喃語とは，快状態において自発する子音と母音的要素からなる指示的な意味をもたない非反射的な音声発話で，言語の音声的基盤といわれています。「アーアー」「ババ バ」という母音から，徐々に「バブバブ」「メムメム」という子音を含むようになります。

※５）一語文は，シュテルン（Stern, W., 1871-1938）が，子どもの初期のことばは１語であるが，文と同じようなはたらきをするということから用いられた語です。例えば，マンマという１語であっても文脈や発話に伴う子どもの表情や行動，あるいはイントネーションによって「ミルクを飲みたい」あるいは「ママきてよ」というように１つの文として機能し，その意味を受けとめることができます。このような考

えから一語文と呼ばれています。しかし，これを文ととらえるのは子どもの言葉を大人の言葉に引き寄せて考え過ぎるのではないかという批判もあり，一語発話とも呼ばれています。

————————— 引用文献 —————————

（1）白佐俊憲・工藤いずみ『発達心理学基礎テキスト』川島書店，1999 年，161 頁。

（2）福﨑淳子『園生活における幼児の「みてて」発話』相川書房，2006 年，49 頁。

（3）無藤・倉持・福田・奈良『発達心理学』ミネルヴァ書房，1993 年，79 頁。

（4）岡本夏木『子どもとことば』岩波書店，1982 年，143-144 頁。

（5）阿部・小川・戸田編『言葉の探究』相川書房，1997 年，37 頁。

（6）吉村真理子『3 歳児の保育』ミネルヴァ書房，1999 年，2 頁。

（7）同上 3 頁。

（8）同上 3-4 頁。

（9）同上 2 頁。

（10）ぐるーぷ・エルソン編『こどものことば』晶文社，1987 年，80-158 頁。

（11）岡田正章・千羽喜代子編『現代保育用語辞典』フレーベル館，1997 年，18 頁。

（12）福﨑淳子『園生活における幼児の「みてて」発話』相川書房，2006 年，72 頁。

（13）桜井茂男・岩立京子『たのしく学べる乳幼児の心理』福村出版，2010 年（第 16 刷），22 頁。

（14）福﨑・岩田・吉田『エピソードから楽しく学ぼう　子ども理解と支援』創成社，2015 年，42 頁。

（15）鯨岡峻『保育の場で子どもの心をどのように育むか』ミネルヴァ書房，2015 年，16 頁。

（16）同上 20 頁。

（17）森上史朗・柏女霊峰編『保育用語辞典』第 8 版，ミネルヴァ書房，2016 年，278 頁。

（18）福﨑淳子『園生活における幼児の「みてて」発話』相川書房，2006 年，54 頁。

（19）無藤・汐見・砂上『ここがポイント！　3 法令ガイドブック』フレーベル館，2017 年，15 頁。

（20）同上 15 頁。

（21）福﨑・岩田・吉田『エピソードから楽しく学ぼう　子ども理解と支援』創成社，2015 年，121-125 頁。

（22）福﨑淳子『日本保育学会第 67 回大会発表要旨集』日本保育学会，2014 年，543 頁。

・・・・・・・・・・・・・・・・・・・・・ 参考文献 ・・・・・・・・・・・・・・・・・・・・・・

川上清文『子どもたちは人が好き』東京大学出版会，2018 年。
鯨岡峻『子どもの心の育ちをエピソードで描く』ミネルヴァ書房，2013 年。
鯨岡峻・鯨岡和子『保育のためのエピソード記述』ミネルヴァ書房，2007 年。

第3章　確認問題

乳幼児期の発達に関する内容を述べた次の文の（　）のなかに，あてはまる言葉を書きましょう。なお，（　）内の同じ番号には，同じ言葉が入ります。

1．乳児期は，人間関係の基礎となる（　①　）が形成される大切な時期であり，これに続く幼児期は，（　②　）的な発達の土台づくりとしてとても重要な時期です。

2．幼児期の言葉の発達は，誕生後に不快な状態（苦痛・飢えなど）の時に聞かれる叫喚発声，1カ月頃から聞かれる非叫喚発声，5，6カ月頃からみられる（　③　）を経て，1歳〜1歳半に，一語文（一語発話）が生まれます。これが言葉の（　④　）です。

3．人間が発達していく過程には，生涯を通してそれぞれの時期や年齢ごとにその特徴を示す段階があり，これを（　⑤　）と呼び，正常な発達を遂げるために各段階には達成されることが期待される課題があると考えて，それを（　⑥　）として示しています。

4．（　⑥　）は，子どもの発達を暦による年齢で整理し，その年齢ごとに特有の特徴，そして達成すべき課題があるととらえています。それに対して，（　⑦　）は，一人ひとりの子どもがそのときに直面している，取り組んでいるその子にとっての課題をさしています。

5．保育における発達観の大きな見直しとして，（　⑤　）論から（　⑧　）論への転換を挙げることができます。

6．子どもの（　⑨　）をとらえる視点として示されている保育内容の5つの領域は，小学校以上の教科とは異なり，領域ごとに子ども全体の育ちを支

えていくための視点です。そして，保育の実践は，この 5 つの領域が相互に関連をもつという（　⑩　）的な営みです。

第4章
保育内容における遊びの意義について学ぼう

本章のねらい

　保育内容において，遊びは大変重要な意味をもっています。この章では，遊びとは何か，保育内容における遊びとはどのようなものか，そして，保育における遊びの援助について学びます。

　まず1節で保育における「遊び」の位置づけについて，幼稚園教育要領と保育所保育指針から考えます。続く2節では遊びについての基本理論を概観し，遊びとは何かを理論的に考察します。3節では保育の場における遊びに言及し，4節で遊びの実際を紹介し，エピソードに沿って保育者の援助のポイントを考えます。章全体のまとめとして5節では保育者に求められる遊びの援助について論じます。

　保育の場における遊びについての視野を広げ，保育内容としての遊びについて，以下の視点から学んでいきましょう。

① **遊びとは何かを学びましょう。**

　幼稚園教育要領，保育所保育指針，幼保連携型認定こども園教育・保育要領における遊びと，遊びの諸理論をふまえ，遊びとは何かについて考えましょう。

② **保育の場で展開される遊びについて学びましょう。**

　幼稚園や保育所，認定こども園など，保育の場における保育内容としての遊びと，子どもの遊びの実際について理解しましょう。

③ **保育者に求められる遊びの援助について学びましょう。**

　子どもの楽しい遊びを実現するために，保育者に何が求められているのかを理解し，実習や保育実践に役立てましょう。

第1節　幼児教育・保育における遊びの位置づけ

（1）幼稚園教育要領，幼保連携型認定こども園教育・保育要領，保育所保育指針における遊び

　現在の保育の基準を示す「幼稚園教育要領」「幼保連携型認定こども園教育・保育要領」「保育所保育指針」には遊びはどう位置づけられているでしょうか。保育における遊びについて考える出発点としてその記述を確認しておきましょう。

幼稚園教育要領

前文（後半　抜粋）

　幼児の自発的な活動としての遊びを生み出すために必要な環境を整え，一人一人の資質・能力を育んでいくことは，教職員をはじめとする幼稚園関係者はもとより，家庭や地域の人々も含め，様々な立場から幼児や幼稚園に関わる全ての大人に期待される役割である。家庭との緊密な連携の下，小学校以降の教育や生涯にわたる学習とのつながりを見通しながら，幼児の自発的な活動としての遊びを通しての総合的な指導をする際に広く活用されるものとなることを期待して，ここに幼稚園教育要領を定める。

第1章　総則　1幼稚園教育の基本

2　幼児の自発的な活動としての遊びは，心身の調和のとれた発達の基礎を培う重要な学習であることを考慮して，遊びを通しての指導を中心として，第2章に示すねらいが総合的に達成されるようにすること。

注：傍点・下線は筆者による

幼保連携型認定こども園教育・保育要領

第1章　総則　第1幼保連携型認定こども園における教育及び保育の基本及び目標等

（3）乳幼児期における自発的な活動としての遊びは，心身の調和のとれた発達の基礎を培う重要な学習であることを考慮して，遊びを通しての指導を中心として第2章に示すねらいが総合的に達成されるようにすること。

注：傍点・下線は筆者による

　「幼稚園教育要領」および「幼保連携型認定こども園教育・保育要領」には，遊びは子どもの「自発的な活動」とされ，「心身の調和のとれた発達の基礎」

を培うもので，「重要な学習」と位置づけられています。そして，保育者には，ねらいが総合的に達成されるように，遊びを通して子どもを指導していくことが求められています。

　ここで使われている「学習」や「指導」という用語は，小学校以上の教科教育の学習や指導とは異なります。保育においては，保育者が子どもに一方向的に知識や技能を教え込むのではなく，子どもの「自発的な活動」としての「遊び」を通して子どもが能動的に学ぶ意欲を育むことが求められます。さらに，子どもの興味や関心をとらえ，子どもが遊びそのものを楽しみながらさまざまな体験をし，その積み重ねのなかで結果的に知識や技能を学び，身につけていくように環境を構成し，援助していくことを意味しています。

> **保育所保育指針**　第1章　総則　1保育所保育に関する基本原則　（3）保育の方法
> オ　子どもが自発的・意欲的に関われるような環境を構成し，子どもの主体的な活動や子ども相互の関わりを大切にすること。特に，乳幼児期にふさわしい体験が得られるように，生活や遊びを通して総合的に保育すること。
> 注：傍点・下線は筆者による

　「保育所保育指針」においては「生活や遊び」と生活と遊びが一対で表記されています。保育所の保育は「養護」(生命の保持と情緒の安定)と「教育」(5領域)が一体となって相互に関連し合い，生活と遊びを通して総合的に行われることが明示されているのです。

　いずれも，保育者には，子どもの自発性・主体性を尊重した乳幼児期にふさわしい体験である遊びが展開するように，保育の内容を組み立て，遊びの環境を整えることが求められます。

（2）子どもと遊び

　保育において子どもの「自発的な活動としての遊び」が重視され，保育の場に遊びがなくてはならないものだとすると，それは乳幼児期において，遊びを通してしか育むことができないものがあるからでしょう。

　子どもは遊びを通してさまざまなことを学び，生きるために必要な力を身に

つけていきます。それゆえ，遊びは子どもにとって重要なものであるといえます。しかし，子どもには，遊んで学ぼう，知識や技能を身につけようという意識はまったくありません。

　保育の場では，大人から見ると何が楽しいのかわからないことを楽しそうに繰り返す子どもの姿を見ることがあります。子どもが感じる楽しさを大人がとらえることはそう簡単ではありません。本人は遊んでいるつもりでも，いたずらやふざけているようにしか見えなかったり，反対に本人には遊んでいるつもりではく，真剣に取り組んでいるのに，大人が遊んでいると解釈することもあります。

　「子どもにとっての楽しい遊びとは」「子どもはなぜ遊ぶのか」という問いは，あらためて考えてみると，そう簡単に答えられるものではありません。そのことを紐解くために，次に古代から多くの哲学者，思想家が論じてきた，代表的な遊び論を概観し，遊びとは何かについて考えてみましょう。

第2節　遊び論から見た遊びの本質

（1）遊び論の歴史と代表的な遊び論

　遊びについての理論は，古代ギリシャ時代の哲学者プラトン（Plato；Platon, 紀元前 427-347）[1] やアリストテレス（Aristotle；Aristoteles, 紀元前 384-322）[2] による子どもの遊びと教育についての考察のなかにすでに見ることができます[3]。今から 2300 年以上も前にプラトンが，3 歳から 6 歳の子どもの遊びの必要性を主張していることには驚かされます。

　時を経て 18 世紀から 19 世紀にかけて，ルソー（Rousseau, J.-J., 1712-1778）[4]，カント（Kant, I., 1724-1804）[5]，ペスタロッチ（Pestalozzi, J. H., 1746-1827）[6] らが，遊びと教育についての考察を深め，それがのちの教育思想につながっていきます。

　ではここで，エリス（Ellis, M. J.）[7] によって時代ごとに分類された代表的な遊びの理論を押さえておきましょう。

　19世紀までの「古典理論」[1][2] と呼ばれる 5 つの説の概要は以下のとおりです。

1．余剰エネルギー説：遊びは人間の過剰なエネルギーの放出手段である
2．本能説：遊びは人の遊ぼうとする本能的欲求によって引き起こされる
3．準備説：遊びは将来の仕事や生活のため必要な練習（準備活動）である
4．反復説：遊びは祖先が行っていた行為を繰り返しているものである
5．気晴らし説：遊びは労働によって生じる疲労から元気を取り戻すためのものである

　続いて 20 世紀に入ると「近代理論」[3][4] と呼ばれる諸説が登場します。

1．般化説：遊びは労働によって得た満足や楽しみを余暇の時間にも継続しようとする活動である
2．代償説：遊びは労働によるストレスや欲求不満を補うための活動である
3．浄化説：遊びは社会的に認められない攻撃的な欲求をゲームやスポーツなどで解消するものである
4．精神分析説：遊びは抑圧された緊張，攻撃性，不安などを表現することによって満足させるものである
5．発達説：遊びは認知能力の発達段階に応じて発達する
6．学習説：遊びは学習を生み出す過程に引き起こされるものである

　さらに「覚醒追求説」と「能力効果説」が「現代理論」[5][6] とされました。

1．覚醒追求説：遊びとは覚醒水準を最適な状態に高めようとする欲求によって起こる行動である
2．能力効果説：遊びは環境に働きかけて自分のもつ能力を証明したいという欲求によるものである

　以上のように多数の説が発表されてきましたが，いずれも 1 つの説ですべての遊びを説明するには不十分であるといわれ，とりわけ子どもの遊びをうまく説明することはできませんでした。

（2）子どもの遊びへの注目

　19 世紀から 20 世紀にかけて，子どもの遊びについての探求が始まり，幼稚園の創始者であるフレーベル（Fröbel, F. W., 1782-1852）[※8]，哲学者であるデューイ（Dewey, J., 1859-1952）[※9] やラッセル（Russell, B., 1872-1970）[※10] などが，遊びや教育についてのさまざまな考えを公にしてきました。

フレーベルによる遊び[7]
　　遊びは人間の自由な活動，自らの自由意思による活動である。
　　子どもは遊ぶことによって，楽しみながらさまざまなことを学んでいく。

デューイによる遊び[8]
　　遊びは人生・人間形成・学校教育において，大きな役割を果たすものである。
　　特に 2 歳ないし 2 歳半から 7 歳までの「幼年後期」は「遊戯期」である。
　　遊びの意義：①概念の蓄積：遊びによって概念が蓄積し組織化される。
　　　　　　　　②道徳的意義：遊びは道徳的に必要なものである。

ラッセルによる遊び[9]
　　遊びは幼年期の子どもにとって不可欠のものである。また，遊びは他の子どもや親と一緒に遊ばれるものであり，最善の親子関係に不可欠なものである。

　フレーベル，デューイ，ラッセルは，これまでの遊び思想にはみられなかった子どもの遊びに焦点を当て，とりわけ幼児期の遊びの重要性を主張しています。

（3）遊びの分類

　ビューラー（Bühler, C., 1893-1974）[※11]，パーテン（Parten, M. B., 1902-1970）[※12]，ピアジェ（Piajet, J., 1896-1980）[※13] らは，子どもの遊びには発達的な変化があることを認め，遊びを類型化しています。

心理的機能の発達による分類[10]　　　Ch. ビューラー
①　機能的遊び：身体諸機能・五感を使う遊び　　乳児が手足を動かす・見る・聞く・さわるなどを楽しむ遊びなど（2 歳を過ぎるまで）
②　創造的遊び（虚構遊び）：ごっこ遊びを中心とする模倣遊び。（2 歳から 5 歳頃）

③　受容的遊び：身体活動が少なく外界からの働きかけを受け入れる遊び。

　　　　　　　例）絵本を見る，お話を聞くなど

④　構成的遊び：ものを組み立てる・作る・描くなどの遊び。

　　　　　　　例）積み木・粘土・工作・お絵描きなど

社会性の発達（社会的行動）から見た分類[11]　　M. B. パーテン

①　何もしていない行動：他者に興味を示すことも何かで遊ぶこともなく，ただ歩く・見回すなどしている。

②　傍観的行動：他の子どもが遊んでいる様子を見たり話しかけたりするが，遊びには加わらない。

③　独立した遊び（ひとり遊び）：他の子どもとの関係は持たず，自分だけの遊びをひとりでしている。

④　並行遊び：他の子どもの近くで同じような遊びをしているが，干渉・話し合い・物の貸し借りなどはない。

⑤　連合的遊び（かかわりを持つ遊び）：複数の子どもが物の貸し借りや会話をしながら1つの遊びをする。分業や組織化はない。

⑥　協同的遊び：共通の目的をもった複数の子どもが，役割分担，交替，ルールを共有しながら1つの遊びを展開する。リーダーが存在する。

知的な発達段階から見た分類[12]　　J. ピアジェ

①　機能的遊び（練習の遊び）（出生から2歳前後）：特定のテーマをもたない遊び。諸感覚や身体運動を楽しむ遊び。「もて遊び」「じゃれ遊び」壊すことを喜ぶ遊びなど。

②　象徴的遊び（シンボルの遊び）（2歳から7歳頃）

　　表象による同化によって，あるものに対するのと同じ行動を，別のものに対して行う遊び。

　　「ふり遊び」「ごっこ遊び」，劇的遊び，構成的遊び，製作的な遊びなど。

③　規則的遊び（ルールのある遊び）（7歳〜11歳）

　　遊び手相互の協力と義務を要する社会的なルールのある遊び。簡単なルールのゲーム，鬼ごっこなど。

　ビューラーは子どもの心理的機能の発達に注目した分類を行い，パーテンは社会性の発達による6つの型を抽出しています。一方，ピアジェは知的な発達段階から遊びを3段階に分類しています。これらの類型を意識しておくことは，子どもの遊びを観察する際の参考になり，将来，保育者として子どもの発達と

遊び，保育内容を関連づける際の指標となるでしょう。

（4）遊びの特徴・条件・定義

　子どもの遊びのあり方をより具体的に考える手がかりとして，日本の研究者は，遊びが遊びであるための条件や特徴をどのように定義しているのか見てみましょう。

高橋たまき（1984）　遊びの特徴[13]
① 　自由で自発的な活動
② 　おもしろさや楽しさを追求する活動
③ 　その活動自体が目的となる活動
④ 　遊び手が積極的にかかわる活動
⑤ 　日常性から分離された隔絶された活動
⑥ 　非遊び的な活動と比して，一定の系統的関係のある活動

山田敏（1994）　遊びの条件[14]
① 　楽しさ（楽しいこと）：遊び手にとって楽しいこと
② 　非手段性：その活動自体が目的であり，他の目的達成の手段になっていないこと
③ 　非強制感：遊び手が外部から強制・拘束されていると感じないこと

小川博久（2001）　遊びの定義[15]
「幼児自らの動機で自らの活動をそれ自体の活動を楽しむために引き起こすこと」
① 　自発性：遊び手が自ら遊びを選んで取り組む活動
② 　自己完結性：遊ぶことそれ自体が目的となる活動
③ 　自己報酬性：楽しさや喜びの感情に結びつく活動
④ 　自己活動性（自主性）：自ら行動を起こして参加する

（5）保育における遊びの特質

　　① 　遊びの本質

　遊びの諸説と遊びの分類を見てきましたが，どの論者にも共通している遊びの本質といえるものは何でしょうか。

　まず第1に，遊びが遊びであるための最も基本的な条件は「自由で自発的」

であることでしょう。人から無理強いされて嫌々することを遊びと呼ぶことはできません。「非強制感」という言葉も同じことを表しています。

そして，遊びの第2の条件は，明確な目的や達成目標があるのではなく，「それ自体が目的であって楽しいものであること」です。遊びは，何か他の目的のための手段ではなく，それ自体が楽しい活動であることをさします。

論者によって表現に違いはありますが，この2つの条件はどの遊び論にも共通する遊びの本質だといえるでしょう。

②　なぜ遊びが大切か

子どもは面白いことを見つけると熱中し，物事に自分から進んで取り組もうとする自発性を発揮します。「楽しい・面白い」「もっと・もう1回」と遊びを繰り返し，そのことによって心身を発育・発達させ，健康や体力を増進し，生活動作を獲得したり，知識を習得したり，ものごとの決まりなどを認識していきます。また，遊びのなかで，「何・なぜ・どうして」という疑問を抱き，遊びに熱中し，探求心を育んでいきます。

乳幼児の発達において，自分から進んで活動しようとする自発性と未知の事柄を知ろうとする探求心は，心身の発達の原動力ともいうべき最も大切な力です。さらにそれは青年期までの発達で求められるいわゆる「生きる力」の基礎ともなります。したがって，乳幼児期にたくさんの豊かな遊びを体験することが，その子どもの成長の礎となるのです。

③　遊びのなかから人との関わりを学ぶ

乳幼児期における遊びの重要性として，もう1つ見落としてはいけないことは，遊びの分類で明らかにされている発達段階に応じて変化していく遊びの特性です。パーテンとピアジェの分類を見ると，発達に応じて遊びが1人だけの遊びから複数の仲間とルールを共有し協力する協同的遊びへと分化していくことがわかります。保育の場においても子どもは，ひとり遊びから仲間遊びへとしだいに遊びの形を広げていきます。そして，仲間との遊びのなかで互いに相

手を尊重したり，時には自己を主張したりすることで，人との関わり方を学び，社会性や道徳性を身につけ，対人関係能力（コミュニケーション能力）を培っていきます。

④　保育者に求められること

　遊びは，保育のなかで子どもの心身の発達を促す中心的な活動として位置づけられています。そして保育者には，遊びの本質を損なうことなく，子どもたちが心から楽しんで思いきり遊べる環境を整え，乳幼児期にふさわしい体験ができるような保育内容を考え，遊びを支えていくことが求められています。

第3節　保育の場における遊び

　前節で遊びの本質について学びましたが，本節では，保育の場における遊び，保育内容としての遊びについて考えていきます。

（1）遊びを支える環境

　家庭での遊びと，幼稚園や保育所，認定こども園など保育の場における遊びは，その場を取り巻く環境に決定的な違いがあります。家庭は子どもだけでなく大人も生活する場で，そのなかの一部に子どもが遊ぶ場が設けられます。保育の場は，その「場」そのものが子どもの遊ぶための環境として整えられています。それは単に遊具がそろっているというようなことではなく，空間的，物的，時間的，人的環境など，すべての環境が子どもの生活と遊びのために整えられているということです。保育の場における遊びの環境について整理しておきましょう。

④　空間的環境

　まず，保育の場では，子どもがのびのびと安心して遊ぶことができる遊びのための安全な空間が整えられています。園舎，園庭，保育室，遊戯室，ホール，

体育館，園内の自然などが遊びのための空間的環境を構成します。

②　物的環境

保育の場には，子どもの成長・発達に配慮した遊具，教材，教具，玩具，素材，道具，動植物などが整えられ，また，必要に応じて用意されます。子どもが自ら関わりたくなるような，子どもの興味や関心の方向性をとらえた物的環境が整えられています。

③　時間的環境

3つ目に，子どもが遊びを楽しむための時間が確保されています。子どもの発達段階や遊びの内容，その場の状況に応じて遊びに必要な時間的環境が保障されています。

④　人的環境

1）遊び仲間の存在

集団保育の場では，子どもの周囲に，同年齢あるいは同年代（異年齢）の子どもが遊びのための仲間として常に存在します。

2）保育者の存在

保育の場には，子どもの遊びを見守り，必要に応じて援助する保育者の存在があります。

保育の専門性を有し，子どもの気持ちを読み取りながら，乳幼児期にふさわしい体験とは何かを考えて子どもの遊びを支えていくのが保育者です。保育者は，子どもにとって好ましくない遊び，たとえば人を傷つけるような遊びであれば放置しないで軌道修正をしていくこともあります。さらに，上述した空間的環境，物的環境，時間的環境を整えていくのも保育者の役割です。したがって，保育の場における遊びの環境の特質を形作る最も重要な要素は，保育者が存在することだといえるでしょう。

（2）保育における遊びのかたち

　幼稚園や保育所，認定こども園などにおける遊びを中心とした保育は実際にどのように展開しているのでしょうか。ある幼稚園の1日の保育の流れを見てみましょう。

①　1日の生活の流れのなかの遊び

ある幼稚園の1日の保育の流れ

登園 好きな遊び	片付け	朝の集まり	一斉保育 （保育者が 提案する遊び）	片付け	昼食準備 ・昼食 （休憩）	好きな遊び	片付け ・降園準備	帰りの会	降園
8：45		9：50			11：50				14：00

　この幼稚園では登園後と昼食後に園内の好きな場所で好きなことを見つけたり選んだり，子どもが自分たちで遊びをつくったりする「好きな遊び」＝「自由な遊び」（「自由遊び」と呼ばれてきた）が展開しています。また，朝の集まりと昼食の間には，保育者が計画し一斉保育として行われる「保育者が提案する遊び（または活動）」が行われています。

　「自由な遊び」の内容を決定するのは子どもです。基本的に，子どもの自発性が優先され，遊びの方向性は子どもにまかされます。しかし，何をしていいのかわからない，好きな遊びが見つからないときなどには，保育者が遊びに誘ったり，遊びの提案をしたりすることもあります。

　「一斉保育」とは，保育者が子どもに育ってほしいこと，経験してほしいことなどの願い（指導計画のねらい）をもって，クラスやグループなど複数の子どもたちを対象にして行う保育の形態のことです。ここでいう「保育者が提案する遊び」は子どもの発達や興味や関心などを考慮して事前に計画を立て，一斉保育のなかで保育者が子どもに提案する遊びのことをさします。それぞれの遊びについて詳しく見ていきましょう。

（3）好きな遊び ＝ 自由な遊び

　自由な遊びというと，子どもの自由に任せて保育者は危険のないように見守っていればよいと考えられることがありますが，それでは放任の保育になってしまいます。保育者には子どもの遊びの内容や状態を把握し，必要な援助をすることが求められます。では，保育者はどのような援助を行っているのでしょうか。ある幼稚園の例を紹介します。

登園後の保育室における自由な遊び

　保育室には壁にそって絵本棚が設置された絵本コーナー，ままごと道具や調理台のあるままごとコーナー，人形や世話遊びの玩具がそろっている人形遊びのコーナー，大型積み木を置くスペース，ブロックやパズルなどの玩具が置かれている棚などがありました。この日はほかに，テーブルクロスを敷いて粘土が置かれたテーブル，空箱や牛乳パックなどの廃材とはさみやセロテープ・マジックなどが置かれたテーブル，折り紙と細長く帯状に切った色紙・ハサミ・ノリなどが置かれたテーブルが用意されていました。登園してきた子どもたちは保育者と朝のあいさつをすると，好きな絵本を見る，ままごとや人形でごっこ遊びをする，大型積み木やブロックで何かをつくる，あるいは，粘土遊び，空き容器で電車づくり，折り紙で輪飾りを作るなど，思い思いの場所でさまざまな遊びをはじめました。保育者はそれぞれの場で子どもたちがどのような遊びをしているのかに目を配りながら，折り紙のテーブルに七夕の絵本を広げ，興味を示した子どもたちと輪かざりなどの七夕飾りを作っていました。

　この園の保育室には，絵本や積み木，ブロック，パズル，ままごと，人形など，子どもが日常的に親しんでいる保育教材や玩具が置かれた常設のコーナーがあります。この日はそれ以外に3つのテーブルが用意されました。粘土は一人でじっくり好きなものを作る楽しさを味わえるように設定されました。廃品製作のテーブルは，最近，自動車や電車を作って友だちと関わって遊んでいる子どもたちのために用意されました。そして，伝承行事である七夕が近いので，七夕に興味をもってほしい，飾り作りを楽しんでほしいという保育者の願いが込められた折り紙のテーブルが設けられました。

　自由な遊びは，子どもが自発的に遊びを見つけたり，選んだり，あるいは新たな遊びを作り出すことが可能です。ですから，子どもが遊びたいと思えるよ

うな場や物が必要です。保育者は子どもの発達や興味・関心を考慮した遊びの場や物を用意し，遊びを楽しむ適当な時間を設け，子どもの発達段階をふまえて，そのときに必要な経験・ふさわしい体験ができるよう，事前に環境を構成しています。これが保育者の援助の1つです。

また，子どもが自分からしたいと思える遊びを見つけられるか，積極的に楽しく遊んでいるか，自分の気持ちや思いを表現できているかなど，一人ひとりの子どもの様子に気を配り，見守る・言葉をかける・誘う・提案や助言をする・一緒に遊ぶなど，子どもの状態やその時の状況に合わせて，今何が必要かを考えて子どもと関わります。これがもう1つの援助です。「自由な遊び」は，保育者が子どもの育ちへの願いをもって間接的な援助である環境構成と，子どもと関わる直接的な援助に支えられて成り立っています。

（4）一斉保育における遊び ＝ 保育者が提案する遊び

子どもの自発性や自主性を尊重した遊びというと「自由な遊び」がイメージされますが，幼稚園や保育所，こども園などでは，保育者が子どもたちに提案する活動も遊びとして行われています。それはたとえば，運動遊び，水遊び，言葉遊び，リズム遊び，表現遊び，造形遊びなど「○○遊び」と呼ばれる活動（遊び）で，保育者が事前に計画を立て，明確なねらいを設けています。これは一般的に「設定保育」と呼ばれています。設定保育は学級全員の子どもを対象にした「一斉保育」だけでなく，一人あるいは複数の子どもを対象にして行われることもあります。ここでは，学級全体を対象にした一斉保育における保育者が提案する遊び（以下，子どもの立場から「提案された遊び」とする）について考えます。

① 遊びの要件が満たされない一斉保育

ある幼稚園の学級全員を対象にして行われた一斉保育の例を見てみましょう。

┌─ **エピソード 4-1** **終わったら外で遊んでもいい？**（4歳児）─

　4歳児学級では絵の具を使った型押しをして，運動会に飾る旗を一人5枚以上つくることになりました。保育者は「スタンプ遊び」として指導計画を立て，特徴的な断面が出るようにカットしたレンコン，ピーマン，オクラなどの野菜やプリンなどの空き容器，絵の具とスポンジ，画用紙を準備しました。朝の会のあと，子どもに「スタンプ遊び」をすることを伝えます。子どもたちは同じ形がいくつもできることを楽しんでいました。ノリカズが「できた」と言うと，保育者は「これは運動会に飾る旗にするからもっと作ってね」と伝えました。型押しの少ない子どもには「お父さんやお母さん，おじいさんやおばあさん，お客様も見るからきれいに押してね」と声をかけ，たくさん押し過ぎている子どもには「違う紙にしようね」と次の画用紙を渡します。カズキが「先生，もういい？」と聞くと「もう1枚ね」と画用紙を渡しました。すると，カズキは「これ終わったら外で遊んでもいい？」と聞きました。「すべり台で遊ぶ」「泥ダンゴつくる」と，自分のしたい遊びを言う子どもが次々と出てきました。

　保育者が提案したスタンプ遊びには，運動会の旗を作るという目的がありました。はじめのうちは初めての型押しが楽しかった子どもたちですが，もともと自発的に始めた旗作りではなく，きれいにつくること，何枚も作ることを要求され，気持ちが離れていきました。保育者は「スタンプ遊び」ととらえていましたが，子どもの「遊んできてもいい？」という言葉から読み取れるように，子どもたちにとっては楽しい遊びではなかったようです。このスタンプ遊びは保育者からの提案で，具体的な目的があり，子どもの自発性が感じられません。「楽しさ」「自発性と自主性」「自由さ」「束縛されない」などの遊びの条件が満たされなくなっていました。

　②　遊びの要件を満たした提案された遊び
では，保育者が計画し子どもに提案する遊びでは，子どもが楽しさを感じ，

自分から積極的に取り組むような遊びを展開することは難しいのでしょうか。子どもが主導権をもち，自由に創意工夫ができる遊びを実現することはできないのでしょうか。次のエピソードを見ながら考えてみましょう。

> **エピソード 4−2** 自然物をつかった造形遊びからファッションショーへ（5歳児）
>
> 朝の集まり（学級活動）の後，保育者が前日の散歩の際に拾ってきたドングリ，紅葉した葉，赤い木の実，ススキの穂などを子どもたちに見せました。すると何人かの子どもが「何して遊ぶの」「何かつくるの」と聞きました。保育者が「何して遊びたいかな？」「何かつくりたいものはあるかな？」と聞くと，「おままごと」「マラカスにしたら（3歳児学級で経験）」「リス組（4歳児の学級名）のとき顔つくったよ」「コマは？」といろいろな意見が出されました。保育者は「どれも楽しそうね」と子どもの言葉を受け止めてから，「みんなが拾ったものを全部使いたいと思って洋服を作ってみたの」と木の実や葉を貼りつけた洋服型のラシャ紙を見せます。すると「わーすごい」「きれい」「先生に似合う」「アイちゃんもつくりたーい」と子どもたちの声が聞こえます。皆が関心をもったことを確認して，保育者はグループごとに材料を分配し，残った材料は前のテーブルに並べて，好きなように使っていいことを伝えました。子どもたちは思い思いの飾り付けを始めます。全種類貼る子ども，ドングリだけを使う子ども，葉の色をそろえている子どもなど，個性豊かなさまざまな服ができ上がります。「みんなとってもすてき」と保育者にほめられ，できた服を身につけてミニファッションショーを始めます。「園長先生に見せに行こうよ」「ひよこさん（3歳児）にも見せたら」と次の展開を考える声も聞かれました。

　このエピソードは，保育者が提案した自然物を使った造形遊び「洋服づくり」がファッションショーに展開していったものです。保育者が立案した月間指導計画には「秋の自然に触れ，季節感を味わう」というねらいがあり，これを受けてこの日のねらいは「自然物を使って洋服作りを楽しむ」というものでした。

前日の散歩で拾い集めた落ち葉や木の実などを利用することで子どもの興味や関心がつながり，子どもにとって楽しいものになったようです。保育者ははじめから「これを作りましょう」と提案するのではなく，子どもが自分から作りたくなるような言葉をかけたり問いかけをして，子どもの発言をとりあげて進めていきます。保育者が作ったものを提示しましたが，できあがりに決まった形はなく，何を使うか，どんなデザインにするのかは自由で，各自が自分のイメージを表現することができます。このような進め方によって，子どもは楽しさを感じ，意欲をもって楽しむことができ，できあがったものを人に見せたり人から見られたりすることを楽しめたようです。つまり，子どもの「作りたい」という欲求や意欲，自発性や自主性，楽しさ，できあがりが決められていない自由（無目的性）が確保されていることで，遊びとして成立しているといえます。

　保育者が計画し子どもに提案する遊びには，遊びを通して子どもに感じてほしいこと，経験してほしいこと，子どもの育ちに期待されることなどの保育者の願いが込められています。しかし，計画どおりに子どもを動かし，目的に向かって無理に進めていこうとすると，子どもにとっての楽しさ・おもしろさがなくなり，子どもの自発性や自主性は発揮されず，本来の遊びの要素がなくなってしまいます。

　保育者が環境を設定し援助をする「自由な遊び」も，保育者が提案する遊びも子どもの楽しさ，自発性や自主性，自由度（無目的性）があることが必要条件です。

　保育者が提案した活動が遊びであるためには，子どもが楽しいと感じること，意欲をもって自分から進んで取り組むこと，自分なりの工夫ができ，自分たちで遊びの方向性を決められることなどが求められます。

　保育のなかで保育者が設定した○○遊びを行うとき，子どもたちにとって本当に「遊び」であるかどうか，内容と環境，援助の仕方を考えることが重要です。

第4節　遊びの実際と保育者の援助

　幼稚園や保育所，認定こども園などの保育の場では，日々さまざまな遊びが展開しています。本節では，遊びの場面のエピソードを紹介し，遊びのなかから育まれることを見ていきます。また，保育者は子どもの遊びをどうとらえてどう関わっているのか，具体的にどのような環境と援助が必要なのかなど，保育者に求められることについても考えていきましょう。

（1）ひとり遊び（自発的な遊び）

　幼稚園や保育所，認定こども園などの保育の場には，常に子どもの近くに他者である子どもがいるという特徴があります。旧保育所保育指針（2008（平成20）年3月）に「子どもは遊びを通して，仲間との関係を育み，その中で個の成長も促される」（第2章1-(5)）と明記されていましたが，保育者は一人で遊んでいる子どもを見ると，友だちと関わって遊んでほしいという願いをもつことが多々あります。次のエピソードを見てみましょう。

■エピソード 4-3■　あとできてください（3歳児）

　ミカは友だちと関わって遊ぶこともありますが，登園後は毎日，保育室の片隅で，「サリちゃん」という名前をつけたお気に入りの人形を相手に一人で遊んでいます。ある朝，保育者はカオリを誘って「トントントン，こんにちは」とミカの遊びに参加しようとしました。するとミカは「今ねんねの時間です。あとできてください」と言うのでその場を離れ，近くで別の人形を使ってカオリやアヤカと一緒にままごと遊びをしました。

　次の日，保育者はダンボールで作ったつい立てを人形コーナーの近くに用意しました。ミカはつい立てを立てて外から見えないようにして人形遊びを始め，その遊びはしばらく続きました。1週間後，ミカは2体の人形を持って遊ぶようになり，「一緒に遊ぼう」「いいよ」と1人2役で，人形

同士を遊ばせている様子が見られました。

このエピソードは，登園直後の３歳児の遊びの様子と保育者の関わりを記録したものです。保育者はひとり遊びが多いミカに，そろそろ友だちと遊ぶ楽しさを経験してほしいという願いをもっていました。人形遊びの好きなカオリなら一緒に遊べるのでないかと考え，カオリを誘い一緒に遊ぼうとしました。しかし，ミカが楽しんでいたのは人形と向き合って一人で遊ぶことだったようです。ミカには妹がいて，家では落ち着いて人形遊びができなかったので，園でのこの遊びはミカにとってとても楽しいものだったのです。

保育者はすぐに，ミカはまだ友だちと遊ぶよりも人形と遊ぶほうが楽しいのだろうと思い直し，翌日には一人で落ち着いて遊べるようにダンボールのついたてを用意しました。ミカはこれによって自分だけの空間をつくり，落ち着いて人形遊びをします。

保育者はミカが友だちと遊びたいと思うときを待つことにしました。そして，ミカは人形と向き合う遊びに満足したのでしょう。２体の人形を使って人形同士がかかわる遊びをするようになりました。これは友だちとの遊びに入る前段階かもしれません。

援助のポイント

ひとり遊びには，友だちとの関わりがスムーズにいかずに一人で遊んでいる場合と，何か自分のしたいことに集中して遊んでいる場合があります。前者の場合，保育者が遊び相手になる，友だちとの遊びに誘い保育者も一緒に遊ぶ，遊びの提案やアドバイスをするなどの援助が考えられますが，後者の場合にはその必要はありません。このエピソードの場合には，子どもが自発性を発揮して遊びを楽しんでいるので，性急に友だちと遊べるようにするのではなく，子どもの思いを尊重して遊びを見守りましょう。そして，今の遊びが十分楽しめるよう，落ち着いてひとり遊びができる場の設定，遊びがより楽しくなるような物の用意など，ひとり遊びを保障することが大切な援助になります。

（2）遊びの始まり

　幼稚園や保育所，認定こども園などでの遊びの楽しさの１つは，同年代の遊び仲間がいて，お互いに影響し合いながら遊びのイメージを共有して遊べることです。しかし，それぞれの子どものしたいことがずれたり，自分の気持ちやイメージをうまく表現できなかったりと，遊びがスムーズに始まらないことがあります。次の４歳児のエピソードを見てみましょう。

> ### エピソード 4－4　宇宙基地をつくろう（4歳児）
>
> 　シゲル，ヤスキ，タクは，ここ数日，三人で大型積み木で大きな船を作ってそのなかで遊んでいました。シゲルは登園すると製作コーナーでロケットを作っていました。保育者は，シゲルのロケットができあがるのを待ってシゲルに粘土のネコを見せて「ネコができたよ」と粘土遊びに誘いましたが，シゲルは興味を示さず，ヤスキとタクを待っているようでした。ヤスキとタクは登園すると粘土遊びを始めてしまいました。シゲルは何をするでもなく保育室のなかを歩きまわり，他の遊びを見たり，太鼓を叩いたりしていました。
>
> 　保育者はシゲルが作ったロケットを見て「すごいね，宇宙まで飛べそうだね」とシゲルに話しかけながら積み木を並べてみました。するとシゲルは「宇宙ってさぁ・・」と知っていることを話し始めました。それを聞いて「宇宙基地があるといいんじゃない」と保育者はシゲルのイメージを言葉にしました。シゲルは「おっきいのがいいよね」と言いながら，保育者と一緒に積み木を並べ始めました。そこにヤスキとタクが「入れて」とやってきました。シゲルは「いいよ。宇宙基地つくってるんだ」と伝え，三人で積み木を並べます。保育者は粘土遊びの場に戻りましたが，宇宙基地は大きく広がっていきました。

　シゲルは毎朝登園すると製作コーナーで何かを作ってから他の遊びを始めていました。保育者は製作コーナーで気持ちを落ち着けて，自分の興味のある遊

びを見つけていくのではないかと考えていましたが，最近はヤスキとタクを待っているようにも感じていました。この日，保育者はいつもとは違う遊びに誘ってみようと思い，シゲルの好きなネコを作って粘土遊びに誘いましたが，シゲルは興味を示しませんでした。シゲルが待っていた友だちは粘土遊びに参加してしまい，シゲルにはしたい遊びが見つからなかったようです。

　保育者は昨日までシゲルが友だちとしていた積み木遊びを思い出し，シゲルが作ったロケットと積み木をつなぐはたらきかけをしました。シゲルは目を輝かせ，宇宙基地づくりを始めます。保育者とシゲルの楽しそうな雰囲気に誘われてヤスキとタクが遊びに参加します。三人の遊びが始まったことを見届けて保育者はそっとその場を離れました。

援助のポイント

　子どもに興味を示すものや実現したい遊びのイメージがあっても，それがうまく遊びにつながらないことがあります。保育者には，子どもの様子を見て，あるいはそれまでの遊びの様子をヒントにして，今子どもがどうしたいと思っているのか，何に興味があるのかを考える姿勢が求められます。その上で必要があれば，子どもの思いを言葉にして伝える，具体的に遊びに結びつくような行動をとる，遊びを実現するための場や雰囲気をつくる，物を用意するなどの援助が考えられます。子どもを無理に遊びに誘ったり，リードしたりするのではなく，遊びのきっかけづくりをするような援助ができるとよいでしょう。

（3）保育の場ならではの遊びと子ども同士の関わり

　保育の場では，ぬれることや汚れることを気にせず，ダイナミックに遊べる環境が用意されます。たとえば，フィンガーペインティングやボディペインティング，広い場所での水遊び，プール遊び，砂遊び，土粘土，泥んこ遊びなど，家庭ではなかなか経験できない遊びの機会が用意されます。ここでは異年齢児と関わるどろんこ遊びのエピソードを紹介します。

エピソード 4−5 どろんこ遊び（3歳児・5歳児）

　たんぽぽ園では毎年6月になると園庭の一角に浅い穴を掘り，ビニールシートを敷いて泥と水を入れたどろんこプールをつくります。まずは5歳児が進んでどろんこプールに入ります。「わーヌルヌル」「あったかいね」「きっもちわるーい」「いい気持ち」「チョコレートみたい」など，それぞれ感じたことを言いながらそろそろと足を進めていきます。しばらくすると，バシャバシャと大きく足踏みをして泥はねを楽しんだり，「お化粧」と言って顔に泥をつけたり，しゃがんで泥だらけになって「チョコレート風呂」の遊びが始まりました。3歳児のヒデ，テル，マサト，ヤスコがその様子をじっと見ています。5歳児に「着がえたら遊べるよ」と言われ，保育者を見ます。保育者が「お着替えする？」と尋ねると，子どもたちは「うん」と応え，どろんこ遊び用の服に着がえました。5歳児が泥のついた手を差し出すと，恐る恐る手をつなぎ，一人ずつどろんこプールに足を入れます。ぬるっとした感覚にヒデやヤスコの顔が一瞬ゆがみましたが，5歳児に「気持ちいいでしょ」「チョコレートのお風呂だよ」と言われると笑顔になりました。マサトは転びそうになり，手やおなかに泥がついて泣きそうになりましたが，5歳児に「だいじょうぶ。洗えば落ちるから」と言われると安心したようで，その後は全身泥だらけになって楽しそうに遊んでいました。

　3歳・4歳の2年間，どろんこ遊びを経験した5歳児が，どろんこ遊びに興味をもった3歳児の姿に気づき，遊びに誘い，手を差し出して関わるエピソードです。5歳児の姿からは，遊び経験の蓄積による自信と，3歳児の気持ちを察して関わることができる成長が感じられます。

　はじめてのどろんこプールに不安そうな3歳児でしたが，5歳児に支えられて無理なく入っていけました。保育者が誘ったのではなく，5歳児が楽しそうに遊ぶ姿を見て「おもしろそう・遊んでみたい」という気持ちになったことが大切です。その後，子どもたちは泥の感触にとまどいを見せたものの，5歳児

に支えられて遊び始めます。保育者はあえて3歳児に声をかけず，5歳児との関わりを尊重して見守り役に徹しています。

援助のポイント

はじめての遊びに魅力を感じる条件の1つは，自分以外の子どもが楽しそうに遊ぶ姿を見ることです。遊びの魅力を伝える子どもがいない場合には，保育者が遊びのモデルになり遊びの楽しさを伝えていくこともありますが，他の子どもの姿に興味をもったときには保育者は脇役に徹します。多くの保育者は，子どもが何もしないで他の子どもの遊びを見ているところを確認すると，遊びに誘う援助をしがちですが，子どもの自発性に期待をして，待つことも大切な援助です。

保育の場では，子どもが子どもに支えられて意欲をもち，子ども同士の関わりを通して多様な経験をしてさまざまなことを学んでいきます。子ども同士の関わりを見守り，必要な時に必要なだけ手を貸すという援助があることも理解しておきましょう。

（4）遊びから育まれる探求心

子どもは遊びのなかでさまざまな気づきや発見をし，疑問を抱いたり，試したり工夫したりしながら遊びます。乳幼児期は遊びを通して学ぶことが重要とされ，友だちと遊ぶことによって，発見や創意工夫を共有し，遊びを広げ，より楽しさを感じていきます。

7月の5歳児のエピソードを見てみましょう。

エピソード 4−6　シャボン玉遊び（5歳児）

保育者が園庭にシャボン玉遊びの用意をすると興味をもった子どもたちが集まってきました。一人ずつシャボン玉液とストローを手にしてシャボン玉遊びが始まりました。「サオリちゃんすごい。小さいのがいっぱい」「ミッちゃんの大きい」「どうやったの？」「やってみて」「ふーってそーっと吹くんだよ」など，シャボン玉の大きさや数に気づき，教えたり教えら

れたりしながら吹き方の工夫が始まりました。

　サオリのシャボン玉が偶然テーブルの上に付きドーム型になりました。サオリはその隣にもう1つシャボン玉を吹きつけてみました。すると2つのドーム型がつながりました。それを見てミツコが「先生見て。雪だるま」と保育者に知らせます。保育者は「不思議。サオちゃん，どうやってつくったの？」とたずねると，サオリは得意そうにもう一度吹いて見せます。ミサキがベランダの床に同じようにやってみてもできません。サオリは「ここならできるよ」と，テーブルの上を指さします。子どもたちは土の上，砂場，遊具，葉っぱ，手洗い場など，さまざまなところで試しています。マサルがぬれているあじさいの葉の上に吹いて「できたぞー」と友だちに知らせます。ジョージがぬれた手の上で吹いてもできました。子どもたちは友だちと同じことをして「できた」と喜んでいます。ミツコが手洗いの流しでできることに気づき，子どもたちはぬれている場所でできることに気づいていきました。

　シャボン玉遊びは子どもが大好きな遊びです。子どもたちは遊びのなかから大きさや数の違いに気づき，自分もやってみたいという気持ちになり，友だちに聞いたり，吹き方を工夫したりして遊んでいます。偶然できた形の面白さに気づき，もう一度試してみるとさらに面白い形ができました。ここで保育者が使った「不思議」という言葉によって，子どもの気持ちはさらに高まり，いろいろなところで試す遊びが始まりました。試しながらできない場所があることに気づき，できる場所を探すことを楽しんでいます。保育者はその様子を見守っています。もし，ここで保育者が「ぬらしてごらん」「ぬれているとできるよ」と教えてしまえば，子どもの試行錯誤や自分たちで発見した喜びはなかったでしょう。友だちと一緒に行動して，できたとき・見つけたときの子どもの喜びは，教えられたときには感じられないほど大きなものになっています。

援助のポイント

　子どもは遊びのなかで，見る・触れる・感じるという実体験を通して，さま

ざまなものの性質に気づいていきます。遊びのなかで面白さを見つけ不思議に感じ，「なぜ」という疑問をもって試行錯誤を繰り返します。そして，自分で答えを見つけたときには，大きな喜びや達成感を感じるとともに，知識を獲得し，動作や技を身につけていきます。これが，子どもが自主的・自発的に環境に関わって遊ぶなかから学ぶということです。

　過度な手助けや教示は子どもの探求心や試行錯誤，創意工夫のさまたげになります。保育者は子どもの疑問に答えを出すのではなく，意欲が高まるような言葉をかけ，試行錯誤する姿を見守ります。保育者には，必要に応じて子どもの工夫を認めたり励ましたりすること，求められたときには適切なヒントや手助けができるような態勢を整えておくことが求められます。

（5）軌道修正が必要な遊び

　保育の場における遊びの主役はあくまでも子どもです。かといって常に子どもの好き勝手にさせて，子どもにすべて任せておけばよいということではありません。子どもの遊びが好ましくない方向を向いているときには，保育者の軌道修正が必要なことがあります。以下のエピソードを見てみましょう。

エピソード 4−7　どろぼうとけいさつごっこ（5歳児）

　「どろけい（泥棒と警察）」という鬼ごっこから，友だちをつかまえて机の下に入れる遊びが始まりました。ヒカルとキヨシとマリコが刑事役で，トモキとサトシとリッコが泥棒役になり，泥棒役の三人が逃げると刑事役の三人が追いかけてつかまえます。刑事役の子どもは「手を上げろ」と言ったり，泥棒役の子どもを押したりしながらテーブルの下に連れていきます。ヒカルが製作コーナーにあったスズランテープをもってきて，トモキの手首に巻き，キヨシとマリコは，サトシとリッコの腕を後ろに組ませて身体にテープを巻き始めました。子どもたちは笑顔で楽しそうな様子でしたが，保育者は子どものそばに行き真剣な表情で「このテープはお友だちをしばるためにあるのかな？」と問いかけました。子どもたちは神妙な面

持ちで「違う」と応えます。保育者はテープをほどき，人をしばったり，押したりすることはいいことかどうか，もう一度子どもたちに問いかけました。

　テレビの影響もあったのでしょう。「どろけい」という鬼ごっこから，泥棒を犯人，警察を刑事と呼び，刑事役の子どもが犯人役の子どもをつかまえて乱暴に扱い，テープを巻くという遊びが始まりました。保育者は，「どろけい」の遊びをしているのだと思っていましたが，友だちを押すなど乱暴に扱う場面や，手や身体にテープを巻く様子を見て，即座に子どもたちの傍に行きました。子どもたちに悪意はありませんでしたが，たとえ遊びのなかでも，人を粗雑に扱ったり，押す・縛るなどの乱暴な行為をしたりすることは人としてしてはいけないことです。保育者は子どもたちがよくないことであることに気づけるように真剣な眼差しで問いかけ，子どもたちはしてはいけないことに気づいたようです。

保育者の援助の要点

　子どもは発達過程においてまだ善悪の判断ができなかったり，あるいは，場の状況やその時の気分によって，よくないこととわかっていても行動してしまうことがあります。また，まったく悪気なく楽しみながら好ましくないことをすることもあります。

　このようなとき，保育者はそのまま放置するのではなく，子どもの発達や個性・状況を考慮して，遊びが別の方向に向くようにさりげなく場や物を用意したり，ヒントやアイディアを提供したりする，または，よくないことだとはっきりわかりやすく伝えるなど，遊びの軌道修正をしなければなりません。このエピソードのように，子ども自身に善悪の判断ができる状況・発達段階であればよくないことに気づけるようなはたらきかけをします。

第5節　楽しい遊びを実現するために保育者に求められること

　保育における遊びの位置づけ，遊びの諸説を学び，遊びの本質は「自由で自発的」であること，遊び「それ自体が目的であって楽しいもの」であることを確認し，保育の場におけるエピソードと保育者の援助について学んできました。最後に，保育における子どもの楽しい遊びを実現するために保育者に求められることをまとめます。

（1）遊びを見る視点と姿勢

①　子どもの遊びをとらえる視点

　子どもの遊びは流動的です。乳児でも子ども同士が関わって遊ぶこともありますし，5歳児でもひとり遊びをすることもあります。子どもの遊びの基本的な発達（例：ひとり遊び → 協同遊び）をふまえた上で，目の前の子どもが何をしようとしているのか，何を楽しんでいるのか，これからどうしたいと思っているのかなどを理解しようとする視点をもつことが必要です。

②　子どもの楽しさ・面白さを大切にする

　子どもが遊びのなかで感じる楽しさや面白さは，「やってみたい」という意欲になり，「もう1回」「もっと」「私も」という子どもの自発性や自主性を育みます。子どもが遊びのなかで感じている楽しさ・面白さを尊重しましょう。また，保育内容としての遊びを考えるとき，まず，子どもにとっての楽しさ・面白さはどこにあるのかを考えてみましょう。

③　遊びに必要な環境を整える

　子どもが安全に安心して遊べる場を整え，子どもの興味や関心を引き出すようなものを用意しましょう。そして，乳幼児期にふさわしい体験としての遊び

の内容を考え，十分に遊びを楽しめるような時間を確保しましょう。楽しい遊びの雰囲気づくりも大切です。年齢によっては子どもと一緒に考え，遊びの環境を作っていくことも必要です。

④　子どもの遊びの力を信じる

　子どもには考える力，努力しようとする力があります。遊びのなかで困難に出会ったときに，たとえ未熟であっても，子どもなりに解決策を考え，やってみようとします。保育者には，その姿を認めて，子ども自身が考える力，努力しようとする力が育つように，子どもの遊びを支えていこうとする姿勢をもつことが求められます。

（2）遊びを支える援助

① ひとり遊びへの援助

　子どもが一人で遊んでいる場合，一人でじっくりとしたいことがあるのか，友だちの遊びに興味があるが自分から参加できないのか，友だちとの関わりがうまくいかないのか，など子どもの気持ちや状態，遊びの状況に視点を当てて考えてみましょう。

　その上で，一人で遊びが楽しめるように場やものを用意する，子どもの思いを尊重して見守る，保育者が遊び相手になる，遊びに誘う，遊びに入るきっかけをつくる，遊びの提案やヒントを提供する，遊びに参加して一緒に遊ぶなど，子どもの状態やその場の状況にあった援助をしましょう。

② 遊びのきっかけづくり

　子どもの遊びがスムーズに始まらないとき，何をしていいのかわからないでいるとき，イメージがうまく表現できない場合など，それまでの遊びの様子や興味をもっていたことをヒントにして，子どもの興味や関心がどこにあるのかを考えてみましょう。そして，子どもの思いを言葉にしてみる，遊びのモデルになる，遊びが実現するような場やものを用意したり，場の雰囲気をつくった

りするなどの援助をしてみましょう。

③　遊びの魅力を伝える

　子どもが遊び始めないときには無理に誘わずしばらく様子を見てみましょう。何かに関心を示してじっと見ているようであれば，しばらくそのまま静観します。したい遊びが見つからないようであれば，さりげなく他の子どもが楽しそうに遊ぶ様子に気づけるようにする，保育者が遊びのモデルになり遊びの楽しさを伝えていくなどの援助もあります。いずれにしても，子どもが自分から「遊んでみたい」と思うことが大切です。そのためには見守って待つことも大切な援助になります。

④　子ども同士の関わりを支える

　子どもは子ども同士で遊ぶことを通して，一人で遊ぶときには得られない多様な経験をし，楽しさ，嬉しさを感じ，仲間意識や連帯感をもち，譲ること，協力することを学んでいきます。ときには，意見のくい違いやぶつかりあいもあり，怒りや悲しさ，くやしさなどを感じるなかで，自分の気持ちをコントロールすることを学び，相手を尊重することなど，人との関わり方を学んでいきます。

　子ども同士で遊んでいるときには，保育者には，子どもがどのような遊びや関わりをしているのか，どのような感情を抱いているかなどを理解しようとする姿勢が大切です。その上で，見守るのか，言葉をかける（助言をする）のか，遊びに参加してさりげなく伝えたいことを知らせるのか，はっきり軌道修正していくのかなどの方向性を見据えて，必要な援助を行います。

⑤　探求心を育む

　子どもの疑問や試行錯誤には，性急に答えを教えたり過度な手助けをしたりする必要はありません。まずは，子どもの姿を見守り，必要に応じて環境を整えましょう。また，子どもと一緒に考える姿勢をもち，子どもの意欲や探求心

が高まるような言葉をかけるなど，子どもの工夫や努力を認める援助が求められます。子どもから答えを求められたときには，子どもが自分たちで答えが見つけられるようなヒントになるような助言や，場や物の提供ができるとよいでしょう。

　以上，遊びをとらえる視点として大切なこと，保育者に求められる具体的な援助について学びました。遊びの主役は子どもであることを忘れず，目の前の子どもに必要な遊びと，遊びのなかで子どもに育まれることを大切にして，楽しい遊びが展開するような環境構成や援助を心がけてください。

【注】

※1）古代ギリシャの哲学者。
※2）古代ギリシャの哲学者。
※3）山田敏が著書『遊びと教育』（1994）の「第3章　プラトンにおける遊びと教育」（36-45頁），「第4章　アリストテレスにおける遊びと教育」（46-53頁）においてわかりやすくまとめている。
※4）フランスの思想家，文学者。
※5）ドイツの哲学者。
※6）スイスの教育思想家，教育実践家。
※7）著書 "Why People Play?"，Prentice-Hall.（1973）のなかで遊びについての見解を「古典理論」「近代理論」「現代理論」に分類して検討した。
※8）ドイツの教育者，世界最初の幼稚園の創始者。
※9）アメリカの哲学者，教育思想家。
※10）イギリスの哲学者，論理学者。
※11）ドイツの心理学者。
※12）アメリカの心理学者。
※13）スイスの心理学者。

―――――――――――――――――― 引用文献 ――――――――――――――――――

（1）Ellis, M. J., "Why People Play?"，Prentice-Hall, 1973.（森楙・大塚忠剛・田中亨胤訳『人間はなぜ遊ぶか―遊びの総合理論―』黎明書房，1985年，92-93頁）
（2）丸山良平・横山文樹・富田昌平編『保育内容としての遊びと指導』建帛社，2003年，

　3-4 頁。

（3）Ellis. M. J.，前掲書，143-144 頁。

（4）丸山良平他編，前掲書，5-6 頁。

（5）Ellis. M. J.，前掲書，197 頁。

（6）丸山良平他編，前掲書，7-8 頁。

（7）山田敏『遊びと教育』明治図書，1994 年，84-87 頁。

（8）山田敏，上掲書，118-132 頁。

（9）山田敏，上掲書，141 頁。

（10）山田敏，上掲書，32 頁。

（11）山田敏，上掲書，32-33 頁。

（12）山田敏，上掲書，34 頁。

（13）高橋たまき『乳幼児の遊び―その発達プロセス―』新曜社，1984 年，2-5 頁。

（14）山田敏，前掲書，13-14 頁。

（15）小川博久『遊び保育論』萌文書林，2010 年，48 頁。

・・・・・・・・・・・・・・・・・・・・・・ 参考文献 ・・・・・・・・・・・・・・・・・・・・・・

阿部明子・中田カヨ子編『保育における援助の方法』萌文書林，2010 年。

Ellis. M. J., "Why People Play?", Prentice-Hall, 1973. 森楙・大塚忠綱・田中享胤訳『人間はなぜ遊ぶか―遊びの総合理論―』黎明書房，1985 年。

小川博久『保育原理 2001』（第 3 版）同文書院，2001 年。

小川博久『21 世紀の保育原理』同文書院，2005 年。

小川博久『遊び保育論』萌文書林，2010 年。

厚生労働省「保育所保育指針」，2008 年，2017 年。

高橋たまき『乳幼児の遊び―その発達プロセス―』新曜社，1984 年。

高橋たまき・中沢和子・森上史朗編『遊びの発達学　基礎編』培風館，1996 年。

高橋たまき・中沢和子・森上史朗編『遊び発達学―展開編』培風館，1996 年。

内閣府・文部科学省・厚生労働省「幼保連携型認定こども園教育・保育要領」，2017 年。

中島義明編『心理学辞典』有斐閣，1999 年。

プラトン著，森進一・池田美恵・加来彰俊訳『法律（下）』岩波書店，1993 年。

堀野　緑・浜口佳和・宮下一夫編『子どものパーソナリティと社会性の発達』北大路書房，2000 年。

丸山良平・横山文樹・富田昌平『保育内容としての遊びと指導』建帛社，2003 年。

森上史朗・柏女霊峰編『保育用語辞典　第 7 版』ミネルヴァ書房，2013 年。

文部科学省「幼稚園教育要領」，2017 年。

文部科学省『幼稚園教育要領解説』フレーベル館，2008 年，2018 年。

山田敏『遊びと教育』明治図書，1994年。
山田敏『遊びを基盤にした保育』明治図書，1999年。

第4章　確認問題

1．子どもが自主的に興味や関心をもって遊べる遊びを1つ挙げ，具体的な内容「遊びの名称」「遊びの内容」について書いてみましょう。

2．遊びは多様な領域の要素が相互に関連しあって成り立っています。1で挙げた遊びについて，5領域のどの領域の「内容」と関連しているか考えてみましょう。

3．1で挙げた遊びを保育者として援助していくとしたら，何を大切にしたいですか？「内容の取扱」をヒントにしながら考えてみましょう。

第 5 章
保育内容と環境について学ぼう

本章のねらい

　幼稚園教育要領，保育所保育指針，幼保連携型認定こども園教育・保育要領において，乳幼児期の教育・保育は「環境を通して行うもの」であることが基本であると示されています。本章では，保育内容と環境について，次の 3 つの視点から学んでいきましょう。

① **「環境を通して行う教育・保育」について考えていきましょう。**

　「環境を通して学ぶ」とはどういうことなのでしょうか。また，そのために必要な保育者の役割や，発達にふさわしい環境について考えていきましょう。

② **領域「環境」について学びましょう。**

　2017（平成 29）年告示の保育所保育指針，幼保連携型認定こども園教育・保育要領では，保育・教育の「ねらい」「内容」「内容の取り扱い」が，乳児，満 1 歳から満 3 歳未満児，満 3 歳以上児に分けられ，その時期における発達の特徴や道筋等を 3 つの視点と各領域で示しています。また，「幼児期の終わりまでに育ってほしい姿」も今回の改定（改訂）で新たに示されています。3 つの視点や領域「環境」とそこに示された身近な環境について考えていきましょう。

③ **環境の工夫について考えていきましょう。**

　子どもたちが毎日生活している保育室の環境づくりや園庭環境など，写真やエピソードを通して，工夫できることや意識していく必要があることを考えていきましょう。

第1節　環境を通して行う教育及び保育

（1）「環境を通して行う教育及び保育」とは

　幼稚園教育要領（以下，教育要領）や保育所保育指針（以下，保育指針），幼保連携型認定こども園教育・保育要領（以下，教育・保育要領）において，乳幼児期の教育・保育は「環境を通して行うもの」と示されています。では，「環境を通して行う教育及び保育」とはどういうことなのでしょうか。

　乳幼児期は言葉の発達も個人差が大きく，興味・関心もさまざまです。小学校のように言葉や教科書で，知識や技能を一方的に教えられたり指導されたりすることだけで身につくものではありません。子どもが不思議に感じたり興味をもったりしたものにじっくりと関わる時間をもち，もっと知りたい，自分でやってみたいという気持ちを育て，子ども自身が自ら興味をもって身の回りの環境に主体的に関わり体験を重ねていくことが大切です。その際，身近な環境から刺激を受け子ども自身が環境との関わり方を知ったり，意味に気付いたり，その環境を取り込もうとして考えたり試行錯誤したりするようになることが大切なのです。失敗を繰り返すなかで考え，工夫し，成功したときの喜びや達成感・満足感を得ながら探求していくことが，「環境を通して行う教育及び保育」であり小学校教育への学びの基礎になるのです。

　では，主体的に関われるような環境とはどのような環境なのでしょうか。まずは，安全な環境が保障されることが大切になります。特に乳児期は，興味をもったものを口にしたり，掴んだり投げたりするため，安全・衛生の視点はとても大切です。同時に安全だけでなく子どもたちの興味や関心を引き出し「やってみたい」「もっと面白くしたい」と思うようなものでなければならないでしょう。そのためには，子どもがもっている興味・関心を見つけだし，子どもが触れてみたくなるような，試してみたくなるような環境をつくりだすことが必要です。

（2）保育者の役割

　子どもが主体的に関われるような環境の準備をするのは保育者です。保育者は，一人ひとりの子ども理解に基づき環境を計画的に構成し，主体的な活動を直接援助すると同時に，保育者自らも子どもにとって重要な環境の1つであることを念頭に置く必要があると新要領等の解説にあります。

　では一人ひとりの子どもを理解するとは，どういうことでしょうか。

　子どもが今，何に興味をもっているのか，子どものどんなところが育っているのか，そしてこの先どのようなことに興味が広がっていくのかなど，とらえる必要があるでしょう。今，満足している遊びでも環境が変わらなければ停滞してしまうこともあります。子どもの表情や言葉，行動などを見ながら一歩先を予想し，環境を少しずつ変化させていく必要があります。

　また，自分から興味をもって環境に関われるようにするには，遊具や用具，素材の置き方や数などを考える必要があります。しかし，ただ数を多く揃えるだけでは遊びは発展しないでしょう。子どもがどのようにモノと関わるのかを予想して必要とされるモノや数を考えていくことが大切です。子どもが使いたいと思ったときにそのモノが無かったり，手の届かないところにあったりすると，興味は薄れてしまいます。逆に，興味を引くものがあればそのモノを集めたり，集めたモノを置く場所をつくったり主体的に行動する姿が見られるようになっていくでしょう。子どもの興味の先を見通して，こんな素材があると遊びが発展するかもしれない，友だちと考えたり工夫したりする姿が出てくるかもしれないといった予測や想像をふくらませ，発達にふさわしい環境の構成ができるよう保育者も研鑽をすることが大切です。

（3）発達にふさわしい環境とは

　では，発達にふさわしいとはどういうことでしょうか。子どもたちが好きなものを準備しておくだけでは，子どもの活動に偏りがでてきます。子どもたちの発達や特性，子どもたちの育ちをふまえながら，育っていくその一歩先を見通して働きかけていくことが必要です。

　たとえば，4月の入園当初には，家で使ったことのあるような玩具を用意して，目のつくところに出しておくと安心して遊び始められるでしょう。園生活に慣れてきたら，子どもたちが自分で必要に応じて玩具を出せるように空間を意識してつくったり，少し工夫して遊べるような材料を用意したりするとよいでしょう。また，いつも一人で遊んでいる子どもがいるときには，好きなもので充分に遊べる環境も大切にしながら，友だちとの関わりが生まれるような環境づくりをすると，会話が始まったり物の貸し借りをしたり，遊びの内容も少しずつ変化が見られるようになるかもしれません。そのなかで自分の知らなかったことを知る機会になって遊びが広がることもあり，友だちと遊ぶことの面白さを知る経験にもなるでしょう。

　さらに大事なことは，子どもが「なぜ？」「どうして？」と好奇心をもったときに，保育者は一緒に考えたり，調べたりできるものを用意しておくなど探究心に導くような援助も必要です。環境を考えるとき頭に置いておきたいことは，一人ひとりの子どもがこれまで経験してきたことによって環境との関わり方が違うということです。年齢や心身の発達だけでなく，それぞれの経験に応じた環境づくりを考えていくことが大切です。

第2節　領域「環境」について

（1）身近な環境との関わりに関する領域「環境」

　教育要領，教育・保育要領，保育指針に示されているねらいは，乳幼児期の教育・保育において育みたい資質・能力を子どもの生活する姿からとらえたものを「ねらい」としています。そして，「ねらい」を達成するために，保育者が子どもの発達の実情をふまえながら指導し，子どもが身につけていくことが望まれるものを「内容」としています。このような「ねらい」と「内容」を子どもの発達の側面から，乳児については3つの視点として，満1歳以上は5つの領域としてまとめています。しかし園児の発達はさまざまな側面が絡み合って相互に影響を与え合いながら遂げられるものです。各視点や領域に示す「ね

らい」は園生活の全体を通してさまざまな体験を積み重ねるなかで相互に関連をもちながら次第に達成に向かうものであること，「内容」は幼児が環境に関わって展開する具体的な活動を通して総合的に指導されるものでなければならないとされています。

　乳児期の3つの視点とは，身体的発達に関する視点「健やかに伸び伸びと育つ」，社会的発達に関する視点「身近な人と気持ちが通じ合う」及び精神的発達の視点「身近なものと関わり感性が育つ」という視点でまとめられています。3つの視点も5領域もそれぞれが綿密に関連しあうものですが，そのなかの精神的発達の視点「身近なものと関わり感性が育つ」が主に領域「環境」につながる視点です。

　5つの領域の1つに「環境」があります。領域「環境」では，「周囲の様々な環境に好奇心や探究心をもって関わり，それらを生活に取り入れていこうとする力を養う」ことを目的としています。

　園児の周りにある自然や，物，人，社会的事象など，どれも身近にある環境です。それらの環境に園児が好奇心をもって関わり発見をしたり，考えたり，試したりすることでたくさんの気付きや学びがあります。そのために保育者は，豊かな体験ができるように意図的，計画的に環境を構成することが大切なのです。これらのねらい及び内容はそれまでの発達の積み重ねであり，乳児期からの発達の連続性があることを忘れず，教育及び保育を展開することが重要です。

（2）「領域」のねらいと内容

　①　乳児期の精神的発達に関する視点「身近なものと関わり感性が育つ」

ねらい
①　身の回りのものに親しみ，様々なものに興味や関心をもつ。
②　見る，触れる，探索するなど，身近な環境に自分から関わろうとする。
③　身体の諸感覚による認識が豊かになり，表情や手足，体の動き等で表現する。

　乳児期は，自分を取り巻く環境に触れ，外界の刺激を感じ取ります。光や影を感じて首を動かしたり，目の前に出されたものに手を伸ばして掴もうとしたりします。また，手に触れたものを舐めたり振ってみたり，転がったものを追いかけて先を覗き込んだりと，0歳児なりにいろいろなことを不思議に感じ試しています。身近な人とモノとの直接的な関わりを通して，その意味や性質，特徴などを感覚によってとらえています。さまざまな環境に親しむなかで，さらに自分からそのものに関わろうとする気持ちが出てきます。安心できる保育者がそばにいて，子どもの感じたことを受け止めたり，意味付けしたりすることで，自分の感じたものを共有してくれる人がいる喜びを感じ，自らの思いを表現しようとする意欲と力も培われてきます。

　この時期は，一人でじっくりと遊べる広い空間で，周りに気をとられず，興味をもったものと十分に関われるようにしたいものです。玩具は安全で衛生的なもので，子どもの小さな手に合ったサイズのものが適切です。保育者は子どもの気持ちを汲み取って，それを言葉にして返していく応答的な関わりが言葉の獲得にも大切なことです。

エピソード 5−1　コロン？　コロン？　コロン♪（8カ月）

　ハイハイを楽しんでいる女児。「コロン♪」という音に反応し，その玩具があるところまでハイハイで向かいます。不思議そうに見つめた後，手で持ち上げようとすると「コロン♪」と音が鳴ります。少し驚いた様子ですが，手に持つと体全身を揺らしながら振って「コロン♪　コロン♪　コロン♪」と音が鳴ることを喜んでいます。

　転がると音が鳴る玩具の音に気付き，自分でも音を鳴らしてみたいという思いで近づいて行ったのだと思います。触れると音がするとわかり，そのうれしさは体が揺れるほど振っているという姿から感じ取ることができます。保育者が音を出して見せるだけではなく，自分から近づいて確かめている姿です。

エピソード 5−2 「みててね！」「できたでしょ！」（10カ月）

　室内に置かれたスロープに向かってハイハイをする男児。スロープの前に着くと振り返り保育者を見ます。目が合うとスロープを登り一番高い所に着くと再び保育者の方を見ます。保育者が「すごいね，できたね」と言葉をかけるとうれしそうに笑って手を叩いています。

　保育者との関係性が見えてくるエピソードです。一歩踏み出す時に「見ててね」という気持ちが，"振り返り保育者を見る"という姿から感じることができるでしょう。また，一番上まで登って「やったー」という気持ちで保育者を見た時「すごいね，できたね」と保育者が共感してくれたことで喜びは倍増し，さらに試してみようとする気持ちが育っていくのです。

　このエピソードからもわかるように子どもにとって保育者は，とても大切な環境だということを忘れてはいけません。

　②　身近な環境との関わりに関する領域「環境」…満1歳から満3歳未満

ねらい
①　身近な環境に親しみ，触れ合う中で，様々なものに興味・関心をもつ。
②　様々なものに関わる中で，発見を楽しんだり，考えたりしようとする。
③　見る，聞く，触るなどの経験を通して，感覚の働きを豊かにする。

　行動範囲が広がり，子どもが見たり触れたりするものは増えていきます。身近なものに目を留め，じっと様子を眺めたり，納得のいくまで同じ動きを繰り返したりしながら，対象のもつ性質や動きの特徴，物と物との違いや関係性，仕組みなどを経験的に理解し，さらに新しい遊びを発見することに面白さや喜びを見出します。こうした姿は，好奇心をもって周囲の環境に関わり，自分なりにいろいろな方法や視点から探求して生活や遊びに取り入れて自分のものとしていく力へとつながるものです。

エピソード 5−3　ここにいれば…（1 歳児）

　透明なペットボトルをつなげて作ったボールころがしが壁に取り付けられています。男児は少し背伸びして入り口から小さなボールを入れてボールの動きを追いかけています。何度も繰り返し遊んでいたが，急にボールを入れるのを止め，出口からなかを覗き込みます。しばらく覗くと，次に指を入れてみますが，出口は小さく指しか入りません。覗いたり指を入れたりを何度か繰り返し，またボールを入れ始めます。

　数日後，今度は，ボールを入れるとすぐに，出口のところに行きボールが落ちてくるのを待っています。男児は手に大きな茶碗を持っていて，出口から出てくるボールを受ける遊びに夢中になっています。

　このボールころがしは，出口まで来たボールが溜まるように箱のようなものが付いていました。初めは，ボールが転がってくることを面白がっていましたが，ボールの入口と出口に興味をもち始めたので，保育者は出口の箱を取りはずしてみました。すると，転がってきたボールは床に落ちていろいろなところに転がっていきました。しばらくボールを追いかけることを楽しんでいましたが，今度は自分で受ける遊びを発見し，茶碗を手に出口の所で待っていたのです。

　子どもは同じ遊びでは長続きしません。少しずつ変化を与えていくことも必要です。その変化は，子どもの興味や関心に合わせて行うとよいでしょう。この男児は，入口と出口に興味をもちました。そのタイミングを逃がさず出口に変化を与えると，出てくるボールはいろいろな所に散っていくという動きに変わりました。そのボールを追いかけることも楽しいけれど，今まであった箱の代わりになるものは？　と自分なりに考え，茶碗をもって出口で受けようと考え出したのだと思います。茶碗はままごとで使うものだと決め付けてしまうのではなく，子どもの発想を見守ることも大切だと感じます。

③　身近な環境との関わりに関する領域「環境」…満 3 歳以上

1　身近な環境に親しみ，自然と触れ合う中で様々な事象に興味や関心を
もつ。
2　身近な環境に自分から関わり，発見を楽しんだり，考えたり，それを
生活に取り入れようとする。
3　身近な事象を見たり，考えたり，扱ったりする中で，物の性質や数量，
文字などに対する感覚を豊かにする。

　子どもの周囲にはさまざまなものがあります。人が営んでいる暮らしや動植物の存在，身近にあるさまざまなものに好奇心や探究心をもって主体的に関わり自分の遊びや生活に取り入れていくようになります。自然の変化の不思議さや美しさに気付き，心を動かされる経験をしたり，動植物に親しみをもって接したりするなかで生命の尊さを知ります。また，物の性質や仕組みに興味をもって試してみたり，生活のなかで文字や数量・図形などにも必要感を感じて関心をもつようになったりします。保育者は，いろいろなものに興味をもって関わる機会をつくることが必要になってきます。

エピソード 5-4　**この葉っぱバサバサ！（4 歳児）**

　ニンジンを栽培しているプランターに水遣りをしていた男児。「先生みて！」とプランターの所に保育者を連れて行き，隣で栽培している小松菜の葉っぱを指差して「この葉っぱはつるつる。（ニンジンを指差して）この葉っぱはバサバサ！」と笑っています。

　自分たちで育てているニンジンが大きくなり葉が生茂っているのをうれしく思いながら水遣りをしていたのでしょう。ふと横を見ると 5 歳児が栽培している小松菜が目に入り，葉の違いに気付き誰かに知らせたかったのではないでし

ょうか。確かに見たところ小松菜の葉とは形がまったく違い，バサバサという表現でニンジンの葉の特長がよく伝わってきました。

エピソード 5−5 **重たくなってきた！**（5歳児）

　お団子作りの日。甘辛のたれを子どもと一緒につくりました。醤油と三温糖と水を入れ，一人ずつかき混ぜます。次に，保育者が「片栗粉という魔法の粉を入れるとどうなるかなぁ」と言うと「白くなる」「カルピスみたいになる」と口々に思ったことを返してきます。水溶き片栗粉を入れて子どもたちも順番に混ぜてみると，「だんだん重たくなってきた」と思っていたこととの違いに気付きます。他の子どもも「ほんとだ」「重たいね」「トローンだ」「さらさらじゃなくなってきた」と，甘辛だれの変化を言葉にしています。

　保育者はこの変化に気づくと「トロトロだね」という言葉が出てくると予想していたのですが，とろみが付いてきたことを「重たくなってきた」という言葉で表現する子どもたちの感性に驚きと面白さを感じました。

　甘辛だれの香りが室内に充満し，「何だか美味しそうな匂いがする」と4歳児が入ってきました。4歳児が見ている前で5歳児はお団子をこねて半分の半分の半分…と同じ大きさのお団子をいくつも作っていきます。「1．2．3．4…」と数える声も聞こえてきました。お団子をお湯のなかに入れしばらくすると浮き上がってくることに驚きながら「ぼくのお団子が上がってきた！」と喜んだり，「火は気を付けないと火傷するよ」と友だちに声をかけながら危険に対する注意を促す姿もあり，よい経験の場になっていると感じました。

　この後，5歳児が4歳児にお団子を振舞ったのですが，「片栗粉っていうのが入っていてね。魔法の粉でね…」と4歳児に説明する微笑ましい姿がありました。

（3）幼児期の終わりまでに育ってほしい姿

　「幼児期の終わりまでに育ってほしい姿」は教育・保育のねらい及び内容に基づく活動全体を通して資質・能力が育まれている子どもの小学校就学時の具体的な姿であることをふまえ，保育者が指導を行う際に考慮することが必要であるとされています。もとより教育・保育は，環境を通して行うものであり，子どもの自発的な活動としての遊びを通して子ども一人ひとりの発達の特性に応じてこれらの姿が育っていくものです。また，この姿は5歳児に突然見られるようなものではなく，それぞれの時期から乳幼児が発達していく方向を意識してそれぞれの時期にふさわしい指導や経験を積み重ねていくことが大切なのです。

　幼児期の終わりまでに育ってほしい10の姿のなかにも，領域「環境」で示されているものがあります。

＜思考力の芽生え＞

　身近な事象に積極的に関わる中で，物の性質や仕組みなどを感じ取ったり，気付いたりし，考えたり，予想したり，工夫したりするなど，多様な関わりを楽しむようになる。また，友達の様々な考えに触れる中で，自分と異なる考えがあることに気付き，自ら判断したり，考え直したりするなど，新しい考えを生み出す喜びを味わいながら，自分の考えをよりよいものにするようになる。

　乳児期には「不思議だな」「面白いぞ」と自分のなかだけで感じていたことを，成長と共に友だちと伝え合う姿が見られるようになります。そこで，友だちが思っていることや感じていることと自分が思っていることの違いに気付き，一緒になって調べたり試してみたりするようになります。正解を探すだけでなく，友だちと一緒に考える楽しさや面白さを経験できるように，保育者は環境を準備し，「こうしてみたい」という意欲や好奇心が膨らみ，遊びが広がっていくような状況をつくったり子どもたちの考えを引き出したりしていくことが必要です。

エピソード 5−6 いいアイデア！（4歳児）

しっぽ取りゲームをしていると「取られると休みになってつまらない」と一人の子どもが言いました。「私もつまらない」と取られてしまった子どもも同じ意見の様子。一緒に遊んでいた子どもたちが集まってきて、「じゃあ、取られた人も休まないで、取り返していいことにしない？」とルールの変更を提案。「いいね！」と、再びしっぽ取りゲームが始まりました。

　一人の子どもが感じたことを言葉にしたことをきっかけに、新しいルールでの遊びが始まったエピソードです。ルールを守って遊ぶことも大切なことですが、子ども同士で考え出したルールで遊びがさらに面白くなったり遊びが長続きしたりすることもあるでしょう。互いの思いや考えを伝え合うなかで、より良い方法を考え出そうとする経験も必要です。

＜自然との関わり・生命尊重＞

　自然に触れて感動する体験を通して、自然の変化などを感じ取り、好奇心や探究心をもって考え言葉などで表現しながら、身近な事象への関心が高まるとともに、自然への愛情や畏敬の念をもつようになる。また、身近な動植物に心を動かされる中で、生命の不思議さや尊さに気付き、身近な動植物への接し方を考え、命あるものとしていたわり、大切にする気持ちをもって関わるようになる。

　季節の移り変わりのなかで、風や陽射しの違いを感じたり、葉や花の変化に気付いたりする子どもも多いでしょう。野菜などの栽培物を育てる経験では、生長するにつれて形を変えていくことや、種類によって葉や花の形や色の違い、実の付き方にも興味を示し自分の発見に大喜びする姿を見せる子どももいます。

　また、子どもたちは動植物と関わるなかで世話をすることの大変さを知るとともに愛着をもつようになります。時には死に接することもあります。その

経験を通して「命」というものの尊さに気付き，いたわりの気持ちをもって大切に扱おうとする姿がみられるようになってきます。自然との関わりのなかで，心動かされる体験をしたり癒されたりしながら好奇心をふくらませていきます。身近な自然と触れ合う体験をそれぞれの年齢で積み重ねていきたいものです。

＜数量や図形，標識や文字などへの関心・感覚＞

　遊びや生活の中で，数量や図形，標識や文字などに親しむ体験を重ねたり，標識や文字の役割に気付いたりし，自らの必要感に基づきこれらを活用し，興味や関心，感覚をもつようになる。

　子どもたちは，遊びや生活のなかで徐々に文字や数字に興味や関心をもったり，数を数えたりすることを楽しんだりする姿が見られるようになります。たとえばリレーをする時に人数を合わせようと数を数えたり，どっちが多いか比べる時には高さや長さで比べたりします。また，積み木などを決められたスペースに片付けるには，どのように組み合わせれば綺麗に収まるか考えるなかで，三角と三角を合わせると四角になることに気付くようになるでしょう。また，お世話になった方にお礼の気持ちを伝える時，絵だけのカードから始まり次第に自分の名前や「ありがとう」という気持ちを伝えたくて，文字に興味をもつようになる子どももいます。また，交通安全指導などで標識の意味を教えてもらったことから身の回りにある標識やマークに興味をもち絵本や図鑑で調べたり，家から園までの道で見付けた標識とその意味を考えるようになったりします。このように生活や遊びのなかで必要感をもって数や文字，数量や図形に親しめるような環境を保育者は考える必要があります。

┃エピソード 5－7┃ 止まれのしるしなんだよ（5歳児）

　保育室から廊下に飛び出して，廊下にいる子どもにぶつかりそうになるというヒヤリハットがありました。そのことをきっかけに子どもたちと安全に生活するために気を付けることについて考えていると，一人の子ども

が「一時停止っていうマークがあるんだよ」と言って紙に描いて学級のみんなに見せてくれました。「車に乗っている時に教えてもらった」という話しから,「私も入っちゃいけないマーク知ってるよ。赤い丸に白い線があってね…」と続きます。その後も,自分たちの知っているマークや標識,形の話しで盛り上がっています。

　ここに挙げた「幼児期の終わりまでに育ってほしい姿」は,どれも領域「環境」のみで育まれるものではなく,教育・保育のねらい及び内容に基づく活動全般を通して育まれることに留意する必要があります。幼児期にふさわしい遊びや生活を積み重ねることにより幼稚園・保育所・認定こども園の教育・保育において育みたい資質・能力が育まれている子どもの具体的な姿であり,特に5歳児後半に見られるようになるといわれています。また,これらの姿は到達目標ではなく個別に取り出されて指導されるものでもありません。この「幼児期の終わりまでに育ってほしい姿」は,小学校教育との接続にあたり,保育者と教師が子どもの姿を共有するために積極的に活用していきましょう。

（4）身近な環境とは
　領域「環境」のねらいにある,「身近なもの」「身近な環境」「身近な事象」とはどのような環境のことなのでしょうか。ここでは,領域「環境」の内容にあたるものとして「自然環境」「物的環境」「文化的環境」の3つの視点と,忘れてはならない「人的環境」から考えていきましょう。

①　自然環境
　子どもたちにとって身近な自然環境とはどのようなものがあるでしょうか。雨・風・雷・雪などの自然事象や,太陽・月・星・雲・海・山などの自然や天体,草木・樹木・森・林やそこにいる動植物なども自然環境に含まれています。
　自然には,その時期にしか味わえない美しさや偶然が重なって起こる自然事

象など，心を癒されることもあれば驚きと感動で心を大きく動かされることもたくさんあります。子どもたちの感性を育むためには，身近な自然との関わりが意味のあるとても大切なものだと思います。

　地域によっては自然の少ない園もあるでしょう。プランターや屋上などを活用し，自然環境に触れる機会が増えるような工夫を考えていくとよいでしょう。

　② 　物的環境

　物があふれている現代，さまざまな物が身近なところにあります。そうしたなか，保育者は園の物的環境を精選し，子どもの成長や発達にふさわしい環境を用意する必要があります。園庭環境や室内環境は，子どもの興味や関心に合わせて保育者が環境の再構成をしたり，子どもたちが自分で玩具や用具を動かし場づくりをしたりするなかで変化を繰り返していきます。学級だけではなく，園全体で子どもたちの状況を共有しながら保育者同士が連携し，場や空間の生かし方を考えていくことが大切であり，子どもたちの遊びを保障しさらに発展させていくために必要なことです。

　③ 　文化的環境

　文化的環境とは，日本の伝統的な文化を伝える行事や，異文化に触れる行事，地域行事などがあります。季節の行事では，桃の節句や端午の節句，お月見や七夕，地域のお祭りなどがありますが，近頃は各家庭で行ったり参加したりすることが少なくなっているようです。園では紙芝居や絵本などで伝統文化や行事があることを知らせたり，装飾したり行事食をいただいたりすることを通して，子どもなりに日本の伝統文化や行事を知り理解を深めるためにも，心に残る体験となるようにしていきたいものです。

　④ 　人的環境

　領域では「人間関係」で示されている内容ですが，保育者自身も環境の一部

であることを忘れてはなりません。保育者の動きや態度，立居振舞は，子どもたちの安心感の源であると共に，その姿に子どもの視線は常に注がれています。保育者が環境づくりをする姿や子どもたちにかけている言葉など，すべてがモデルとしてとらえられています。保育者自身が興味・関心をもって環境にかかわる姿をみせることで，充実した環境との関わりが生まれてくることもあります。保育者は子どもの興味・関心をとらえ，遊びがさらに広がるような環境づくりや適切な言葉がけができるよう常に意識していくようにしましょう。

第3節　環境の工夫について考える

　ここでは，さまざまなエピソードや写真を通して，環境の工夫を考えていきたいと思います。

（1）自然環境との関わり

エピソード 5-8　ひまわりの迷路（2歳児）

　プランターに植えたミニひまわりが咲き誇る8月。そのプランターを園庭の中央近くに道を作るように並べました。曲がったり行き止まりがあったり，自由に歩けるスペースを作ります。子どもたちは，プランターの間を走ったり，途中で座り込んで花を眺めたりしています。園庭からは「わーい！　ひまわりの迷路だ！」とうれしそうな声が響いています。

　園庭の環境づくりを考えるとき，鬼ごっこやボール遊びなどが十分できるようにと，遊具を園庭のまわりに置くことが多いと思います。この時は，ひまわり畑のようなイメージで，子どもたちが自由にプランターの間を走ったり，時には子どもが動かしてコースを変えたり輪にしてそのなかで遊んだり，思い思いの楽しみ方をしてほしいと考えました。プランターは自由に動かせるというメリットを活かし，子どもたちの目の届く場所に出してみると，より身近に感じているような姿が見られました。

栽培物との関わり

　日頃から食卓に並ぶ野菜の栽培体験からもさまざまなことを学びます。

　最近はドロ遊びの経験が少なく，汚れることを嫌がったり裸足になったりすることが苦手な子どもも増えているように感じますが，土や泥んこの感触はぜひ経験させたいものです。土に触れる経験を通して，土の温度を感じたり小さな虫を見付けたり，たくさんの発見と出会いがあります。植物を育てていくには毎日の水遣りも一仕事です。友だちと協力して大切に育てることで愛着も湧いてきます。この園では，個人の鉢をテラスの前に置いて登降園時に親子で観察し水遣りをしたり成長を確かめ合ったりしていました。できるだけ，身近な場所に置くことで，子どもの気持ちも継続し成長を感じることができます。

小松菜の栽培

　自分たちで育てたものを収穫して食べるという体験は，子どもにとってとても楽しみなことです。種や苗を植えてから収穫までの間に，葉がだんだん大きくなっていく様子を写真で撮影し，学級のホワイトボードに貼っていきまし

た。その写真を見ながら，大きくなっていることを喜んだり，これからどうなっていくのか想像を膨らませたりしていました。

お世話グループの マークをつけて	稲の苗植え	トウモロコシ人形

　年間を通してさまざまな自然環境に触れられるようにするとよいでしょう。稲の写真は，苗植えを経験した時のものです。秋の収穫まで成長を写真で残し，給食で「新米」が出た時に子どもたちと振り返りました。トウモロコシ人形は，子どもたちがトウモロコシの皮むきをした時に，皮を使って作ったものです。

■エピソード 5-9■　ぼくのグループが一番大きい！（4歳児）

　9月に4歳児が大根を栽培することになり，グループごとに種蒔きをしました。種蒔きの後グループがわかるようにグループ名と大根の絵を描いてプランターに貼り，毎日水遣りをしながら大きくなることを楽しみにしていました。

　10月になり，葉が大きくなってきました。「ぼくのグループが一番だね！」と周りのプランターを覗きながら得意そうに話します。「だって，毎日水遣りしたんだよね！」と，同じグループの友だちと顔を見合わせて笑っています。

| 季節の自然との関わり |

　子どもは季節をどのように感じているのでしょうか。また，どのようにして季節の自然物を遊びや生活に取り入れていくとよいのでしょうか。

> **エピソード 5－10 ブルってなったの！（3歳児）**
>
> 　朝，背中を丸めて登園してきた子どもに「どうしたの？」と声をかけると，「家を出た時にブルってなったの！」と答えが返ってきます。「どうしてブルってなっちゃったのかな？」と返すと「寒かったから。だってもう冬だもんね」「昨日までは秋だから寒くなかったよ！」と言いながら保育室に入っていきました。

　空気の冷たさに季節が移り変わっていることを感じているのだと思います。夏には青々としていた葉っぱが，色を変えてひらひらと舞い落ちてくると，サクサクと音を楽しみながら踏んでみたり，日陰の水溜りが凍っているのを見つけて自分たちで氷作りを考えたり，季節を感じながら自分たちの遊びにしていきます。保育者はできる限り子どもが第一発見者となるよう，変化に気づいていても，言わずに待つことも大切です。そして，発見を喜び，もっと深めたいと思った時に調べたり試したりできるような環境を準備しておくようにしましょう。

| ちいさい秋みつけた | | どんぐり村 |

秋の自然物を子どもたちが届けてくれました。

　すぐに子どもたちの通る場所に「ちいさい "あき" みつけた」と看板を付けてどんぐりを飾ると，見つけた子どもたちが「まんまるや，細長いのや帽子を付けてるのもあるよ！」と自由に触っていきます。その後にできたのがどんぐり村です。さまざまな種類の木の実をいただいたので，種類ごとに分けて名前を付けたり，木の実の本も近くに置き，いつでも見られるようにしました。

グリーンカーテンのトンネル

　夏にグリーンカーテンで日陰を作る取り組みを行っていますが，ここではプランターを利用して，アーチ型にカーテンを張りました。子どもたちが通り抜けられるので，大喜びの "緑のトンネル" です。

小動物との関わり

　1・2歳児はアリやダンゴムシに興味をもって花壇の周りを探し回る姿がよく見られます。ダンゴムシのゆっくりとした動きが子どものスピードと合っているのか，たくさん捕まえることができるので，子どもたちは夢中になって探し続けています。

　4・5歳児になると，飼育したいという気持ちが出てきます。いつもそばにいる仲間のような存在になっているようです。そうした気持ちが現れている写真です。飼育しているカメには名前が付いています。名前を付けることでより

身近に感じ愛着も増していきます。世話の仕方も，子どもたちが見えるところに貼っておくと，自分たちですすめていくことができるようになります。

すいぞくかん

廊下に作られた「すいぞくかん」。

子どもたちに大人気で，いつも誰かが見にきています。入園当初，園で居場所を見つけられない子どもの癒しの場になったり，生き物を介して友だちとの関わりが広がったりする場所でもあります。

（2）物的環境

① 室　内

室内環境では，玩具や遊具，製作等で使用するさまざまな素材を子どもたちが使いたい時，すぐに使えるように準備しておくことが大切です。また，わかりやすく表示や写真で場所を知らせておくことで，子どもたちは自分で出し入れすることができます。いくつか写真で見ていきましょう。

製作用グッズ

牛乳パック・空き箱・折り紙・画用紙・セロファン・セロテープなどなど…
箱やカゴに分けて入れています。作りたい物に合わせて材料を選び，使い終わると元の場所に片付けます。

製作物を飾れるスペース

　保育室には，作ったものを飾れるスペースも用意してあります。
　一人で作ったものが仲良く重なって楽しそうに子どもたちを見ています。

| 楽　器 | お家ごっこ | 積み木 |

  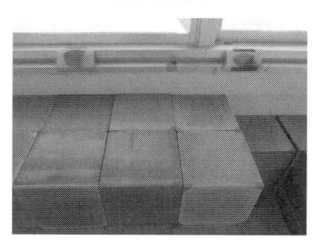

　楽器遊びも表現活動の1つです。発表会の時にだけ出すのではなく，いつでも使えるようにしたいものです。その際，大切に扱うこともしっかりと伝えていきましょう。お家ごっこで使う衣装は，たたまれているよりハンガーにかかっていると選びやすく，お店のように服を選ぶ様子が見られます。積み木の片付けは形を意識できるように写真で置き場所を示し，決められた場所に形を合わせてきれいに収納できるようにしています。

② 　園庭環境

築　山

　築山は子どもたちに大人気です。登ったり降りたり，転がったり，思い思いの遊びを楽しんでいます。時には山がステージになり，空で泳ぐこいのぼりに

もっと近づきたいと思ったのか，築山に駆け
登った4歳児。「やねよ～り～　たか～い　こ
いの～ぼ～り～♪」と歌いだしました。また，
シャボン玉遊びが始まると，高く飛ばそうと
高い所に上がって膨らませる子どもが必ずい
ます。この時も子どもたちは，築山のてっぺ

んでシャボン玉を膨らませ，高く，大きくと競っていました。その様子を見て，
台の上に乗り，マイクを持つまねをして歌ったりおしゃべりしたりと，遊びが
次々広がっていきました。

砂場遊具

砂場で遊んだ後は，砂を払ってからカゴに
入れています。汚れがひどい時や泥んこ遊び
の後には，水洗いして入れるようにしていま
す。

茶碗・コップ・型抜き・お皿など，写真で
入れる場所を知らせておくことで，片付けも
絵合わせ遊びのように楽しめます。

砂や泥との関わり

砂場に水を運んでいたら，いつの間にか川ができました。裸足になって泥の
感触を楽しんでいる子どもたちです。

一人から二人，三人と
友だちが増えてきて遊び
が少しずつ変化していき
ました。

砂場の横に，雨樋があ
ることに気づき，子ども

たちはつなげて遊び始めました。この遊びは何日も続き，徐々につなげた雨樋の傾斜が急になり，流れる水のスピードや勢いの違いを発見しました。

（3）文化的環境

　ここでは，季節の行事である「端午の節句」と「七夕」の時に，子どもたちが製作を通し経験したことを見ていきましょう。

こいのぼり製作

　5歳児が，グループごとにこいのぼり作りをしました。

　色を決める，鱗の形を決める，どんな目にするか決めるなど，グループで話し合いをもちました。自分の意見が通らず怒ったり，すねたり，周りの友だちに慰められたりするなかで，自分の気持ちに折り合いを付けたり，絶対に譲れないと子どもなりに言葉を尽くして一生懸命に説得したりする姿がありました。このような場面も保育者の意図した環境の1つです。

　こうした経験を経て，友だちと作り上げたこいのぼりが空高く泳ぐのを見て，子どもたちは歓声を上げ飛び上がって喜んでいました。

七夕飾り

　本物の笹に飾りをつける前に，壁面に登場したのは保育者が紙で作った笹の

壁面でした。七夕の話しを聞き，笹飾りを作りたくなった子どもたち。本物の笹が来るまで，壁面に飾って楽しみました。作った物を重ねたり箱にしまっておくよりも，子どもたちの見えるところに飾ることで七夕への期待が膨らみます。

　子どもたちが「やってみたい」と思える環境をつくること，そしてその環境に子どもが主体的に関わり，何かを感じたり，何かに気付いて考えたり，工夫したり，試行錯誤を繰り返すことが「環境を通して行う教育及び保育」です。保育者は子どもたちの姿からどんなことに興味・関心をもっているのか，どのような力が身についているのかをとらえ，共に楽しみながらよりよい環境を創造し，主体的・対話的でより深い学びとなるよう努めていきましょう。

・・・・・・・・・・・・・・・・・ 参考文献 ・・・・・・・・・・・・・・・・・・

秋田喜代美・増田時枝・安見克夫編『保育内容「環境」』みらい，2006 年。
柴崎正行・若月芳浩編『保育内容「環境」』ミネルヴァ書房，2009 年。
小田豊・湯川秀樹編『保育内容　環境』北大路書房，2009 年。
柴崎正行・赤石元子編『保育内容　環境』光生館，2009 年。
福﨑淳子・山本恵子編『エピソードから楽しく学ぼう保育内容総論』創成社，2013 年。
文部科学省編『幼稚園教育要領解説』フレーベル館，2018 年。
厚生労働省編『保育所保育指針解説』フレーベル館，2018 年。
内閣府・文部科学省・厚生労働省編『幼保連携型認定こども園教育・保育要領解説』フ
　レーベル館，2018 年。

第5章　確認問題

1．「環境を通して行う教育・保育」とはどのようなことでしょうか。

2．自然環境，物的環境，文化的環境について，それぞれ例を挙げましょう。

3．領域「環境」の目的は何と示されているでしょう。

第6章
保育内容と子どもの生活について学ぼう

本章のねらい

　本章では，第1節で保育のなかでの「生活」という言葉を取り上げます。幼稚園教育要領と保育所保育指針でどのように記されているのか，そして，以前より，その言葉はどのように用いられてきたか，学びましょう。そして，第2節以降では，子どもたちが園生活のなかで経験するさまざまなことを，エピソードを通して考えていきましょう。園生活とは，集団生活を意味します。同年代の子どもたちが共に生活をするからこそ経験できることがたくさんあることが見えてくるでしょう。

　そして，「自立」とは何なのか，「行事」はどんな経験をする場なのかを，子どもたちの生活を通して考えていきましょう。

①　**子どもの「生活」を考えてみましょう。**

　日々，子どもたちと保育者は，共に園生活を営んでいます。子どもが主体的に生活をする場である園生活を，エピソードを通して学びましょう。

②　**乳幼児期の子どもの育ち，発達の過程を学びましょう。**

　一人で育つのではなく，"共に育つ"場である園生活の場のもつ特性を，エピソードを通して理解しましょう。

③　**保育者の眼差しに着目し，援助について学びましょう。**

　エピソードを通して，保育者のどのような援助が子どもたちの生活を支えているのか，直接的な援助のみならず，間接的な援助にも着目してみましょう。

第1節 「生活」という言葉について

（1）幼稚園教育要領と保育所保育指針にみる「生活」について

　保育内容と子どもの生活について学ぶ，とはどのようなことでしょう。

　まずは，要領・指針には「生活」がどのように書かれているか，文言を確認してみましょう。

幼稚園教育要領

第1章　総則

第1　幼稚園教育の基本

　1　幼児は安定した情緒の下で自己を十分に発揮することにより発達に必要な体験を得ていくものであることを考慮して，幼児の主体的な活動を促し，幼児期にふさわしい**生活**が展開されるようにすること。

（＊上記，文字強調は筆者によるもの。以下，同様。）

保育所保育指針

第1章　総則

1　保育所保育に関する基本原則

（1）保育所の役割

　ア　保育所は，児童福祉法（昭和22年法律第164号）第39条の規定に基づき，保育を必要とする子どもの保育を行い，その健全な心身の発達を図ることを目的とする児童福祉施設であり，入所する子どもの最善の利益を考慮し，その福祉を積極的に増進することに最もふさわしい**生活**の場でなければならない。

　いずれも，「幼児期にふさわしい生活が展開されるよう」，また，「最もふさわしい生活の場」となるよう，子どもがさまざまな人と出会い，関わり，心を通わせていく経験を重ねること（『保育所保育指針解説』より），直接的・具体的な体験を通して，人と関わる力や思考力，感性や表現する力などを育み，人間として，社会と関わる人として生きていくための基礎を培うこと（『幼稚園教育要領解説』より）が大切であると明記されています。

また，保育所保育指針の以下の表記も確認しておきましょう。

保育所保育指針
第1章　総則
1　保育所保育に関する基本原則
（4）保育の環境
　保育の環境には，保育士等や子どもなどの人的環境，施設や遊具などの物的環境，更には自然や社会の事象などがある。保育所は，こうした人，物，場などの環境が相互に関連し合い，子どもの**生活**が豊かなものとなるよう，次の事項に留意しつつ，計画的に環境を構成し，工夫して保育しなければならない。

　これらの表記からは，園が子どもの生活の場であるということを意識し，子どもの生活がより豊かになるように計画的に環境を構成していくことが必要であることが読み取れます。幼稚園教育要領・保育所保育指針のいずれも，「生活」という言葉が第1章総則のなかで明記されていることの意味をしっかり理解したいものです。

（2）「生活を，生活で，生活へ」から考える

　現在の幼稚園教育要領・保育所保育指針の基盤となっている保育要領（1948年）の刊行に深く携わり，「児童中心主義保育」の理論化と普及に尽力してきたことで，日本のフレーベルといわれている倉橋惣三の保育理念を象徴する標語として「生活を，生活で，生活へ」という言葉があります。これは，子どもたちのさながらの生活を重視した考え方による言葉であるといわれています。

　　「生活を」子どもたちの園生活を
　　「生活で」子どもたちのさながらの生活に寄り添い，子どもたちに合わせ
　　　　　　ていくことで
　　「生活へ」子どもたちは保育者が計画的に環境構成をした園生活のなかで，
　　　　　　保育者の見通しをもった援助に支えられ，結果的に子どもたち
　　　　　　の生活がより豊かなものへ

と読み解くことができるのではないでしょうか。

　倉橋はこの標語を「教育としてもっている目的を，対象にはその生活のままをさせておいて，そこへもちかけていきたい心を呪文にし唱えている」と著書に記しています。

　"生活"という言葉は，保育とは切っても切り離せない言葉であり続けていることをみなさんも念頭に置いておきましょう。

第2節　乳幼児期の子どもの園生活

（1）一人ひとりの思いを大切にすることと集団生活だからこそ学べること

　子どもたちの園生活の場は，"集団"の場です。一人ひとりの子どもに丁寧に寄り添いながら保育を行うことを心がけている乳児クラス（3歳未満児クラス）も，やはり，集団保育を行っている場であることは間違いなく，子どもたちは幼い頃から集団生活を経験することになります。

　しかし，同年代の子どもたちが共に生活をする場であるからこそ経験できることもたくさんあります。エピソードから考えてみましょう。

［エピソード 6－1］　相手の気持ちを理解しようとし，皆で解決する姿（2歳児）

　給食の前，テラスでレゴ遊びをしていた時に，リクが，ナミの使っている緑の平らなブロックが欲しくて取ろうと手を伸ばしました。しかし，ナミは自分が使いたいので，取られないように逃げます。そして，緑の平らなブロックを使いたいリクは「緑！」と言って泣きながら追いかけてきました。やがて，ブロックで叩き合いになり，保育者が介入しました。

　保育者はリクを呼び，「リクくんが使っているブロックはどれ？」と聞くと，ナミの持っている緑の平らなブロックを指でさしました。保育者は，「緑はナミちゃんが使っているでしょ？　リクくんの使いたい気持ちもわかるけど，かごのなか，探してなかったらお部屋から持ってきて」と話し

ました。ナミはその様子を不安そうに見ていました。

　周りにいた子どもたちは「順番だよ」「緑の，探してあげる」と言って緑のブロックを「どうぞ」と差し出してくれましたが，リクは「違う」と言いました。その後，リクは保育室から平らなブロックを数個持ってきて，ナミと緑の平らなブロックを交換しました。

　2歳児の姿として，リクは目の前にあるおもちゃを使いたいと思い，その一心でモノに手を伸ばしたのだと考えられます。"友だちのモノを取る"という思いはなく，一直線に，モノに気持ちが向かっていたことが考えられます。

　取られたナミも，"取られたから取り返そうとした"もしくは"取られそうだったから守った"にすぎません。どちらの思いも理解できそうな場面です。

　低年齢の子どもたちの場合，モノの取り合いはよく見られる光景です。そのとき，保育者は落ち着いた雰囲気で，子どもたちの気持ちをまずは受け止め，その上で，状況を整理し，どのようにすべきかを子どもたちと一緒に考えることが大切だといえます。一方的に，保育者が見て理解した状況に基づいての声かけでは子どもたちは納得できないでしょう。そして，落ち着いたところで，リクの"緑の平らなブロックが欲しい"という思いが実現できる方法を伝え，そうするかどうかの判断を子どもに委ねたのだと考えられます。保育の場では，このようなやりとりがたくさん見られますが，これは，保育者と，ナミとリクだけのやりとりではなく，このやりとりを間近で見ている他の子どもたちにも影響を及ぼします。他の子どもたちも，もしかして，"自分"のことと置き換えて考え，悲しんでいるリクのために"自分"ができることは何かを考えていたのではないでしょうか。

　乳児が家庭で生活をしているとき，大人と関わることが多く，モノの取り合いはあまり経験をしません。また，きょうだいがいたとしても，小さいうちは，譲ってもらえることが多いでしょう。しかし，園生活ではそうはいきません。同年代の子どもが集団で生活をするため，「僕は（私は）○○を作りたいから，△△がほしい！」と強く思っていても，先に使っている子どもがいる場合，使

うことができません。周りの大人も，「○○ちゃんは，△△を作りたくて，□□を集めたいんだな」と理解できても，相手の子の思いもあるため，一人の子どもの思いだけを最優先することはできません。使いたいけど使えないときがある（使えないときもある），待つことも必要，時には交渉することも必要，等さまざまなことを経験していくことになります。取ってしまうこと，持って逃げることでは解決しないことを学ぶ，これは，集団の場であるからこそ学べることであり，日々の積み重ねのなかで体得していくことになるでしょう。このエピソードでは，周りの子どもたちが，ナミ，リク双方の気持ちを理解できるからこそ，欲しがっていたリクに"探して，渡す"という姿があったのではないでしょうか。一人称"私"の気持ちのみならず，他者の気持ちも，共に生活をするなかで気づき，大切にできるようになるのが，集団生活の場，園生活の場で育つことを意味します。

（2）"一緒！"がうれしい経験

　集団生活の場だからこそ，自分の思い通りにいかない経験を早い時期からすることもあるでしょう。しかし，集団生活の場だからこそ，「一緒だね！」「一緒だと楽しいね！」「一緒にやるとうれしい！」などの気持ちをたくさん経験しながら，共に育つ側面があります。

エピソード 6−2　楽しいことを模倣する（1歳児）

　給食の時間，テツヤが手遊びをしながら楽しそうに歌っていました。近くに座っているシンゴもその手遊びを知っているのか歌い出し，次第に同じ机に座っている子どもたちもみんなで歌い始めました。

　初めに歌い出したテツヤは，自分が知っている手遊びを，給食を待っている間に歌い出した"だけ"だったのが，このエピソードの発端だったと思われます。しかし，そばにいたシンゴは「僕も知ってるよ！」とうれしくなって一緒に歌い始め，二人が一緒に歌っている姿が楽しそうに見えたため子どもたちが

「（僕も，私も）一緒に歌いたい！」と思えて，楽しさが広がり，みんなで楽しく大勢で歌う結果になったことが考えられます。そして，おそらく，テツヤも，最初に一人で歌っていた時の楽しさとは異なる，みんなで一緒に歌う楽しさを最後は経験したのではないでしょうか。

　子どもたちが，他者と共に生活をしていくなかで，自分もやってみたくなる瞬間，同じことをすることが楽しいと感じる瞬間が，集団生活だからこそできる経験となっていくといえるでしょう。

第3節　一人ひとりの生活習慣への興味・関心と自立への過程

　自立していく，と考えたとき，「今までできなかったことができるようになる」「一人でできるようになる」ということがイメージされるのではないでしょうか。もちろん，そのような側面は否定できません。「自分で着替えられるようになる」「自分が遊んだものは，自分で片付けるようになる」など，自分のことが自分でできるようになることが“自立”であるととらえられるでしょう。しかし，保育のなかではその過程が大切であり，子どもが“自分でやってみたくなること（自分でやろうとする意欲）”，そして，“自分でやれてうれしく思えること（自分でできたという達成感を味わえること）”が大切だといえるでしょう。

> **┃エピソード6−3┃　“お片付け”の風景（4歳児）**━━━
>
> 　給食前の時間帯，室内遊びをし始める前，保育者は「長い針が7になったらお片付けをして給食を食べに（ランチルームへ）行きましょう」と言いました。すると，時計を見て，7に長い針が来たことを確認した数人の子どもが，「お片付けの時間だよ」とクラスの子どもたちに教えました。その声かけを聞いた子どもたちは片付けを始めました。まだ遊び続けている子どもには，近くの子どもが「お片付けだよ」と声をかけています。保育者は「お片付け名人いるかな？」「ミホちゃん上手」と声をかけていまし

> た。積み木の片付けでは，子どもたちが行っている横で保育者が同じ大き
> さや形ごとに合わせて片付けをしていました。そして積み木を片付けてい
> る子どもたちも同じものを揃えて綺麗に片付けていました。

　モノで遊んだ後の片付けは，ある年齢になると，"できる"ようになるので
しょうか。だとするならば，小さな子どもたちより大きい学生の皆さんは，当
然，上手に片付けができるはずです。さて，いかがでしょうか。

　片付けは，年齢発達とは関係ない，ということはわかると思います。では，
何が関係してくるでしょうか。

　このエピソードでは，片付け始める目安の時間を保育者が子どもたちに伝え
ていました。そして，時間に自ら気づいた子どもが，周りの子どもたちに片付
けを促しています。声をかけられて片付け始める子，そして，声をかけても片
付け始めない子がいます。その違いは何か。

　声をかけられても片付けをしない子どもを「片付けができない子ども」と表
現することは間違いです。もしかして，「今，このタイミングでは片付けができ
きないんだよ！（もう少しで完成するんだよ！）」という声にならない思いがある
かもしれないからです。

　片付けは，"できる／できない"のみでなく，"する／しない"の状況もある
と思われます。

　もしかしたら，遊べていない子が，保育者からの片付けの声かけで，さっと
片付け始めているだけかもしれません。この場合は，"片付けができる子"と
いうよりは，"片付けをする子"という表現が適切かもしれません。

　もしくは，片付けをした後の予定が楽しみで，保育者からの片付けの声かけ
で瞬時に遊びを終わらせて気持ちが次へ向かっているのかもしれません。この
場合も，"片付けができる"というより，"片付けをする"という気持ちでしょう。

　子どもたちが片付けをしない場合，保育者としてどのように行動するか。片
付けるよう促す方法もあるでしょう。「させる」ための声かけです。しかし，
それだけでは毎回，繰り返し言わなければならないことになります。

　子どもが片付けたくなるような声かけ，動機付けが必要であり，子ども自身が"片付いていると快適だ"と実感できることが必要です。そのためには，このエピソードでの保育者のように，まずは，保育者が片付ける姿をみせること，そのことで快適な環境になることを子どもたちが実感できること，そして，子どもたちが真似ようとする，もしくは，保育者と一緒に片付けたいと思えるようになることが大切かもしれません。片付けることによって，次に遊ぶとき，遊びやすい，ということを経験として知っていくことが生活習慣として身につくはじめの一歩かもしれません。そのことを知っておきましょう。

　片付けに関しては，幼稚園教育要領・保育所保育指針の領域「健康」の【内容（8）幼稚園（保育所）における生活の仕方を知り，自分たちで生活の場を整えながら見通しをもって行動する】に当たる部分であり，幼稚園教育要領解説／保育所保育指針解説にも以下のように記されています。ここでは，保育所保育指針解説での表記で確認しましょう。

> 保育所の生活には，所持品の管理をしたり，遊んだ後を片付けたりするなど，皆が一緒に過ごすために身に付けることが必要な生活の仕方がある。これらについて，そのやり方や必要性に気付き，自分たちの生活の場を生活しやすいように整える体験を繰り返しながら，次第に見通しをもって行動できるようになっていくことが大切である。生活の環境が大きく変化した時，その当初は，子どもは，保育士等と一緒に行動したり，保育士等をモデルにしたりして，生活に必要な行動を一つ一つ獲得していく。やがて，友達と一緒に活動するという経験を通して，集団の中で生活する楽しさや充実感を感じながら進んで準備をしたり，片付けたりするようになり，保育所の生活を自立的に送ることができるようになっていく。これらの生活行動を獲得していくためには，保育所の生活全体が子どもにとって，楽しく脈絡のあるものでなければならない。例えば，十分に遊んだ後の満足感が次の活動への期待感を生み出し，片付けなどの必要性が子どもに無理なく受け止められる。子どもの活動が子ども自身の必要感に基づき自発的に展開されるものであれば，子どもの意識の中でつながりが芽生え，保育所の生活の大まかな予測をもてるようになり，子どもは，時間の流れや場の使い方などを予測して生活できるようになっていく。そして，子ども自身が，次第に生活に

必要な行動について見通しをもち，自立的に行動できるようになっていく。そのためには，子どもがゆとりをもって保育所の生活を送れるようにすることが大切である。片付けなどの基本的な生活行動は，まず家庭の中で獲得されるものであり，子ども一人一人の家庭での生活経験を捉えて指導を考えるなど家庭との連携を図ることが大切である。同時に保育所でも，例えば，子どもの動線に配慮した手洗場や遊具の収納など保育所の生活環境に十分配慮することも必要である。

（＊要領・指針とも語句の読み替えはあるものの，同一の内容である）

　身辺自立や生活習慣に関するものは，"できる／できない"という見方だけでなく，さまざまな見方をすることで，子どもが今経験していることが見えてきて，これから経験させたいことを保育者として考えることができるようになると考えましょう。子どもが興味・関心をもった時の力こそが自立への道につながるといえるでしょう。

第4節　遊びに表れる子どもの日常

（1）遊びから子どもの日常が見える場面

エピソード 6−4　遊びに表れる日常（4歳児）

　午後の室内遊びの時間，製作が終わった子どもたちはお家ごっこに興味をもち，徐々に仲間が増えてきていました。姉，兄，産まれる前の赤ちゃん，母，父，猫，犬の役を演じ，話し方や動き方を役に合わせていました。椅子で車を作り，病院に行って赤ちゃんを産んだり，「生まれたばかりの赤ちゃんは寝てるんだよ」「ハイハイまだできないよ」など自分たちの知っている赤ちゃんの姿を共有しながら遊んでいました。また，小学生という設定の兄と姉の授業参観に行ったり，「スーパーで買い物に行ってくる」と言い，出かけたりしていました。兄役の子どもは，赤ちゃんや猫に優しくしていて，頭を撫でたり，膝に寝かせたりしていました。

　このエピソードを書いた学生（実習生）の考察を見てみましょう。

【考察：エピソード6－4　遊びに表れる日常（4歳児）】

　一緒に遊ぶメンバーや環境構成によって遊び方は大きく変わるのだと思いました。今日はいつもよりままごとコーナーのスペースが広かったため，椅子で車を作り，車で出かける設定をすることができたのだと思います。昨日までは出かけるときは車の設定がなかったり，家の中が中心となる遊び方でしたが，今日は外出をする遊び方が多かったように感じました。お家ごっこをする中で，子どもたちは日常生活で得たものをアウトプットして共有したり，遊んでいく中で自分の中の兄の役割を実践し学びを深めていくように思いました。また役割を決める時にポケモンのキャラクターになりたい子どもがいました。すると，「お家ごっこだからポケモンはいないの」と言っていて，たとえ遊びの中でも "お家ごっこ" という世界観を壊さないように現実に近い形でごっこ遊びをしていることに気づき，子どものごっこ遊びについて学べました。

　学生の考察に，子どもたちが日常生活で得たものをアウトプットして共有している，と記されています。子どもたちは，遊びのなかで，自分の見たものや感じたものなどを取り込み，経験を遊びのなかで再現します。お互いの経験をもち寄り，イメージを共有しながら，時には，イメージに折り合いをつけながら，遊びを共に作り上げていくのです。遊びから子どもの日常が見える，という言い方もできますし，子どもの日常から遊びがスタートする，という言い方もできるでしょう。

　また，考察に書かれている，「今日はいつもよりままごとコーナーのスペースが広かったため，椅子で車を作り，車で出かける設定をすることができたのだと思います。」については，保育者が意図的にままごとコーナーのスペースを広くとることができるように環境構成をした可能性があります。子どもの遊びがどのように発展するかを予測し，場を構成する，環境を構成するのは保育者の役割でもあることを知っておきたいものです。

（2）遊びに，子どもの生活経験の応用が現れる場面

エピソード 6−5　グループでの協力（5歳児・お泊り保育での姿）

　園庭にテントを張り終え，荷物を運び終えると立て看板を必死に立てようとする子どもがいました。小さなスコップで一生懸命掘りますが，なかなか深くならず，看板も立ちません。次の活動が始まるため，看板作業はここで中断しました。

　午後，おやつを食べ終わると自由時間ができたので，今度は保育者に大きなスコップを持ってきてもらい，グループの友だちと再び掘り始めました。次第にグループ全員が掘り始め，掘る場所の取り合いのような喧嘩になりつつの状況でした。すると，数人が抜けて，三人になりました。三人が諦めずに掘り続けていると，先ほど抜けた一人の女の子がトンカチを持って戻ってきました。掘った場所に看板を立ててトンカチで打ちつけていました。3人は掘った土を戻して看板を埋めました。さらに近くの砂場の土を運んできて看板を埋めていました。土を運び，スコップの裏面で土の表面をきれいにし，「嵐がきても大丈夫なように…」と言いながら一生懸命掘り続けていました。

こちらも，エピソードを書いた学生（実習生）の考察を見てみましょう。

【考察：エピソード6−5　グループでの協力（5歳児）】

　まずグループごとそれぞれ手作り看板や手作り荷物台があって，連日，一生懸命作っていたのはこれかと思い当たりました。看板は板に紐がついていて掛ける式だったり，同じ立て看板でも木の長さや太さにもグループの特徴があると感じました。

　手作りで当日まで一生懸命グループで看板づくりに取り組んだからこそあそこまで必死に看板を立てようとし，「嵐が…」といってとても大切にしている姿が見られたのだと感じました。また自分の身の回りの物を存分に使って完成させることで達成感だけでなく思考力や自立心が鍛えられた

のではないかと思いました。与えられるだけでなく，自ら発見して応用するという子どもたちの姿に感心しました。

　目的が明確にある時，どのようにすべきか，子どもたちが具体的に考えながら最後まで取り組む姿を見ることができた記録です。限られた時間で終わらなくても，また，時間を見つけ友だちと再度取り組む。できないとき，どうすればできるのかを考え，自分が知っている道具を使いこなす姿は，子どもが日常でモノとたくさん出会うことを大切にした結果であり，それを使ってじっくり取り組む時間の保障，空間の保障があった結果だといえるでしょう。子どもが生活経験を遊びに応用することはやさしいことではありません。しかし，できないことでもありません。子どもが経験することを大切にしていくことで，子ども自身が経験したことを遊びへアウトプットしていけるのです。○○のために教える，のではなく，今まで経験したことを子ども自身が反映させていくのです。

　生活場面での経験を大切にしていきたいものです。

第5節　日常生活にみられる子どもの自立と保育者の援助

エピソード 6-6　気持ちのぶつけ合い（1歳児）

　給食前，室内で遊んでいた時のこと。

　ダイキがハンドルを持って運転していると，その姿に興味をもったリョウタがハンドルを取ろうとしてダイキが座っている椅子に座ろうと押しました。その様子に気がついた保育者は，何も言わず様子を見守りながらすぐに彼らの側に行きました。ハンドルを取られそうで嫌がっているダイキ，ハンドルで遊びたくてダイキから取ろうとするリョウタは互いに手を叩き合い，泣いてしまいました。そこに保育者が介入してリョウタを呼び，「ダイキくんが使ってたんだよ」「叩いたら痛いよ」と声をかけました。

　その後も何度も二人はハンドルを取り合います。そして，叩き合いが激しくなりそうなところで何度も保育者は介入し，声かけをしていました。

こちらも，エピソードを書いた学生（実習生）の考察を見てみましょう。

【考察：エピソード6－6　気持ちのぶつけ合い（1歳児）】

　もし私が近くにいたら，叩こうと手を振り下ろした時に止めに入っていたかも知れないと思いました。介入のタイミングに驚きました。まだ2歳前後で上手に気持ちを相手に伝えられなかったり，叩くときも加減がわからないから危険かと思ったので保育者の関わり方，介入のタイミングがとても興味深かったです。

　しかし，そうであるからこそ"痛い"という気持ちを味わった上で，相手を叩くと痛いんだよ，友だちが使っているものは勝手にとってはいけないよ，と教える機会にもなるのだと感じました。反省会で，お互いがやっと自分の思いを出し合うことができるようになったからその部分を大切にしていると聞いて，保育者の言動に対する理解が深まったり，物の取り合いに対する考え方が変わりました。

　また，介入のタイミングで子どもの学びも大きく変わってしまうのだと学び，とても重要なのだと感じました。これから注意していきたいと思いました。

　保育の場は，生活の場です。1つの場面のみの対応策を考えるのではなく，子どもたちへの長期的な思い・願いをもって，保育者は子どもたちと共に生活をしながら子どもたちに向き合っているのです。

　このエピソードからは，保育者はどのような存在なのかを考えさせられます。保育者は，子どもの"今"を適切に把握し，経験させたい"内容"を思い描き，時には見守り，時には学生の言葉を借りると"介入"をするのです。決して，保育者が子どもの姿を見ていないために，子どもたちが叩き合いをしたのではなく，保育者の視界のなかで，叩くと相手はどうなのか，相手はなぜ叩いたのだろうか，等を経験し，"自分事"として，他者の思いを理解し，学んでいくのです。

　もちろん，大けがにつながるような場合，即，制止することも必要でしょう。しかし，子どもの様子を見極めて，適切なタイミングで声をかける，すなわち援助することが，子どもの気づきへつながり，子どもたちが相手を思いやり，共に生活できるようになる"自立"へとつながっていくと考えられます。

　次のエピソードは，保育者が介入せずに，子どもたちが，自分たちでより楽しく遊べるためにはどうすべきか，方法を考え，実際に自分たちで遊ぶ姿が書かれています。

エピソード 6-7　ルールの決め方（4歳児）

　午後の園庭遊びの時間，一人の女の子が「氷鬼[※1]をやろう」と提案し，他の三人の子どもが最初に集まりました。靴のつま先を全員で合わせて鬼決めをした後，一人の子どもが「途中から入ってきた友だちは入れていいってことにする」と提案しました。そして実習生が「それいいね。でもさ，誰が氷鬼やってるのかわからなくなっちゃわない？」と聞くと，他の子どもが「逃げてる人は白帽子にしよう」と言い，逃げる子どもは，カラー帽子の裏側の白を表にしてかぶり，氷鬼が始まりました。

　途中，男児・女児関係なく遊びに入って来て，「仲間に入れて」といわれたら白帽子にして逃げるように伝えていました。しばらく遊んだ後，鬼を再度決めようという話になりました。鬼をしていた子ども（青帽子の子ども）や白帽子の子どもが数人集まり出し，靴のつま先を合わせて輪になると他の集まりきれていなかった子どもも集まって来て鬼決めが行われました。さらに子どものなかから「人数が増えたから鬼を二人にしよう」という意見が上がり，鬼を二人にして再度氷鬼を始めました。その日以降も毎日氷鬼は行われ，そのたびにルールを決めてから氷鬼を始めている子どもたちです。

このエピソードからは，遊びにおける，子どもたちの"自立"が感じられます。子どもたちは，遊びの場面や生活場面で，"より"楽しくしたい，"より快適に"過ごしたい，という思いをもっていれば，自ずと，考えるようになります。

そして，自分で（自分たちで）考えて実現する面白さ，知恵を出し合う面白さを知っていれば，自分で（自分たちで）取り組み，実現に向けて努力をし，楽しめる，快適に過ごせるようになるのです。しかし，受け身の生活を強いられている場合，自分で（自分たちで）考えることを放棄してしまいます。

育てたい子ども像をしっかりイメージし，保育をしていくことが大切になります。

第6節　保育における生活と遊びについて考える

幼稚園教育要領には「行事」について取り上げられている箇所があります。

幼稚園教育要領
第1章　総則
　第4節　指導計画の作成と幼児理解に基づいた評価
　　3　指導計画の作成上の留意事項
　　（5）行事の指導
　行事の指導に当たっては，幼稚園生活の自然の流れの中で生活に変化や潤いを与え，幼児が主体的に楽しく活動できるようにすること。なお，それぞれの行事についてはその教育的価値を十分検討し，適切なものを精選し，幼児の負担にならないようにすること。

保育所保育指針においては，「行事」という言葉はたくさん記されていますが，項目立てされている箇所はないため，引き続き，幼稚園教育要領解説で，上記の部分を見ていくことにします。

（5）行事の指導

　行事は，幼児の自然な生活の流れに変化や潤いを与えるものであり，幼児は，行事に参加し，それを楽しみ，いつもの幼稚園生活とは異なる体験をすることができる。また，幼児は，行事に至るまでに様々な体験をするが，その体験が幼児の活動意欲を高めたり，幼児同士の交流を広げたり，深めたりするとともに，幼児が自分や友達が思わぬ力を発揮することに気付いたり，遊びや生活に新たな展開が生まれたりする。それゆえ行事を選択するに当たっては，その行事が幼児にとってどのような意味をもつのかを考えながら，それぞれの教育的価値を十分に検討し，長期の指導計画を念頭に置いて，幼児の生活に即して必要な体験が得られるように，また遊びや生活が更に意欲的になるよう，行事が終わった後の幼稚園生活をも考慮することが大切である。また，その指導に当たっては，幼児が行事に期待感をもち，主体的に取り組んで，喜びや感動，さらには，達成感を味わうことができるように配慮する必要がある。なお，行事そのものを目的化して，幼稚園生活に行事を過度に取り入れたり，結果やできばえに過重な期待をしたりすることは，幼児の負担になるばかりでなく，ときには幼稚園生活の楽しさが失われることにも配慮し，幼児の発達の過程や生活の流れから見て適切なものに精選することが大切である。また，家庭や地域社会で行われる行事があることにも留意し，地域社会や家庭との連携の下で，幼児の生活を変化と潤いのあるものとすることが大切である。

（＊下線は筆者による）

　幼稚園・保育所・認定こども園では，年間を通して，さまざまな行事が行われています。運動会や発表会，遠足，誕生日会，お雛様集会，クリスマス会，入園式や卒園式など，多くの行事があります。行事の指導計画を立てる上での留意事項の解説のなかで，"生活"という言葉がとても多く使われていることが，下線部分から読み取れることでしょう。行事も子どもたちの園生活のなかの一部であって，生活と切り離してはいけないものです。そして，無理に"させる"のではなく，子どもの発達の過程や生活の流れから見て適切なものを精選する，という表現に表れているように，保育者が，倉橋惣三の言う「生活を，生活で，生活へ」という意識をもって，行事の内容を組み立てて行くことが必要なのです。遊びの援助も保育者の大切な役割であり，また，生活のなかでど

のような経験をしてほしいと願い，行事などを組み立てるのか，この視点も忘れてはならない保育者の大切な役割なのです。

　いずれの行事も，季節行事として，毎年，ルーティンでこなすものであってはならず，一人ひとりの子どもの姿をふまえ，どのような行事にしていくのか，その一つひとつの内容を検討し，子どもたちと共に作り上げていくことが必要なのです。一人ひとりの子どもにとっての，日々の園生活のなかの１日であることをふまえ，子どもの生活の一部としてとらえましょう。

＊本章のエピソードは，東京未来大学の学生・広瀬茉奈美さんが明徳土気保育園にて実習をさせていただいた際，実習ノートにエピソードとして書いたものを，一部，加筆修正の上，本人と園の許可を得て掲載させていただいたものです。

【注】

※１）鬼ごっこの一種である「氷鬼」のルールは以下の通りです。
　　①　まず，鬼を決めます。
　　②　鬼が数を数えている間，子どもたちは逃げます。
　　③　鬼が逃げた子どもを追いかけ，鬼に触れられたらその人はその場で凍った状態になり，動けなくなります。
　　④　凍って動けなくなった人は，他の人が触れて氷を溶かしてくれることで，また，走って逃げることが可能になります。
　　⑤　全員の子どもが鬼に触れられ，氷になってしまうと，鬼の勝ち。ゲームは終了となります。
　　＊鬼の人数によって，楽しさが変化します。

―――――――――― 引用文献 ――――――――――

「幼稚園教育要領」。
「保育所保育指針」。
倉橋惣三『幼稚園真諦』フレーベル館，2008年。
「保育所保育指針解説」。
「幼稚園教育要領解説」。

・・・・・・・・・・・・・・・・・・・　参考文献　・・・・・・・・・・・・・・・・・・・

佐伯一弥企画・著，金　瑛珠編集・著『改訂版 Work で学ぶ保育原理』わかば社，2019
年。

第6章　確認問題

１．次の文章が正しければ〇を，誤っていれば×を記入しましょう。

（１）片付けができない子と片付けをしない子は同じ指導をすべきである。

（２）家庭での生活と園での生活は連続性が重視されているため，家庭と園は
　　　子どもにとって同じような経験ができる場である。

（３）子どもは成長すると自然に自立心が芽生え，自立していくものである。

２．次の（　　）に適切な言葉を入れましょう。

　行事の指導に当たっては，幼稚園生活の自然の流れのなかで生活に（　①　）
や（　②　）を与え，幼児が（　③　）に楽しく活動できるようにすること。
なお，それぞれの行事についてはその（　④　）を十分検討し，適切なものを
（　⑤　）し，幼児の負担にならないようにすること。

第7章
幼稚園教育要領と保育内容について学ぼう

本章のねらい

　本章では，2017（平成29）年に告示された幼稚園教育要領を概略しました。幼稚園では幼稚園教育要領に則り，園の教育方針，環境，園児の様子などさまざまな観点をふまえ，保育活動が行われています。幼稚園教育要領は，子どもの育ちの変化，幼稚園への多様なニーズをふまえながら，今回で改訂としては5回目を迎えました。そこで，まず新しい幼稚園教育要領の主旨について理解し，旧幼稚園教育要領との比較を通して，何がどのように変わったのか把握しましょう。

　子どもは周囲の環境に働きかけ，「遊び」を通して成長，発達していきます。「遊び」の場面は，一日として同じ状況はなく，時間，人間関係，環境などによって変化します。本章では，その変化の過程をエピソードとしてたどり，エピソードを通して子どもの発見・気づき，子ども同士の関わりといった子ども側からの理解や分析を行います。そして，保育者の発見・気づき，子どもと保育者の関わりといった保育者側からの理解や分析を行うことで「遊び」の面白さ，適切な支援，言葉かけなど保育方法などについて考えてみましょう。

①　**新しい幼稚園教育要領について学びましょう。**

　幼稚園教育要領は日常の保育の基礎となるものです。「ただの遊び」ではなく，何らかのねらい，意図があってこそ「ただの遊び」が「意味のある遊び」となります。ねらい，意図などを幼稚園教育要領から学び，実りある「遊び」へとつなげていきましょう。

②　**さまざまなエピソードを通して子どもの姿，保育方法を学びましょう。**

　年齢，場面，環境などさまざまな「遊び」のエピソードを取り上げました。エピソードのなかにある子どもの動き，発見，感情の変化を読み取り，適切な保育方法とは何か意見を出し合い，考えてみましょう。

第1節　幼稚園教育要領の保育内容

（1）前文と総則

　幼児教育の主な活動として，「遊び」が挙げられます。遊びは子どもの興味・関心に基づき，何よりも「○○で遊びたい」と思う気持ちを大切にしなければなりません。遊びは，子どもが自発的に身の周りにある環境に働きかけることで達成されますが，自由であることも1つの特徴とします。つまり，他者から強要，強制される遊びは，遊びとはいえません。しかしながら，遊びは自由であるからといって，子どもたちの望むものなら何でも良いということでもありません。そこで遊びのガイドラインとして「幼稚園教育要領」が必要となります。「幼稚園教育要領」は幼稚園で行われるすべての活動の主旨が示されており，これをふまえて保育カリキュラムが構成され，保育方法が選択されます。したがって保育者は，これから示す「幼稚園教育要領」の内容に沿った形で遊びを支援し，より実りある遊びへと，その質を高めることが求められます。それではまず2017（平成29）年に改訂された「幼稚園教育要領」の基本構成と要点について学びましょう。

　2017（平成29）年に告示された幼稚園教育要領の特徴の1つとして，総則の前に前文が付け加えられました。前文を要約すると，幼児教育は学校教育の始まりとして教育基本法に則り，人格の完成をめざし，①知識と教養，豊かな情操と道徳心，身体の育成，②自主自律の精神を養うこと，③正義と責任，男女平等，敬愛と協力の重視，④自然を大切にし，環境保全に寄与する態度，⑤伝統と文化の尊重，平和と発展に寄与する態度などを示しています。これらの目標達成に向けて，「幼稚園教育要領」は教育課程の基準を大綱的に示し，教育水準の確保を強調しています。

　この背景には，「幼稚園教育要領」が従来のように，幼稚園段階のみを考えるのではなく，幼稚園から始まり，小学校，中学校，高等学校という学校教育の縦のつながりの重視が挙げられます。そのうえで幼稚園教育としてどうある

べきかを検討し，生涯にわたる人格形成の基礎としての幼児教育の役割を明確に示しました。同時に各幼稚園の特色を生かした教育活動の充実，幼稚園教育としてふさわしい資質・能力の育成，自発的な活動を生み出すための環境の整備，遊びを通した総合的な指導を強調しています。これらをふまえると，幼稚園教育は，発達，生活，学びすべての起点となる重要なものといえるでしょう。

　次に「幼稚園教育要領」は，「幼稚園教育の基本」「ねらい及び内容」「教育課程に係る教育時間の終了後等に行う教育活動などの留意事項」の3つの章で構成されています。今次改訂の特徴として「幼稚園教育の基本」の「第2　幼稚園教育において育みたい資質・能力及び「幼児期の終わりまでに育ってほしい姿」」が新たに加わりました。この「幼児期の終わりまでに育ってほしい姿」は，言葉の通り幼稚園修了時の子どもたちの理想的な姿を現しています。その前提として，①豊かな体験を通じて，感じたり，気付いたり，わかったり，できるようになったりする「知識及び技能の基礎」，②気付いたことや，できるようになったことなどを使い，考えたり，試したり，工夫したり，表現したりする「思考力，判断力，表現力等の基礎」，③心情，意欲，態度が育つなかで，よりよい生活を営もうとする「学びに向かう力，人間性等」の3点が示されました。この「知識・技能の基礎」「思考力・判断力・表現力の基礎」「学びに向かう力，人間性等」を柱に据え，小学校教育や後の教育とのつながりを見通して「幼児期の終わりまでに育ってほしい姿」として以下の10項目を提案しました（図表7−1）。

図表7−1　幼児期の終わりまでに育ってほしい姿

（1）健康な心と体
　幼稚園生活の中で，充実感をもって自分のやりたいことに向かって心と体を十分に働かせ，見通しをもって行動し，自ら健康で安全な生活をつくり出すようになる。

（2）自立心
　身近な環境に主体的に関わり様々な活動を楽しむ中で，しなければならないことを自覚し，自分の力で行うために考えたり，工夫したりしながら，諦めずにやり遂げることで達成感を味わい，自信をもって行動するようになる。

（3）協同性
　友だちと関わる中で，互いの思いや考えなどを共有し，共通の目的の実現に向けて，考えたり，工夫したり，協力したりし，充実感をもってやり遂げるようになる。

（4）道徳性・規範意識の芽生え
　友だちと様々な体験を重ねる中で，してよいことや悪いことが分かり，自分の行動を振り返ったり，友だちの気持ちに共感したりし，相手の立場に立って行動するようになる。また，きまりを守る必要性が分かり，自分の気持ちを調整し，友だちと折り合いを付けながら，きまりをつくったり，守ったりするようになる。

（5）社会生活との関わり
　家族を大切にしようとする気持ちをもつとともに，地域の身近な人と触れ合う中で，人との様々な関わり方に気付き，相手の気持ちを考えて関わり，自分が役に立つ喜びを感じ，地域に親しみをもつようになる。また，幼稚園内外の様々な環境に関わる中で，遊びや生活に必要な情報を取り入れ，情報に基づき判断したり，情報を伝え合ったり，活用したりするなど，情報を役立てながら活動するようになるとともに，公共の施設を大切に利用するなどして，社会とのつながりなどを意識するようになる。

（6）思考力の芽生え
　身近な事象に積極的に関わる中で，物の性質や仕組みなどを感じ取ったり，気付いたりし，考えたり，予想したり，工夫したりするなど，多様な関わりを楽しむようになる。また，友だちの様々な考えに触れる中で，自分と異なる考えがあることに気付き，自ら判断したり，考え直したりするなど，新しい考えを生み出す喜びを味わいながら，自分の考えをよりよいものにするようになる。

（7）自然との関わり・生命尊重
　自然に触れて感動する体験を通して，自然の変化などを感じ取り，好奇心や探究心をもって考え言葉などで表現しながら，身近な事象への関心が高まるとともに，自然への愛情や畏敬の念をもつようになる。また，身近な動植物に心を動かされる中で，生命の不思議さや尊さに気付き，身近な動植物への接し方を考え，命あるものとしていたわり，大切にする気持ちをもって関わるようになる。

（8）数量や図形，標識や文字などへの関心・感覚
　遊びや生活の中で，数量や図形，標識や文字などに親しむ体験を重ねたり，標識や文字の役割に気付いたりし，自らの必要感に基づきこれらを活用し，興味や関心，感覚をもつようになる。

（9）言葉による伝え合い
　先生や友だちと心を通わせる中で，絵本や物語などに親しみながら，豊かな言葉や表現を身に付け，経験したことや考えたことなどを言葉で伝えたり，相手の話を注意して聞いたりし，言葉による伝え合いを楽しむようになる。

（10）豊かな感性と表現
　心を動かすでき事などに触れ感性を働かせる中で，様々な素材の特徴や表現の仕方などに気付き，感じたことや考えたことを自分で表現したり，友だち同士で表現する過程を楽しんだりし，表現する喜びを味わい，意欲をもつようになる。

　この10項目は，幼稚園教育が修了した時点で，子どもたちができるようになっていること，具体的に身についている力を表しています。つまり，子どもたちの遊びのなかで得た資質，能力，学びをより明確にするための10項目となります。

　しかし注意しなければならないのは，「幼児期の終わりまでに育ってほしい姿」のとらえ方です。まず具体的な10項目によって，子どもの成長や発達を一定の型にはめ込もうとするものではありません。10項目のすべての項目の結びが「○○ようになる」となっていて「○○をする」「○○できる」といった表現ではありません。このことからも10項目は，到達目標でもないということを意図しており，向かいつつあるプロセスを理解するための項目としてとらえるべきでしょう。そして「幼児期の終わりまでに」という言葉が示すように，年長児に限定した内容ではなく，3歳から始まる幼稚園教育を総合させた姿として認識することも重要です。10項目は，子どもの姿をはめ込む型でもなく，到達目標でもありません。3歳から始まる幼稚園教育を生かしながら，その途中段階を小学校教育という枠につないでいく，そのプロセスや方向性としてとらえることが求められます。

（2）5領域のねらいと内容

　幼稚園教育要領は，その第2章「ねらい及び内容」において，実際の保育内容，保育方法を健康，人間関係，環境，言葉，表現の5つの領域から示しています。領域という考え方は，小学校教育や中学校教育とは違い，幼児教育オリジナルのものとなります。心身の健康に関する領域「健康」，人との関わりに関する領域「人間関係」，身近な環境との関わりに関する領域「環境」，言葉の獲得に関する領域「言葉」，感性と表現に関する領域「表現」，これらの5つの領域を発達の側面からねらい及び内容を設定し以下のように示しています（図表7－2）。

　幼稚園教育は上記の5領域に則り，保育活動が行われていますが，なぜ小学校と違い教科ではなく，領域という言葉なのでしょうか？　小学校の教科学習

図表７－２　５領域のねらいと内容

健康〔健康な心と体を育て，自ら健康で安全な生活をつくり出す力を養う。〕
1　ねらい
（1）明るく伸び伸びと行動し，充実感を味わう。
（2）自分の体を十分に動かし，進んで運動しようとする。
（3）健康，安全な生活に必要な習慣や態度を身に付け，見通しをもって行動する。
2　内容
（1）先生や友だちと触れ合い，安定感をもって行動する。
（2）いろいろな遊びの中で十分に体を動かす。
（3）進んで戸外で遊ぶ。
（4）様々な活動に親しみ，楽しんで取り組む。
（5）先生や友だちと食べることを楽しみ，食べ物への興味や関心をもつ。
（6）健康な生活のリズムを身に付ける。
（7）身の回りを清潔にし，衣服の着脱，食事，排泄などの生活に必要な活動を自分で
　　する。
（8）幼稚園における生活の仕方を知り，自分たちで生活の場を整えながら見通しをも
　　って行動する。
（9）自分の健康に関心をもち，病気の予防などに必要な活動を進んで行う。
（10）危険な場所，危険な遊び方，災害時などの行動の仕方が分かり，安全に気を付け
　　て行動する。

人間関係〔他の人々と親しみ，支え合って生活するために，自立心を育て，人と関わ
る力を養う。〕
1　ねらい
（1）幼稚園生活を楽しみ，自分の力で行動することの充実感を味わう。
（2）身近な人と親しみ，関わりを深め，工夫したり，協力したりして一緒に活動する
　　楽しさを味わい，愛情や信頼感をもつ。
（3）社会生活における望ましい習慣や態度を身に付ける。
2　内容
（1）先生や友だちと共に過ごすことの喜びを味わう。
（2）自分で考え，自分で行動する。
（3）自分でできることは自分でする。
（4）いろいろな遊びを楽しみながら物事をやり遂げようとする気持ちをもつ。
（5）友だちと積極的に関わりながら喜びや悲しみを共感し合う。
（6）自分の思ったことを相手に伝え，相手の思っていることに気付く。
（7）友だちのよさに気付き，一緒に活動する楽しさを味わう。
（8）友だちと楽しく活動する中で，共通の目的を見いだし，工夫したり，協力したり
　　などする。
（9）よいことや悪いことがあることに気付き，考えながら行動する。
（10）友だちとの関わりを深め，思いやりをもつ。
（11）友だちと楽しく生活する中できまりの大切さに気付き，守ろうとする。
（12）共同の遊具や用具を大切にし，皆で使う。
（13）高齢者をはじめ地域の人々などの自分の生活に関係の深いいろいろな人に親しみ
　　をもつ。

環境〔周囲の様々な環境に好奇心や探究心をもって関わり，それらを生活に取り入れていこうとする力を養う。〕
1　ねらい
（1）身近な環境に親しみ，自然と触れ合う中で様々な事象に興味や関心をもつ。
（2）身近な環境に自分から関わり，発見を楽しんだり，考えたりし，それを生活に取り入れようとする。
（3）身近な事象を見たり，考えたり，扱ったりする中で，物の性質や数量，文字などに対する感覚を豊かにする。
2　内容
（1）自然に触れて生活し，その大きさ，美しさ，不思議さなどに気付く。
（2）生活の中で，様々な物に触れ，その性質や仕組みに興味や関心をもつ。
（3）季節により自然や人間の生活に変化のあることに気付く。
（4）自然などの身近な事象に関心をもち，取り入れて遊ぶ。
（5）身近な動植物に親しみをもって接し，生命の尊さに気付き，いたわったり，大切にしたりする。
（6）日常生活の中で，我が国や地域社会における様々な文化や伝統に親しむ。
（7）身近な物を大切にする。
（8）身近な物や遊具に興味をもって関わり，自分なりに比べたり，関連付けたりしながら考えたり，試したりして工夫して遊ぶ。
（9）日常生活の中で数量や図形などに関心をもつ。
（10）日常生活の中で簡単な標識や文字などに関心をもつ。
（11）生活に関係の深い情報や施設などに興味や関心をもつ。
（12）幼稚園内外の行事において国旗に親しむ。

言葉〔経験したことや考えたことなどを自分なりの言葉で表現し，相手の話す言葉を聞こうとする意欲や態度を育て，言葉に対する感覚や言葉で表現する力を養う。〕
1　ねらい
（1）自分の気持ちを言葉で表現する楽しさを味わう。
（2）人の言葉や話などをよく聞き，自分の経験したことや考えたことを話し，伝え合う喜びを味わう。
（3）日常生活に必要な言葉が分かるようになるとともに，絵本や物語などに親しみ，言葉に対する感覚を豊かにし，先生や友だちと心を通わせる。
2　内容
（1）先生や友だちの言葉や話に興味や関心をもち，親しみをもって聞いたり，話したりする。
（2）したり，見たり，聞いたり，感じたり，考えたりなどしたことを自分なりに言葉で表現する。
（3）したいこと，してほしいことを言葉で表現したり，分からないことを尋ねたりする。
（4）人の話を注意して聞き，相手に分かるように話す。
（5）生活の中で必要な言葉が分かり，使う。
（6）親しみをもって日常の挨拶をする。
（7）生活の中で言葉の楽しさや美しさに気付く。
（8）いろいろな体験を通じてイメージや言葉を豊かにする。
（9）絵本や物語などに親しみ，興味をもって聞き，想像をする楽しさを味わう。
（10）日常生活の中で，文字などで伝える楽しさを味わう。

表現〔感じたことや考えたことを自分なりに表現することを通して，豊かな感性や表現する力を養い，創造性を豊かにする。〕
1　ねらい
（1）いろいろなものの美しさなどに対する豊かな感性をもつ。
（2）感じたことや考えたことを自分なりに表現して楽しむ。
（3）生活の中でイメージを豊かにし，様々な表現を楽しむ。
2　内容
（1）生活の中で様々な音，形，色，手触り，動きなどに気付いたり，感じたりするなどして楽しむ。
（2）生活の中で美しいものや心を動かすでき事に触れ，イメージを豊かにする。
（3）様々なでき事の中で，感動したことを伝え合う楽しさを味わう。
（4）感じたこと，考えたことなどを音や動きなどで表現したり，自由にかいたり，つくったりなどする。
（5）いろいろな素材に親しみ，工夫して遊ぶ。
（6）音楽に親しみ，歌を歌ったり，簡単なリズム楽器を使ったりなどする楽しさを味わう。
（7）かいたり，つくったりすることを楽しみ，遊びに使ったり，飾ったりなどする。
（8）自分のイメージを動きや言葉などで表現したり，演じて遊んだりするなどの楽しさを味わう。

では，一コマ 45 分という枠組みのなかで，国語，算数，体育といった教科が設定され，それぞれの単元に沿って学習活動が行われます。たとえば国語の時間は，教科書を音読する，漢字の書きとりをする，作文を書く，文章を読解するといった形で進められ，基本的には他の教科との合科的な学習が行われるということはありません。これに対して，幼稚園は生活や遊びを基本とし，午前，午後という大まかな枠組みで保育活動が行われています。たとえば，「鬼ごっこ」をして遊ぶ場合，走って追いかける，逃げるといった行為は，健康領域に該当しますが，健康領域だけに留まるものではありません。「鬼ごっこ」をする場合，追いかける側と逃げる側があり，複数の子どもたちで遊びます。したがって，「鬼ごっこ」には必然的に人間関係の領域も含むこととなります。さらに，「色オニ」「高オニ」といった鬼ごっこは，周囲の環境に働きかけて遊ぶため，環境領域も含まれています。加えて，どんな鬼ごっこをするか，誰が鬼になるのかを決める場合，言葉を使用します。よって言葉の領域も含まれます。

　このように，「鬼ごっこ」という遊び 1 つをとってみても，少なくとも健康，人間関係，環境，言葉という 4 つの領域を横断します。よって，小学校教育の

ように教科という枠組みではなく，領域という枠組みで表現し，遊びを限定せ
ずより多くの領域を包括するような保育が求められます。

（3）2017（平成 29）年告示の幼稚園教育要領における要点

　次に，2017（平成 29）年告示の幼稚園教育要領におけるポイントを押さえて
おくと，「小学校との連携，接続」が注目されています。上記（1）の他にも「第
3　教育課程の役割と編成等」の「5　小学校との接続に当たっての留意事項」
では次のように示されました。

> （1）幼稚園においては，幼稚園教育が，小学校以降の生活や学習の基盤
> の育成につながることに配慮し，幼児期にふさわしい生活を通して，創造
> 的な思考や主体的な生活態度などの基礎を培うようにするものとする。
> （2）幼稚園教育において育まれた資質・能力を踏まえ，小学校教育が円
> 滑に行われるよう，小学校の教師との意見交換や合同の研究の機会などを
> 設け，「幼児期の終わりまでに育ってほしい姿」を共有するなど連携を図り，
> 幼稚園教育と小学校教育との円滑な接続を図るよう努めるものとする。

　旧幼稚園教育要領においても，小学校との接続については示されていました
が，意見交換や合同の研究の機会に加えて，（1）で示した「幼児期の終わり
までに育ってほしい姿」を共有し，接続に努めるように求めています。また，
「第 6　幼稚園運営上の留意事項」では，以下の項目が新たに付け加えられま
した。

> 3　地域や幼稚園の実態等により，幼稚園間に加え，保育所，幼保連携型
> 認定こども園，小学校，中学校，高等学校及び特別支援学校などとの間の
> 連携や交流を図るものとする。特に，幼稚園教育と小学校教育の円滑な接
> 続のため，幼稚園の幼児と小学校の児童との交流の機会を積極的に設ける
> ようにするものとする。また，障害のある幼児児童生徒との交流及び共同

　学習の機会を設け，共に尊重し合いながら協働して生活していく態度を育むよう努めるものとする。

　以上をふまえると，幼稚園と小学校教育の積極的な連携，接続が理解できます。しかしここで注意しておきたいのが，幼稚園教育が小学校教育の準備教育として認識されることです。幼稚園を卒園する子どもは，全員小学校へ進学します。それゆえ，「平仮名で自分の名前が書ける」「1 ～ 10 まで数えられる」「45 分間席に座ってお話が聞ける」「みんなの前で発表できる」など小学校で求められる能力を幼児教育の段階で前倒して身につけさせていくという発想に陥りがちです。しかし，上述したように小学校のための幼稚園ではなく，一人ひとりの子どもの発達，学びを小学校へつなげていくための連携，接続ということを忘れてはなりません。

　また小学校 1 年生入学当初の問題行動，いわゆる「小 1 プロブレム」を解消するという部分的な目的のためでもありません。もちろん，特別な支援を要する子どもの情報共有などの連携，接続はありますが，何かのための連携，接続ではなく，「幼児期の終わりまでに育ってほしい姿」を共通理解として，生涯に関わる教育の基礎としての接続，連携を求めているのです。

第2節　生活のなかの成長と発達

　第 1 節で示したように，幼稚園教育は幼稚園教育要領に則って行われています。しかし，保育の基本は，子どもの興味，関心を基に自主性，自発性を積極的に取り入れることにあります。またそれぞれの幼稚園の教育方針や環境の差異によって，さまざまな保育内容，保育方法で行われています。さらに子どもの成長や発達も一様ではありませんし，常に子どもの興味，関心，季節などの変化を読み取り，対応していく柔軟性も重要となります。これらの要素をふまえ，子どもと保育を作っていくことは保育の醍醐味の 1 つといえるものです。この活動は生成発展的カリキュラムと称され，その基本には，子どもたちとの

「対話」が挙げられます。子どもとの対話に現れる生活での発見や気づきについて共有し，共同しながら保育活動を作り上げていきます。つまり，保育者と子どもたちは目標や目的を共有しつつ，そこに至るまでの過程は決めず，その瞬間に現れる緊急性や即応性に柔軟に対応していくことで質の高い活動となるのです。それでは，生成発展していく活動のあり方を2つのエピソードを通してみていきましょう。

エピソード 7−1　ソウスケの松ぼっくり（4歳児）

　10月下旬，コジマ先生は，紅葉狩りをするために近くの山へ遠足に行きました。目的地までの道のりには，ドングリや松ぼっくりなどたくさんの木の実が落ちていました。子どもたちは「あ！　おっきな松ぼっくり！」と興味津々です。特に植物が大好きなソウスケは，道に落ちているドングリや松ぼっくりを見つめています。そんなソウスケにコジマ先生は「松ぼっくり好きなの？」と声をかけると「うん！」と満面の笑み。ソウスケは「松ぼっくり拾いしたい！」「松ぼっくり持って帰りたい！」と先生にお願いしました。周りの子どもたちも一様に「松ぼっくり拾い」をしたい様子です。お昼の時間も迫っていましたが，コジマ先生は他の先生方と相談し，「松ぼっくり拾い」をすることにしました。子どもたちは，普段見ることのできない植物を観察し，松ぼっくりを拾い大喜びでした。

　紅葉狩りを済ませ園に戻ってくると，子どもたちが拾ってきた松ぼっくりの大きさを見せ合っていました。そこでコジマ先生は，急遽，松ぼっくりの形を見せ合う「松ぼっくり大会」を開催しました。「うわ〜大きいねぇ」「僕のは強そう！」など色々な声が聞こえてくるなかで，チャンピオンになったのはソウスケの松ぼっくりでした。ソウスケは嬉しそうに松ぼっくりのお話をしてくれ，クラスのお友だちも皆満足して降園となりました。

エピソード 7-2 みんなで育てた夏野菜（3歳児）————

　梅雨が明け，水遊びが毎日の日課となった7月中旬，キリン組（年少）の子どもたちは水着に着替える時間，また水着から制服に着替える時間などまだまだ時間がかかり，担任のモリ先生は，そのやりくりに四苦八苦していました。そうしたなかで，5月に植えたミニトマト，ピーマン，きゅうりが成長し，ちょうど収穫の時期となりました。7月上旬には，主任の先生からは，「大きくなりすぎちゃうから，そろそろ収穫しないとね」とアドバイスを受けました。

　しかし，モリ先生は7月の月案を立案したときに，収穫の日を忘れてしまいました。そこで収穫する日を急遽設け，子どもたちにそのことを伝えました。子どもたちは喜んでくれましたが，タクトやナナが「先生〜水遊びは〜？」と一言。子どものなかには「水遊び」を楽しみにしている子もおり全員一致とはいきませんでした。「水遊びがしたい」，でも収穫しないと野菜がダメになってしまう，そのような葛藤のなかで迎えた収穫の日，モリ先生は，子どもたちを水着に着替えさせてから，野菜の収穫を行いました。案の定，バタバタせわしなく野菜を摘み，収穫し終わった子どもからプールに流すという，まさしく作業でした。駆け足の収穫でしたが「子どもたちは笑顔で野菜を摘みとっていたし，プールにも入れて良かった」とホッとしたモリ先生でした。

　この2つのエピソードを読み比べたとき，どのような感想が生まれるでしょうか？　エピソード7-1では，「山へ遠足に行く」という明確な目的をもって活動に臨んでいます。その目的の過程で「松ぼっくり拾いをしたい」という子どもの言葉を尊重し，対話を通して「松ぼっくり拾い」という活動を取り入れました。このエピソードでは，子どもとの対話を通して，「松ぼっくり拾い」という活動を生成した好例ととらえられます。また「松ぼっくり大会」として発展させ，ただ松ぼっくりを拾っただけでなく，「形」という意味を付与し，活動の余韻につなげていったことも，保育活動の質の高さを読み取ることがで

きます。保育活動は，その日の天気，子どもたちの状態，季節，環境などさまざまな要因で成り立っています。これらをふまえると，答えありきのマニュアル化した保育ではなく，「行き当たりばったり」も保育の魅力ととらえるものです。

　対して，エピソード7－2はどうでしょう。まず水遊びをするという日常の保育カリキュラムのなかで，「野菜の収穫」というイベントを失念していました。しかし，問題の所在は保育者がイベントを忘れていたということではありません。見直すべきは水遊びと「野菜の収穫」を結合させるという判断にあります。皆さんは，水着を着て野菜を収穫する光景を見たことがあるでしょうか？　水着が野菜の収穫に適していないということもさることながら，水着を着て収穫すること自体が非日常的，非現実的な行為ということに他なりません。この「場当たり的」な対応は，エピソード7－1にある生成発展的なカリキュラムとは大きく異なります。1日水遊びを休んで「野菜の収穫」をするという選択を視野に入れつつ，「野菜の収穫」を子どもたちと対話し盛り上げていくことも重要です。

　「行き当たりばったり」と「場当たり的」，2つとも似たような言葉ですが，保育活動ではその場その場で対応が求められるため，「場当たり的」な一時しのぎの対応は通用せず，かえって不信感を招くこともあります。したがって，その時々で取捨選択の判断をしていかなければなりません。判断が正解だったか，誤っていたかを考えることも重要ですが，確固たる正解がなく，曖昧さを楽しむことも保育の魅力です。ゆえに，子どもの興味，関心や自発性を基礎とした活動を，対話によって作り上げていくことが重要なのではないでしょうか。

　次に子どもの成長や発達に関わるエピソードをみてみましょう。

エピソード 7－3　　泣く意味（5歳児）

　年長になったタイセイは，些細なことで泣き出してしまいます。上手く着替えられなくて涙がポロリ，積み木を崩して涙がポロリ，給食で嫌いな牛乳を見て涙がポロリ，そんなタイセイが，特に苦手にしているのがドッ

チボールです。「ボールが怖い」が口癖で，ボールを持つお友だちに恐怖しています。どこに当てられても涙がポロリで，タイセイはドッチボールに嫌気がさしていました。そんなある日，いつものようにドッチボールをしていると，園庭の隅っこで泣いているタイセイ。担任のユウナ先生は，「ボールぶつけられたの？」と声をかけると，首を横に振り「取れなかった…」と一言。いつもボールを怖がっていたタイセイが，今日はどうやらボールを取りに行って，取れなくて泣いていたのでした。その変化に気づき，ユウナ先生は慰め，褒めたたえました。

解説

　人間には色々な感情がありますが，それを表す手段として「泣く」という行為があります。「泣く」という行為には，さまざまな意味が含まれています。「嬉しくて泣く」「怒って泣く」「悲しくて泣く」「我慢して泣く」「痛くて泣く」「ビックリして泣く」「安心して泣く」など，喜怒哀楽すべての感情を表出する表現方法と言っても過言ではありません。そして周知の通り，子どもはよく泣きます。転んでは泣き，叱られて泣き，それぞれに理由があるわけですが，その理由に耳を傾けることが重要です。タイセイの場合，ボールをぶつけられて「泣く」という日常のなかで，自らボールを取りに行ったけれども相手に取られてしまって「泣く」というように「泣く」意味の変化を読み取ることができます。このような一つ一つの行為の裏側にある意味を読み解くというのも，保育の質に大きく関わってきます。一人として同じ子どもがいないように，心の成長や発達も異なるため，安易な決めつけをせず，丁寧に読み解くことが求められます。

エピソード 7−4　自信のないトモヒデ（4歳児）

　入園当初から，いつも自分に自信がないトモヒデ。何をするにしても引っ込み思案で，自分から何かをするということが得意ではありません。行動を起こすにしても，いつもの自信の無さから「仲間に入れて！」の一言

が出ないため集団に入れず，お友だちも同じく引っ込み思案なレンとしか遊ぶことができません。保護者もいつもひとり遊びをしているか，レンとしか遊んでいないトモヒデをみており，「お友だちがいないんじゃないか」と心配しています。またトモヒデは「自分ができないことはやりたくない」という姿勢です。たとえば，クラスのみんなで縄跳び遊びをしているときに，保育者が「トモヒデも一緒に縄跳び頑張ろう！」と声をかけて練習に誘っても，他のお友だちが縄跳びを上手くできてしまうと「もうやらない」と言ってやめてしまいます。

　そんなトモヒデが自ら興味をもったのが跳び箱でした。クラスのなかで跳び箱ブームがあったときは，まったく興味を示しませんでしたが，跳び箱ブームが過ぎ去ると，「面白そうだね～」「やってみようかな～？」と興味をもち出し，こっそり練習を重ねるようになりました。最初まったく飛べませんでしたが，何とか4段まで飛べるようになりました。担任のオビ先生は，いつも消極的なトモヒデがあきらめずに努力を重ねる姿を見て嬉しく思いました。同時に，この機会に少しでも自信を付けさせたいと考え，毎日の練習をこっそり見守り，時に褒めたり，励ましたりしました。

　そして，主任の先生にトモヒデの跳び箱事情を話し，次の全体集会で，「今頑張っていること」としてトモヒデに跳び箱を披露する機会を設けました。自信のないトモヒデが人前に出てやってくれるかどうか，不安でしたが，オビ先生はトモヒデに「次の集会でいつも頑張って練習している跳び箱やってみようか？」と声をかけると「ボク，やるよ！」と笑顔で答えてくれました。しかし，これで失敗しさらに自信を無くす可能性もあり不安に思いましたが，トモヒデの背中を精一杯後押ししました。

　そして迎えた本番，トモヒデは見事，跳び箱を飛ぶことに成功しました。「すごいすごい！」と周りから褒められ，拍手を浴びました。トモヒデにとって，みんなに喝采を浴びることも初体験でした。そしてその日の帰りの会で，オビ先生は「跳び箱を飛ぶためにどんな練習をしたの？　どんなことに気を付けたの？」とインタビューをしました。トモヒデは得意そう

に，跳び箱のコツをみんなに話してくれました。クラスのお友だちも「へ〜俺もやってみよう〜」と感心した様子でした。このことをきっかけに，トモヒデは何事にも前向きに，積極的に挑戦するようになりました。自信のなかったときとは大違い，次の日から「5段飛ぶよ！」と言っての跳び箱練習を重ね卒園するまでに5段飛べるようになりました。

　物事に対して消極的な子ども，引っ込み思案な子どもに対しての保育は，子どもの感情の起伏を読み取ることが大切です。トモヒデの場合，跳び箱に興味をもったものの周囲の跳び箱ブームが去った後に練習するという状況でした。他者と関わることが得意でない子どもは，認め合う機会や尊重する機会というのも少ないため，さまざまな配慮が求められます。このエピソードのポイントとしては，まずオビ先生が跳び箱に興味をもつ瞬間を見逃さなかったこと，そして褒め励まし心の支えとなったことです。全体集会の話をトモヒデにしたときに「断られるかな？」「失敗したら落ち込んでさらに自信を無くしてしまうのではないか？」と保育者自身も葛藤していました。

　しかし，オビ先生からの後押しを受け，トモヒデ自身が一歩踏み出し殻を破って，人前に出たことが大きな成長の一歩となりました。そして「跳び箱が飛べた！」という成功体験が自信となり，肯定感，自尊感情，有能感などを育むきっかけとなりました。また集会の後で，担任のオビ先生がインタビューしたことも重要です。インタビューによってトモヒデはその日の主役となり，跳び箱を飛べたことが自己満足で終わるのではなく，他児からも認められるきっかけとなったのです。

　以来，運動遊びに積極的に参加し，生活の場面でも仲良しの子どもだけでなく他児と関わることができるようになりました。また集団遊びでも「混ぜて」が言えるようになり，今まで苦手だったドッチボールも笑顔で取り組むことができるようになりました。失敗を恐れずに，背中を押し，そしてその後の余韻へとつなげていく環境を作り出したこと，また成功体験を重ねること，認め合い他児の方から「混ぜて」と言えるような環境を作ったことが，自信につなが

り，満足感，喜びをもって過ごすことができたのです。

第3節　集団遊びのエピソード

　以下のエピソードは，子どもの集団に関わる活動を示しました。保育環境の
あり方，子ども同士の対話やその過程に注目するとともに，本章第1節で示し
た「幼児期の終わりまでに育ってほしい姿」と照らし合わせてみましょう。

エピソード 7-5　ホテル作り（4歳児）

　12月のある日，「森のホテル」
という絵本を読んだ翌日，シノと
ケントの二人で手に取り眺めてい
ると，シノが「世界中に広がるホ
テル作りたい」と呟きます。ケン
トも「いいね，作ろう！」と呼応
すると，タケルも「いいじゃん！
僕も入れて！」と三人が集まります。たくさんのダンボールを集め，とに
かく大きなホテルにしたいとのこと。保育室ではなく，ホールで組み立て
ていきます。三人で大きなダンボールを組み立て，外観ができたところで，
集まりの時間になりました。

　三人は，その日の集まりで「みんなに言いたい！」とのことで，ホテル
作りのことを報告しました。すると，「やってみたい！」という子が予想
以上にたくさん！「いっぱい入ると壊れちゃうな」とハズキ。三人で相談
し，五人までならいいよと伝えますが，手を挙げていたのは十人ほど。み
んなからは「えー，少ない」「それじゃあ，私入れないじゃん」という声
が挙がります。

　すると，「（ホテルの）外と中で分かれたら？」「半分がホテルを作る人で，
半分が料理を作る人は？」という意見が挙がりました。タイキが「じゃあ，ガ

ムテープは重ねて貼ると弱くなるから，重ねて貼らないならいいよ」と，言ってくれたことで，みんな入れることになりました。ホテルを作る子と，料理を作る子に分かれます。しかし，ホールで遊んでもいい嬉しさからか，走り回ったりする子も出てきて，なかなか準備は進みません。積み木で，ホテルの階段を作るということですが，予想通り積み木で遊び始めてしまいます。

　どこまで言うべきか迷いましたが，ここでケントとリノが活躍します。ホテルに必要な階段を積み木でせっせと作り，本物の階段のようになっていくと，周りで遊んでいた子どもたちも惹きつけられるように集まってきます。すると，「そうだ，ホテルにつながるトンネルを作ろう！」とか，「木もいるよね，だって森だもん！」とイメージがわいてきたようです。ホールや積み木の魅力もありましたが，ホテル作りをしたい思いはもっています。本物のような階段ができたことで，再度共通のイメージをもてたようです。

　完成すると，自分のクラスや隣のクラスの子どもたちに声をかけ，ホテルごっこが始まります。料理を作った子たちは，レストランのようにお客さんに注文を聞いています。ホテルや門，階段を作った子たちは，「ここから入って下さい！」とお客さんを誘導していました。最後は，招いた側の子どもたちが，「お客さんになってみたくなっちゃった〜」とみんながお客さんになり，ホテルごっこを楽しんでいきました。

このエピソードのなかで達成される「幼児期の終わりまでに育ってほしい姿」として，以下の項目が挙げられます。

（3）協同性　友達と関わる中で，互いの思いや考えなどを共有し，共通の目的の実現に向けて，考えたり，工夫したり，協力したりし，充実感をもってやり遂げるようになる。

（6）思考力の芽生え　身近な事象に積極的に関わる中で，物の性質や仕組みなどを感じ取ったり，気付いたりし，考えたり，予想したり，工夫したりするなど，多様な関わりを楽しむようになる。また，友達の様々な考えに触れる中で，自分と異なる考えがあることに気付き，自ら判断したり，考え直したりするなど，新しい考えを生み出す喜びを味わいながら，自分の考えをよりよいものにするようになる。

（9）言葉による伝え合い　先生や友達と心を通わせる中で，絵本や物語などに親しみながら，豊かな言葉や表現を身に付け，経験したことや考えたことなどを言葉で伝えたり，相手の話を注意して聞いたりし，言葉による伝え合いを楽しむようになる

「ホテル作りをする」という活動は，一人でできることではありません。ここで重要なポイントは集団作りです。集団を「作る」ということもさることながら，それを「維持する」ということが最も重要となります。はじめシノ，ケント，タケルの三人で「森のホテル」の絵本の世界を共有し，ホテル作りが始まります。この時点で，「幼児期の終わりまでに育ってほしい姿」の（3）の協同性と（9）絵本や物語に親しむということが散見されます。

その遊びをみんなに報告した時に，予想外の人数が集まります。ここで1つの壁として十人の気持ちを尊重し，まとめるということです。上手く意見がまとまらず，もめごとに発展し遊びが終わってしまうことがあります。保育者が割って入って，ファシリテーターの役割をするということもありますが，自分

たちで解決することで遊びの「質」が飛躍的に向上します。そして「ホテルを作る人」「料理を作る人」と役割を決め，全員が入れるようにしたことで，集団遊びが完成しました。ここでの「幼児期の終わりまでに育ってほしい姿」として，（6）思考力の芽生えにみられる自分と異なる考えについて，自ら判断し再考したことが見られます。さまざまな意見が出されるなかで，「外と中で分かれる」ということが子どもたちの話し合いのなかで生まれたことが充実した活動の要因となりました。

　もう1つの問題として，役割を決めたものの，「ホテル作り」ではなく他の遊びをしてしまう子どもへの対応です。リーダーとなる子どもの階段づくりが，他児を「森のホテル」の世界観へと誘い，惹きつけることとなりました。こうした共通のイメージを繰り返し共有したことで，ホテルをテーマとしたごっこ遊びが達成されました。しかし，集団遊びが初めは盛り上がったものの，尻つぼみになるケースが多々あり，その都度，保育者が介入することもあります。しかし，このエピソードのように自分たちで対話を通して，意見を尊重し共有し，集団やテーマを維持するための働きかけも子どもたちから発信したことで，スムーズな展開となり，子どもたちがそれぞれの役割ももって遊ぶことができました。子どもたちの発信を生かすために，保育者は環境構成に徹したことも質の高い活動の要因となりました。

エピソード 7−6　カマキリが遺したもの（4歳児）

　2学期が始まった翌日，園舎の片隅でマイが，カマキリを発見しました。カマキリなど虫が好きな子は多いクラスですが，なかなか手で捕まえることはできません。ヨシキが虫かごを持ってきてくれて，何とか捕まえることができました。

　その日の集まりでカマキリが何を食べるか聞いてみると，『バッタ，蜂，チョウチョ，セミ，カエル，タガメ，

ハム（？）』が挙がりました。生きている虫しか食べない，ということを知っている子もいました。その日からカマキリのための虫取りが始まりました。草が生い茂っている畑にいくと，運がよければバッタに出会えます。たくさんは捕まえられませんが，バッタを捕まえるとカマキリの虫かごに入れていきます。

　1学期は虫が苦手だったイッシン。部屋に虫が入ってくるだけで大声を挙げていました。カマキリの存在で，興味をかきたてられたのかもしれません。エサをあげたい一心で，必死にバッタを探し，大人や子どもからの手渡しであれば，おそるおそる触れるようになっていきました。

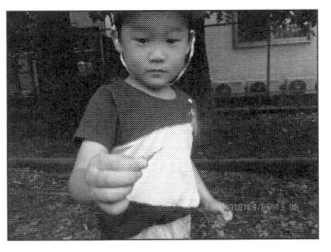

　季節は寒暖差が激しく，また秋まきの種をまくために草を刈ってしまったこともあり，バッタを見つけづらくなってしまいました。子どもたちの虫取り熱もだんだんと冷めていきます。でも，カマキリは生きています。エサなしでは生きていけません。

　翌週になり，エイシが虫かごを持って登園してきました。なかにはバッタが入っており，「家で捕まえたから持ってきた」とカマキリにあげるために持ってきてくれました。どこか，頭の片隅に“カマキリ”の存在があり，バッタを見つけて思い出し園に持ってきてくれたのでしょう。

　3連休になると誰かが家に持って帰るなど，カマキリは1カ月間クラスで過ごしました。月末のある日，チョウチョをエサにあげました。するとその日の午後，カマキリを発見したユイちゃんが「先生，カマキリが死んでる！」と大声を挙げました。駆け寄ると，カマキリが倒れています。

　「朝，元気だったのに」と，みんな突然の別れに驚きを隠しきれません。

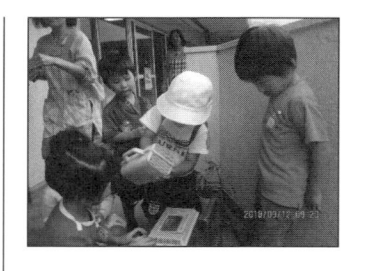

エサは食べていたので、「チョウチョを食べて、お腹壊したんじゃないか」「本当はバッタがダメだったのかもしれないよ」と"なぜ死んでしまったのか"という原因がとても気になりますが、真相はわかりません。カマキリは答えが出ない問題を残して旅立ちました。

最後は、みんなでお墓を作りました。"すぐに遊べた方がいい"ということで、草が生えている畑の近くです。今でも、カマキリを見るたびに「あのカマキリかな」「生き返ったのかな」と子どもたちは想像しています。

このエピソードのなかで達成される「幼児期の終わりまでに育ってほしい姿」として、以下の項目が挙げられます。

（7）自然との関わり・生命尊重

自然に触れて感動する体験を通して、自然の変化などを感じ取り、好奇心や探究心をもって考え言葉などで表現しながら、身近な事象への関心が高まるとともに、自然への愛情や畏敬の念をもつようになる。また、身近な動植物に心を動かされる中で、生命の不思議さや尊さに気付き、身近な動植物への接し方を考え、命あるものとしていたわり、大切にする気持ちをもって関わるようになる。

（10）豊かな感性と表現

　心を動かすでき事などに触れ感性を働かせるなかで，様々な素材の特徴や表現の仕方などに気付き，感じたことや考えたことを自分で表現したり，友だち同士で表現する過程を楽しんだりし，表現する喜びを味わい，意欲をもつようになる。

　保育実践においてほとんどの園で，何らかの生き物を飼育しているのではないでしょうか。生き物を飼育するということは，生命を尊重する，命あるものをいたわり，大切にする気持ちが芽生えます。それらが基となって，感性が働き豊かな心の育成へとつながっていきます。エサをあげたり，様子を観察したり，カマキリをみんなで共有し飼育していました。飼育に関する課題として，遊びと同様に「熱が冷める」ことがあります。初めは興味，関心をもって積極的に取り組んでいますが，だんだんと興味が離れ，活動が衰退していきます。特に飼育をするということは，自然への愛情，生命の大切さに関わる重要な活動です。遊びのようにはいきません。このエピソードではエイシが頭の片隅にカマキリの存在を忘れずにバッタを取ってきたことで，興味の継続へとつながりました。そして，カマキリの突然の「死」が訪れました。死の原因を追究するということもありますが，明確な答えがないというのも，子どもたちの余韻を生みました。カマキリという存在はなくなっても，子どもたちの心のなかにカマキリが生き続けています。こうした経験の積み重ねが，豊かな感性や生命への尊重，道徳を育むのではないでしょうか。

エピソード 7-7　はないちもんめ（4歳児）

　年少の時からクラスみんなで歌って遊べる遊びをよく行っていました。年中に進級しクラス替えした後も，歌がある遊びが好きで興味をもつ子が多かったため，担任のルミ先生は，道具もなく楽しく遊べ，新しいお友だちとスキンシップのとれる遊びとして「はないちもんめ」に注目しました。

　朝，登園後の遊びで，年長児が「はないちもんめ」をして遊んでいまし

た。そこに通りかかったヒナタ（年中）は「はないちもんめ」に興味を示すものの入ろうとはしませんでした。しばらくその場にいたヒナタに，年長児が「一緒にやろうよ」と誘うと，初めはとまどいながらも嬉しそうに仲間に入り，一緒に遊び始めました。この日は年長児に混ざり，楽しく遊ぶ姿が見られました。

　翌日，登園してきたヒナタにルミ先生が「昨日はどんな遊びをしていたの？」と尋ねると，「はないちもんめだよ！」と楽しそうに話をしてくれました。そして「昨日の遊びやりたい！　僕，歌も覚えたんだよ！」と話し，同じクラスの子を誘い始め，集まったお友だちと「はないちもんめ」が始まりました。そこにナナミ（年中）が，興味ありそうにそばで見ていました。保育者が「楽しそうだね，やってみる？」と声をかけてもナナミは，「やらないよ」とその場からいなくなってしまいました。少し時間が経つと，またその場にやってきたナナミ，ルミ先生が「ナナミちゃん歌大好きだよね。歌えそうだね。」と声をかけると保育者の隣で，「はないちもんめ」の見よう見まねをしながら，歌い始めました。その後も歌は歌っていたものの遊びには参加しませんでした。

　「はないちもんめ」が得意になったヒナタ。一方「はないちもんめ」に興味はあるもののそばでみているナナミ。そのような状況のなかで，ナナミと仲の良いカノが，ナナミと一緒に「はないちもんめ」を見て，動きを真似していました。遊びに参加しないものの真似をしているなかで，相手を選ぶのに相談し合ったり，じゃんけんのルールを覚えたり，二人で楽しむ姿が見られました。しばらく二人で遊んでいたところで，ヒナタがナナミとカノに手を差し出しました。ナナミ，カノ共にすぐに仲間に入ることができ，その後もしばらく遊びが続きました。

　子どもたちは興味のある遊びでも，初めは様子をみるだけで，自ら参加しようとはしていませんでした。しかし，繰り返し観察したことで，ルールも少しずつ理解できるようになり，徐々に意欲を高めていきました。同時に「はない

ちもんめ」は，歌もあるため歌を覚えたことでも参加への気持ちが促されていきました。集団遊びでは，エピソード 7 − 4 にもあったように，引っ込み思案な子どもや集団が得意でない子どもをどのように巻き込んでいくかがポイントです。その際に保育者や友だちの言葉のかけ方，タイミングが重要となります。遊びの持続という観点では，「はないちもんめ」の遊びの醍醐味とも言うべき「話し合い」を充実させることが挙げられます。「話し合い」のなかで発言力，聞く力，思考力，判断力などさまざまな能力を発揮します。エピソードのなかでは，ある程度遊びのルールや方法を覚えた段階で，クラスの他のお友だちにも声をかけ発展していきました。繰り返し遊ぶことで自信につながり，一歩踏み出せない子どもも巻き込んだ，協同的な遊びが達成されました。保育者は過度な指示をせず，年長児の遊びに興味をもち，自ら進んで参加できる環境を整えたことが，質の高い「はないちもんめ」となりました。

　以上のエピソードをふまえると，幼稚園での活動は環境を通して行うことを基本としています。物的環境，空間的環境，時間的環境などさまざまな要因がありますが，それらを整えることが保育者の使命といえるでしょう。そのなかで，子どもたちは興味，関心のあるものに働きかけていきます。子どもの身体，心情といった発達過程をふまえ，人や物との関わりを豊かにすることで遊びの質が向上し，生きる力へと発展します。そのために地域の特色を生かしつつ，創意工夫をすることが大切です。

※本章で紹介したエピソードの人物名はすべて仮名です。
＊エピソード 7 − 5，7 − 6 は白梅学園大学附属白梅幼稚園教諭西井宏之氏に提供いただきました。

・・・・・・・・・・・・・・・・・・・・　参考文献　・・・・・・・・・・・・・・・・・・・

酒井幸子編著『演習　保育内容総論』萌文書林，2014 年。
民秋言『幼稚園教育要領・保育所保育指針・幼保連携型認定こども園教育・保育要領の成立と変遷』萌文書林，2017 年。

文部科学省『幼稚園教育要領』フレーベル館，2017年。

第7章　確認問題

1．次の文章は『幼稚園教育要領』の総則である。空欄に合う語句の組み合わせで，正しいものを選びなさい。

　幼児期の_____は，生涯にわたる_____の基礎を培う重要なものであり，幼稚園教育は，_____に規定する目的及び目標を達成するため，幼児期の特性を踏まえ，_____を通して行うものであることを基本とする。

1　保育　―　人格形成　　―　学校教育法　―　　遊び
2　教育　―　人格形成　　―　学校教育法　―　　環境
3　教育　―　成長・発達　―　教育基本法　―　　遊び
4　保育　―　成長・発達　―　教育基本法　―　　遊び
5　教育　―　成長・発達　―　学校教育法　―　　環境

2．次の文章は『幼稚園教育要領』にある「幼稚園教育において育みたい資質・能力及び『幼児期の終わりまでに育ってほしい姿』」である。空欄に合う語句の組み合わせで，正しいものを選びなさい。

　幼稚園においては，_____の基礎を育むため，この章の第1に示す幼稚園教育の基本を踏まえ，次に掲げる資質・能力を_____に育むよう努めるものとする。
（1）豊かな体験を通じて，感じたり，気付いたり，分かったり，できるようになったりする「知識及び_____の基礎」
（2）気付いたことや，できるようになったことなどを使い，考えたり，試したり，工夫したり，表現したりする「思考力，判断力，_____等の基礎」

（3）心情，意欲，態度が育つ中で，よりよい生活を営もうとする「＿＿＿＿＿＿，
　　　人間性等」

1　生きる力　　　― 総合的 ― 技能 ― 表現力 ― 学びに向かう力
2　成長・発達 ― 総合的 ― 能力 ― 応用力 ― 道徳性
3　成長・発達 ― 総合的 ― 能力 ― 応用力 ― 道徳性
4　生きる力　　　― 一体的 ― 能力 ― 表現力 ― 道徳性
5　生きる力　　　― 一体的 ― 技能 ― 表現力 ― 学びに向かう力

3．次の問いに○・×で答えなさい。
（1）幼稚園と小学校は「小1プロブレム」の解消のためだけに，接続しなければ
　　　ならない。
（2）年長の保育では，「幼児期の終わりまでに育ってほしい姿」を卒園までに
　　　達成することが，特に大切である。
（3）保育者は集団遊びでの集団を維持するために，子ども同士が話をしやす
　　　いように環境を整えた。

第8章
保育所保育指針と保育内容について学ぼう

本章のねらい

　保育所は，経済的に困窮している子どもたちにも幼稚園と同等の教育を与えたいという思いから創設された性格上，長い間，「家庭養育の補完」の役割を担ってきました。また，保育所保育指針において，「子どもの最善の利益を考慮し，その福祉を積極的に増進することに最もふさわしい生活の場でなければならない」と記されていて，その役割は年々大きくなっていっています。

　本章では，現在の保育所の目的や役割について学び，厚生労働省が告示する保育所における保育の内容に関する事項及びこれに関する運営等に関する事項を示した，法的拘束力をもつ保育所保育指針について学ぶこととします。

①　**保育所の法的根拠，保育所の役割について理解しましょう。**

　保育所はどのような法律で規定されているのか，また，目的や役割にはどのような変化がみられるのか，しっかり学んでいきましょう。

②　**現行の保育所保育指針に至る改定のポイントについて学びましょう。**

　大きく変わった点を学びながら，"今"の保育の課題などをしっかり理解しましょう。

第1節　保育所の目的と役割

　この章では，保育所保育指針と保育内容の関係について学びます。

　はじめに，保育所の法的根拠や社会における役割，そして，保育所が担っている機能について学びましょう。

（1）保育所の目的

　保育所は，児童福祉法第7条に明記されている，さまざまな通所・入所施設を含む児童福祉施設のなかの1つであり，私たちの生活の，最も身近にある児童福祉施設であるといえるでしょう。今から50年ほど前の戦後の時代には，「ポストの数ほど保育所を」というスローガンの元，保育所を増やす運動が行われていたといわれています。

　児童福祉法とは，児童の福祉を担当する公的機関の組織や，各種施設及び事業に関する基本原則を定める法律であり，社会福祉六法の1つです。そして，保育所について，児童福祉法第39条には以下のように記されています。

> 　児童福祉法　第39条
> 　保育所は，保育を必要とする乳児・幼児を日々保護者の下から通わせて保育を行うことを目的とする施設（利用定員が二十人以上であるものに限り，幼保連携型認定こども園を除く。）とする。
> 　2　保育所は，前項の規定にかかわらず，特に必要があるときは，保育を必要とするその他の児童を日々保護者の下から通わせて保育することができる。

（＊下線は筆者による）

　下線部「保育を必要とする乳児・幼児」についてですが，この表記は，児童福祉法が2015（平成27）年に改正された際，「保育に欠ける」から「保育を必

要とする」へ変更されたものになります。また，児童福祉法が1997（平成9）年に改正された際，かつて使われていた「保育所への入所の措置」という表現の，「措置」という文言がなくなり，「保育に欠ける」乳児・幼児に対し，保護者から申込みがあった場合に保育所における保育を行うという考え方，すなわち，「保育の実施」を行う，という表現に変更されました。「保育の実施」を希望する保護者は「入所を希望する保育所」等，必要事項を定めた申込書を提出しなければならないことになり，保育所は「措置」ではなく，「選択」するものへと変わり，保護者が保育所を選択できるよう，情報提供を行わなければならないという考え方に変わりました。入所が「措置」から「選択」へ変わったこと，入所対象が「保育に欠ける」子どもではなく，「保育を必要とする」子どもへ変わったことは，保育所の目的を学ぶ上で大切な視点ですので，しっかりと，その違いを理解しておきましょう。

　現在は，保育を必要とする事由が生じた時，保護者が市町村に保育の必要性の認定を申請し，市町村が必要性を認定し，その後，保育利用希望の申し込みを行います。保育の必要性の認定の際には，事由のみならず，他の要素も検討材料になります。図表8－1を見てみましょう。

　「保育に欠ける」から「保育を必要とする」という文言の変更は，表面的な表現のみが変わったのではなく，今現在，保育に欠ける状態ではない，しかし，以下の図表8－1の，①事由6・7・8・9のケースの場合においても，保育が必要であると認められるようになったことを意味する，大きな変更点だといえます。以前の，「保育に欠ける」事由は，図表8－2の6項目であったことからも，その違いは明白だといえるでしょう。

　図表8－1と図表8－2の事由を比較したとき，より多様なニーズの人が保育所を利用できるよう，事由の項目自体も多様化していることが読み取れます。「保育を必要」とする人の，その事由は一人ひとり異なります。しかし，いずれも，「保育を必要」としている，といえるでしょう。一人ひとりの背景，それぞれの家族の状況をふまえ，保育をしていくことが求められます。

図表 8 － 1　子ども・子育て支援新制度における保育の必要性の認定の仕方

①事由		②区分（保育必要量）		③優先利用	
1　就労		1　保育標準時間		1　ひとり親家庭	
2　妊娠・出産		2　保育短時間		2　生活保護世帯	
3　保護者の疾病・障害				3　生計中心者の失業により，就労の必要性が高い場合	
4　同居親族等の介護・看護					
5　災害復旧	×		×	4　虐待やDVのおそれがある場合など，社会的養護が必要な場合	
6　求職活動					
7　就学					
8　虐待やDVのおそれがあること				5　子どもが障害を有する場合	
9　育児休業取得時に，既に保育を利用していること				6　育児休業明け	
10　その他市町村が定める事由				7　兄弟姉妹（多胎児を含む）が同一の保育所等の利用を希望する場合	
				8　小規模保育事業などの卒園児童	
				9　その他市町村が定める事由	

図表 8 － 2　子ども・子育て支援新制度施行前の「保育に欠ける」事由

以下のいずれかの事由に該当し，かつ，同居の親族その他の者が当該児童を保育することができないと認められること
①　昼間労働することを常態としていること（就労）
②　妊娠中であるか又は出産後間がないこと（妊娠，出産）
③　疾病にかかり，若しくは負傷し，又は精神若しくは身体に障害を有していること（保護者の疾病，障害）
④　同居の親族を常時介護していること（同居親族の介護）
⑤　震災，風水害，火災その他の災害の復旧に当たつていること（災害復旧）
⑥　前各号に類する状態にあること（その他）

（2）保育所の役割

　保育所保育指針において，保育所の役割が明記されているので，確認してみましょう。

1　保育所保育に関する基本原則

（1）保育所の役割

ア　保育所は，児童福祉法（昭和22年法律第164号）第39条の規定に基づき，保育を必要とする子どもの保育を行い，その健全な心身の発達を図ることを目的とする児童福祉施設であり，入所する子どもの最善の利益を考慮し，その福祉を積極的に増進することに最もふさわしい生活の場でなければならない。

イ　保育所は，その目的を達成するために，保育に関する専門性を有する職員が，家庭との緊密な連携の下に，子どもの状況や発達過程を踏まえ，保育所における環境を通して，養護及び教育を一体的に行うことを特性としている。

ウ　保育所は，入所する子どもを保育するとともに，家庭や地域の様々な社会資源との連携を図りながら，入所する子どもの保護者に対する支援及び地域の子育て家庭に対する支援等を行う役割を担うものである。

エ　保育所における保育士は，児童福祉法第18条の4の規定を踏まえ，保育所の役割及び機能が適切に発揮されるように，倫理観に裏付けられた専門的知識，技術及び判断をもって，子どもを保育するとともに，子どもの保護者に対する保育に関する指導を行うものであり，その職責を遂行するための専門性の向上に絶えず努めなければならない。

　保育所の役割として，入所する子どもの最善の利益を考慮しつつ保育すること，保育所保育の特性である養護及び教育を一体的に行うこと，必要に応じて社会資源等との連携を図り，保護者や地域の子育て家庭を支援すること，専門性の向上に向け努力すること，が記されています。

　共働き世帯の増加，保育の長時間化，多様な保育サービス事業（病児・病後児保育，休日保育，一時保育など），ひとり親家庭等の増加など，子どもを取り巻く社会の変化，状況の変化に伴い，専門性を有する保育士が，保育のなかで担

うべき役割，担える役割が増えました。社会資源についてしっかり情報収集を
し，必要に応じて情報提供をしていく，また，他機関と連携しながら子育てを
している親子を他機関と共に支えていく役割も大きくなっています。常に，自
己研鑽を重ね，専門性を向上させていくことが必要ですし，その役割を担って
いるのは，保育所で専門職として働いている保育士です。

第2節　現行の保育所保育指針から"今"を知る

　このテキストを手に取って，保育を学んでいる皆さんは，2017（平成29）年
3月に厚生労働大臣名で告示された保育所保育指針を元に，保育所保育を学ん
でいることでしょう。

　今回の改定での大きな特徴としては，以下のものが挙げられます。

①　保育所保育の基本である「養護及び教育を一体的に行う」の「養護」の
　　部分を第1章総則で明記
②　乳児，1歳以上3歳未満児の保育に関する記述の充実
③　幼児教育を行う施設としての立ち位置を明記
④　子育て支援への言及
⑤　災害への備えについての言及

　これらについて，学んでいきましょう。

（1）第1章総則における「養護に関する基本的事項」

　今までの保育所保育指針においても，養護と教育を一体的に行うことが保育
所保育の特性であると明記されてきました。これは，以前から一貫している，
変わらないスタンスです。養護とは，子どもの①生命の保持，②情緒の安定，
を図るために保育士等が行う援助や関わりであり，子どもが自己を十分に発揮
できるよう，健康，安全で情緒の安定した生活ができるよう援助することを意
味しています。内容的な変化はありませんが，今回，第1章総則に明記された
ことは大きな特徴となっています。一人ひとりの子どもが健やかに育つため

図表 8 － 3　保育所保育指針における養護に関する記載部分

保育所保育指針（2008年告示）	保育所保育指針（2017年告示）
第3章　保育内容 　1．保育のねらい及び内容 　　（1）養護に関わるねらい及び内容 　　　ア　生命の保持 　　　イ　情緒の安定	第1章　総則 　1．保育所保育に関する基本原則 　　（省略） 　2．養護に関する基本的事項 　　（1）養護の理念 　　（2）養護に関わるねらい及び内容 　　　ア　生命の保持 　　　イ　情緒の安定

に，たくさんの愛情に支えられることの大切さ，快適に，穏やかに，安定感をもって過ごすことで心の成長の基盤ができ，やがて，他者に対する信頼感，そして自分に対する自己肯定感が育まれていくことの大切さが，総則において明記されたのです。

　保育所保育の特性は，「養護及び教育を一体的に行う」ことであり，養護の視点と教育の視点，双方の視点が欠かせないことを意味します。一人ひとりの子どもが自己を十分に発揮し，健康，安全で情緒の安定した生活ができるように援助することと，自発的な活動としての遊びが豊かに展開されるために援助することは，保育者として子どもの最善の利益を考慮すること，言い換えれば，幼児期にふさわしい生活が展開されるように援助することの中身を指します。双方が基盤となり，子どもたちはさまざまな経験を重ね，幼児期の終わりまでに育ってほしい姿に結果的に近づいていくことになるのでしょう。10 の姿の基盤に，子どもの生命の保持および情緒の安定は必須条件になるはずです。確認の意味を込めて，保育所保育指針解説の「養護の理念」の部分をみておきましょう。

　繰り返しになりますが，養護の理念が子どもたちの園生活のベースになっていること，養護を基盤としながら，それと一体的に教育が展開されること，すなわち，養護と教育は切り離せないものであること，以上のことをしっかり理解しておきたいものです。

図表8－4　保育所保育指針解説「養護の理念」部分

保育所が，乳幼児期の子どもにとって安心して過ごせる生活の場となるためには，健康や安全が保障され，快適な環境であるとともに，一人の主体として尊重され，信頼できる身近な他者の存在によって情緒的な安定が得られることが必要である。保育士等には，子どもと生活を共にしながら，保育の環境を整え，一人一人の心身の状態などに応じて適切に対応することが求められる。保育における養護とは，こうした保育士等による細やかな配慮の下での援助や関わりの全体を指すものである。

保育士等が，子どもの欲求，思いや願いを敏感に察知し，その時々の状況や経緯を捉えながら，時にはあるがままを温かく受け止め，共感し，また時には励ますなど，子どもと受容的・応答的に関わることで，子どもは安心感や信頼感を得ていく。そして，保育士等との信頼関係を拠りどころにしながら，周囲の環境に対する興味や関心を高め，その活動を広げていく。

乳幼児期の教育においては，こうした安心して自分の思いや力を発揮できる環境の下で，子どもが遊びなど自発的な活動を通して，体験的に様々な学びを積み重ねていくことが重要である。保育士等が，子どもに対する温かな視線や信頼をもって，その育ちゆく姿を見守り，援助することにより，子どもの意欲や主体性は育まれていく。

このように，保育所における日々の保育は，養護を基盤としながら，それと一体的に教育が展開されていく。保育士等には，各時期における子どもの発達の過程や実態に即して，養護に関わるねらい及び内容を踏まえ，保育を行うことが求められる。

（※下線は筆者による）

（2）乳児，1歳以上3歳未満児の保育に関する記述の充実

　保育所保育指針には，「保育の内容」が記されている章があります。2008（平成20）年告示版と2017（平成29）年告示版の目次を見てみましょう。

　図表8－5の目次の比較からは，1歳未満児，すなわち，乳児に関しては，5つの領域ではなく，3つの視点が記されていることに気づくでしょう。

　この3つの視点は，この時期の発達の特徴をふまえ，今回の指針で初めて示された視点となります。そして，それぞれの視点は，1歳児以降の5つの領域で示されている保育内容へとつながっていきますが，この時期は，5つの領域よりも，養護に関わるねらい及び内容を基盤としながら3つの視点を意識し，保育をすることが大切であることが図表8－6から読み取れます。

図表 8 － 5　保育所保育指針の目次にみる「保育の内容」

保育所保育指針（2008 年告示）
第 3 章　保育内容
1．保育のねらい及び内容
（1）養護に関わるねらい及び内容
（2）教育に関わるねらい及び内容
2．保育の実施上の配慮事項
（1）保育に関わる全般的な配慮事項
（2）乳児保育に関わる配慮事項
（3）3 歳未満児の保育に関わる配慮事項
（4）3 歳以上児の保育に関わる配慮事項

➡

保育所保育指針（2017 年告示）
第 2 章　保育の内容
1．乳児保育に関わるねらい及び内容
（1）基本的事項
（2）ねらい及び内容
ア　身体的発達に関する視点
「健やかに伸び伸びと育つ」
イ　社会的発達に関する視点
「身近な人と気持ちが通じ合う」
ウ　精神的発達に関する視点
「身近なものと関わり感性が育つ」
（3）保育の実施に関わる配慮事項
2．1 歳以上 3 歳未満児の保育に関わるねらい及び内容
（1）基本的事項
（2）ねらい及び内容
ア　心身の健康に関する領域「健康」
イ　人との関わりに関する領域「人間関係」
ウ　身近な環境との関わりに関する領域「環境」
エ　言葉の獲得に関する領域「言葉」
オ　感性と表現に関する領域「表現」
（3）保育の実施に関わる配慮事項
3．3 歳以上児の保育に関わるねらい及び内容
（1）基本的事項
（2）ねらい及び内容
ア　心身の健康に関する領域「健康」
イ　人との関わりに関する領域「人間関係」
ウ　身近な環境との関わりに関する領域「環境」
エ　言葉の獲得に関する領域「言葉」
オ　感性と表現に関する領域「表現」
（3）保育の実施に関わる配慮事項
4．保育の実施に関して留意すべき事項
（省略）

図表8−6　0歳児の保育内容の記載のイメージ

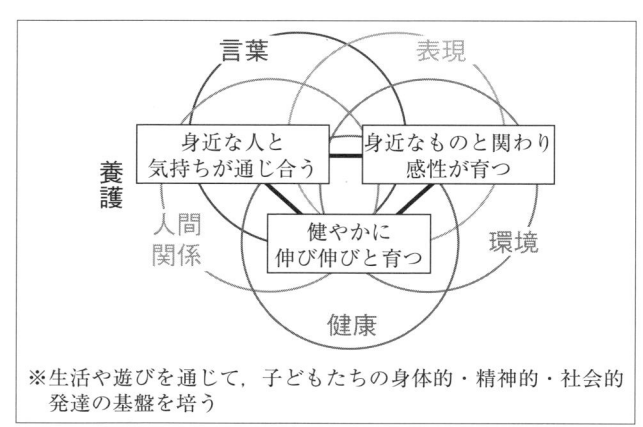

出所：「保育所保育指針の改定に関する議論のとりまとめ（案）」
（2016年12月21日）より。

（3）幼児教育を行う施設としての立ち位置を明記

　保育所保育指針は歴史的にみたとき，幼稚園教育要領が告示された翌年，厚生労働省（旧・厚生省）児童家庭局からの「通知」という形で刊行されてきました。そして，前回の改定時，すなわち，2008（平成20）年の刊行時に，初めて，刊行される前に保育所保育指針と幼稚園教育要領の記載内容の確認が行われ，同時期に刊行されるようになりました。そして，この時，初めて，保育所保育指針も厚生労働大臣名で「告示」されました。今までの「通知」から「告示」に変わったことは，法的拘束力をもつようになったことを意味していますので，大きな変化であったといえます。当時，幼保連携型認定こども園はなかったため，幼保連携型認定こども園教育・保育要領のみは，後の2014（平成26）年4月に初めて告示されました。したがいまして，2017（平成29）年は，初めて幼稚園教育要領，保育所保育指針，幼保連携型認定こども園教育・保育要領が3つ合わせて改訂（改定）されたこととなり，そのなかで，いずれも，幼児教育を行う施設であることが明記され，それぞれに，幼児教育を行う施設としての共有すべき事項として，育みたい資質・能力と幼児期の終わりまでに育つ

てほしい姿が記されたことは大きな特徴となりました。3つの要領・指針が整合性を図った上で，改訂（改定）されたのです。

　特に，保育所は，保育所保育の特性として，今までも述べてきた通り，養護と教育が一体的に行われてきた歴史がありますが，教育は行われていないという誤解を受け続けていました。学校教育，という見方をした場合，確かに学校の一種である幼稚園とは異なりますが，3歳以上児，すなわち，幼児においては幼稚園と同様の5領域が記されていたにもかかわらず，誤解が生じていました。今回の改定では，明確に，幼児教育を行う施設であるという記載があり，3歳以上児の保育に関しては幼稚園や幼保連携型認定こども園と記述内容が共通化されたことは，大きな意味をもちます。今までの誤解を払拭できる大きなきっかけとなるでしょう。

　では，ここで，育みたい3つの資質・能力と，幼児期の終わりまでに育ってほしい10の姿を改めて見ておきましょう。

　図表8-7は，今回の改定の際に新たに加えられた表記ですが，幼児期の終わりまでに育ってほしい10の姿を1つひとつ見ていくと，5領域での内容と密接に関連していることがわかります。そして，5領域に関しては，今回の改定において特に大きな変更はありませんでした。したがいまして，今回の改定で，図表8-7のように整理されたけれども，今までも子どもの育ちを見る時の観点であったこと，幼児教育を行う施設であると明記されたけれども，保育の内容に大きな変化があるわけではないことは確認をしておきたいものです。

（4）子育て支援への言及

　今回の指針において，「子育て支援」という章が新設されました。しかし，書かれている内容は，2008（平成20）年版の「保護者に対する支援」と大きくは変わっていません。この部分については，1999（平成11）年版から2008（平成20）年版に改定される時，詳細の内容に大きな変更があったことが1つの要因であると思われます。目次での文言は，1999（平成11）年版の「子育て支援」に戻ったように見受けられますが，時代の変化に伴い，書かれている内容が変

図表8−7　育みたい資質・能力／幼児期の終わりまでに育ってほしい姿

育みたい資質・能力	ア　保育所においては，生涯にわたる生きる力の基礎を培うため，1の（2）に示す保育の目標を踏まえ，次に掲げる資質・能力を一体的に育むよう努めるものとする。 （ア）豊かな体験を通じて，感じたり，気付いたり，分かったり，できるようになったりする「**知識及び技能の基礎**」 （イ）気付いたことや，できるようになったことなどを使い，考えたり，試したり，工夫したり，表現したりする「**思考力，判断力，表現力等の基礎**」 （ウ）心情，意欲，態度が育つ中で，よりよい生活を営もうとする「**学びに向かう力，人間性等**」 イ　アに示す資質・能力は，第2章に示すねらい及び内容に基づく保育活動全体によって育むものである。	幼児期の終わりまでに育ってほしい姿	次に示す「幼児期の終わりまでに育ってほしい姿」は，第2章に示すねらい及び内容に基づく保育活動全体を通して資質・能力が育まれている子どもの小学校就学時の具体的な姿であり，保育士等が指導を行う際に考慮するものである。
			ア　健康な心と体　　（後略。以下同様）
			イ　自立心
			ウ　協同性
			エ　道徳性・規範意識の芽生え
			オ　社会生活との関わり
			カ　思考力の芽生え
			キ　自然との関わり・生命尊重
			ク　数量や図形，標識や文字などへの関心・感覚
			ケ　言葉による伝え合い
			コ　豊かな感性と表現

図表8−8　保育所保育指針・目次の変遷

保育所保育指針（1999年）	保育所保育指針（2008年）	保育所保育指針（2017年）
第1章　総則	第1章　総則	第1章　総則
第2章　子どもの発達	第2章　子どもの発達	
第3章　6か月未満児の保育の内容	第3章　保育の内容	第2章　保育の内容
第4章　6か月から1歳3か月未満児の保育の内容		
第5章　1歳3か月から2歳未満児の保育の内容		
第6章　2歳児の保育の内容		
第7章　3歳児の保育の内容		
第8章　4歳児の保育の内容		
第9章　5歳児の保育の内容		
第10章　6歳児の保育の内容		
第11章　保育の計画作成上の留意事項	第4章　保育の計画及び評価	
第12章　健康・安全に関する留意事項	第5章　健康及び安全	第3章　健康及び安全
第13章　保育所における子育て支援及び職員の研修など	第6章　保護者に対する支援	第4章　子育て支援
	第7章　職員の資質向上	第5章　職員の資質向上

化しています（図表8 − 8参照）。

　保育所は，その特性を生かし，保護者の子育てを支援します。「保護者を支援する」という言葉から「保護者の子育てを支援する」，さらには，「地域の子育てを支援する」というニュアンスに変わったと言ってよいでしょう。保育の専門職が，常にいる場が保育所です。日常で関わる，身近な子育て家庭の子育てを支えるのみならず，地域の子育て家庭の子育てを支え，必要に応じて他機関と連携および協力，協働しながら支えていくことが求められています。

（5）災害への備えへの言及

　「健康及び安全」についての章のなかに，災害への備えについて新しく記されました。

　2008（平成20）年から今回の改定までの間には，さまざまな災害がありました。私たちが想像していたよりもはるかに大きなスケールの地震や津波など，いくつもの自然災害がありました。保育所は，子どもたちが生活をしている場所です。保育時間が長時間化し，休日保育なども多くなり，少ない人数の子ど

図表8 − 9　保育所保育指針「健康及び安全」に関する章の変遷

保育所保育指針（2008年告示）	保育所保育指針（2017年告示）
第5章　健康及び安全 　1．子どもの健康支援 　2．環境及び衛生管理並びに安全管理 　3．食育の推進 　4．健康及び安全の実施体制等	第3章　健康及び安全 　1．子どもの健康支援 　　（1）子どもの健康状態並びに発達及び発達状態の把握 　　（2）健康増進 　　（3）疾病などへの対応 　2．食育の推進 　　（1）保育所の特性を生かした食育 　　（2）食育の環境の整備等 　3．環境及び衛生管理並びに安全管理 　　（1）環境及び衛生管理 　　（2）事故防止及び安全対策 　4．災害への備え 　　（1）施設・設備等の安全確保 　　（2）災害発生時の対応体制及び避難への備え 　　（3）地域の関係機関等との連携

もたちと保育士が園にいる時間帯に，災害が起きる可能性も大きくなっているといえるでしょう。一人ひとりの保育士がいついかなる時も冷静に行動できるよう，そして，地域と連携を取りながら子どもの安全を守れるよう，普段からの訓練や備えの大切さが認識されるようになったことを読み取ることができるでしょう。

　全般的に，時代の変化と共に，必要な内容が書き加えられ，今までの表記の見直しが行われていることが読み取れたでしょう。みなさんも，常に新しい情報をキャッチし，保育のなかで生かしていくことが必要になってきます。常に，アンテナを張っておきたいものです。

・・・・・・・・・・・・・・・・・ 参考文献 ・・・・・・・・・・・・・・・・・

「保育所保育指針」。
「保育所保育指針解説」。
『保育ナビ4　特集　解説！3法令—よくわかる新しい保育の流れ—』フレーベル館，
　　2017年。
『保育用語辞典　第8版』ミネルヴァ書房，2015年。
汐見稔幸『2017告示　新指針・要領からのメッセージ　さあ，子どもたちの「未来」を
　　話しませんか』小学館，2017年。

第8章　確認問題

1．次の文章が正しければ○を，誤っていれば×を記入しましょう。

（1）乳児とは，3歳未満児をさす。

（2）「健康及び安全」に関する章は，主に「食育」について記載されている。

2．次の（　　）に適切な言葉を入れましょう。

・保育所保育の特性は，（　①　）及び（　②　）を一体的に行うことである。

・保育所保育指針が初めて厚生労働大臣名で告示されたのは，平成（　③　）

年改定である。

3．資料から考えてみましょう。

　過去には，保護者が育児休業を複数年取得することが決まると，保育園に在籍していた子どもが退園を迫られるケースがありました。その考えられる理由を挙げてみましょう。そして，今はそのようなケースがなくなった理由を，図表8－1及び図表8－2から考えてみましょう。

第9章
保育内容におけるカリキュラムの展開について学ぼう

本章のねらい

2017（平成29）年告示の「幼稚園教育要領」「保育所保育指針」「幼保連携型認定こども園教育・保育要領」には，新たに「幼児期の終わりまでに育ってほしい姿」という項目が追加されました。「カリキュラム」とは，保育内容をどのように構成し実践するのかを具現化するための保育の計画です。年月齢や季節，園の文化などの子どもを取り巻く環境や園の保育理念などが加味されながら，子どもたちの健やかな成長を願い，愛をもって作成されていきます。この章では，保育内容という視点からカリキュラムについて学んでいきます。

① **カリキュラムの必要性と種類について学びましょう。**

幼稚園や保育所，認定こども園における「カリキュラム」の必要性について理解していきます。園全体の保育の土台となる保育の全体計画から，日々の日案や個別計画に至るまでのさまざまな種類について学びましょう。

② **カリキュラムの構造について学びましょう。**

幼稚園や保育所等において展開される保育の営みは，遊びのなかで育つ子どもの姿を多面的にとらえながら，就学後にまで続いていく育ちの姿をしっかりと下支えする乳幼児期の学びが必要です。保育計画立案の際の基本事項について学びましょう。

③ **カリキュラム・マネジメントについて学びましょう。**

「カリキュラム・マネジメント」とは，教育・保育活動の質の向上を図る組織的かつ計画的なPDCAサイクルの確立であるといえます。子どもたちと保育者が共に歩む日々の暮らしのなかで，編成されたカリキュラムを常に見直していくことが必要です。計画された保育の実践やその改善から再編成される計画とその実践というサイクルの具体例について学びましょう。

第1節 カリキュラムの必要性と種類

（1）計画の必要性

　幼稚園や保育所，認定こども園には，教育課程，全体的な計画，指導計画といった保育のカリキュラム（以下，計画）があります。それらの計画がなぜ必要なのかを考えてみましょう。

エピソード 9－1 **滑れたね（5歳児）**

　ひまわり幼稚園の入園式から4日後の朝。園では，入園したばかりの新入園児一人ひとりに5歳児のお兄さん・お姉さんがペアで必ず付くことになっています。朝から大泣きの3歳児のナオトのペアはサトル（5歳児）。サトルは，ただ泣きながらウロウロしているナオトと手をつなぎ「困っちゃうな〜。どうすりゃいいんだよ」などと苦笑しながら，ただ寄り添うだけで特にナオトに声をかけたり遊びに誘ったりすることはしていません。手をぎゅっと握るその強さに，サトルは泣いているだけで言葉も出ないナオトの不安な気持ちをしっかりと受け止めているようです。そのうちナオトはホールにある巧技台のすべり台を見て佇みました。その時，サトルは何も言わずにナオトの手を握ったまま階段を上らせすべり台を下りるナオトを下で迎え，目の高さが合った瞬間にニッと笑いかけ一言「滑れたね」と声をかけました。ナオトは相変わらず大泣きしていましたが，何度も何度もすべり台の上り下りを続けていました。

　保育者はこの光景に胸が一杯になったそうです。ナオトはそれからもしばらく大号泣で登園し，毎日，サトルとただただすべり台の上り下りを往復するのが朝の日課となりました。そうしているうちに少しずつ泣き止む時間が早くなっていったそうです。新入園児にとって，家庭生活から園生活に切り替わる登園場面に慣れていくということは大変なエネルギーと覚悟のいることです。そ

んなナオトがサトルとの信頼関係を築きながら徐々に変わっていく姿に保育者も安堵しました。しかし，それ以上に，サトルの成長の姿に驚いたといいます。実は，2年前のサトルも今のナオトと同じように大号泣の登園が続いていた子どもだったのです。本人は恥ずかしがってその頃のことは言いませんが，保育者には，サトルはその頃のことを覚えているという確信がありました。園生活に入り色々なことが"できるようになる"ということが，どういうことなのか，どれくらい時間がかかることなのかをサトルは身をもって知っていたからこその「滑れたね」の一言であったというのです。子どもが泣いていれば，保育者は"いつか泣かなくて済む日"を願い関わろうとし，結果を出すことを急ぐかもしれません。しかし，何か確固たる安心感がないとその日は来ないこと，さらにそれには，この世に生を受けてたった3年の子どもにとっては膨大に感じる時間がかかることを，たった5歳のサトルは教えてくれました。サトルが経てきた2年間は，保育者の計画通りには進まなかったこともあったかもしれませんが，確実に心身の発達を重ねていったことを感じられるエピソードです。

　保育者は，保育の専門職として子どもの発達や安全を保障する義務があります。子どものその日その日の姿をとらえながら，愛と願いをもちつつ，それを具体的にどのような保育として行うか，明文化していくのが「保育の計画」であるといえます。

　幼稚園教育要領には，以下のように計画の重要性が述べられています。保育の計画は，その通りに運営するという画一的なものではなく，あくまでも子どもを取り巻くさまざまな要因の実態に沿い計画され，また見直されることを前提に編成されることが求められているのです。

＜幼稚園教育要領より抜粋＞

第1章　総則　第3 教育課程の役割と編成等

1　教育課程の役割

　各幼稚園においては，教育基本法及び学校教育法その他の法令並びにこの幼稚園教育要領の示すところに従い，創意工夫を生かし，幼児の心身の発達と幼

稚園及び地域の実態に即応した適切な教育課程を編成するものとする。

　また，各幼稚園においては，6 に示す全体的な計画にも留意しながら，「幼児期の終わりまでに育ってほしい姿」をふまえ教育課程を編成すること，教育課程の実施状況を評価してその改善を図っていくこと，教育課程の実施に必要な人的又は物的な体制を確保するとともにその改善を図っていくことなどを通して，教育課程に基づき組織的かつ計画的に各幼稚園の教育活動の質の向上を図っていくこと（以下「カリキュラム・マネジメント」という。）に努めるものとする[1]。

　幼稚園教育要領の改訂前と改訂後の目次を比較して見てみましょう。

　改訂後には，幼稚園教育において育みたい資質・能力及び「幼児期の終わりまでに育ってほしい姿」が加わり，そこに基づいた教育課程の編成が求められ，また，以前は第3章　第1に記載されていた項目の多くが第1章に移動して，

図表 9 － 1　幼稚園教育要領の目次比較

2017（平成 29）年告示	変更等	2008（平成 20）年告示
（前文） 第1章　総則 　第1　幼稚園教育の基本 　第2　幼稚園教育において育みたい資質・能力及び「幼児期の終わりまでに育ってほしい姿」 　第3　教育課程の役割と編成等 　第4　指導計画の作成と幼児理解に基づいた評価 　第5　特別な配慮を必要とする幼児への指導 　第6　幼稚園運営上の留意事項 　第7　教育課程に係る教育時間終了後等に行う教育活動など	新 新	前文無し 第1章　総則 　第1　幼稚園教育の基本 　第2　教育課程の編成 　第3　教育課程に係る教育時間終了後等に行う教育活動など
第2章　ねらい及び内容 健康　人間関係　環境　言葉　表現		第2章　ねらい及び内容 健康　人間関係　環境　言葉　表現
第3章　教育課程に係る教育時間の終了後等に行う教育活動などの留意事項		第3章　教育課程に係る教育時間の終了後等に行う教育活動などの留意事項 　第1　指導計画の作成にあたっての留意事項 　第2　教育課程に係る教育時間の終了後等に行う教育活動などの留意事項

教育課程の編成と見直しのサイクルに組み込まれていることがわかります。

　ここでは，幼稚園教育要領を例にとりましたが，認定こども園教育・保育要領や保育所保育指針についても同様に改訂（改定）されました。

（2）保育計画の種類

　幼稚園や保育所，認定こども園では，保育の全体的な計画をまずは編成することが必要です。これらは，先に述べた「幼児期の終わりまでに育ってほしい姿（10の姿）」をふまえ，園の教育目標や保育目標を達成するまでの道筋を示した土台となる大きな計画です。

　保育の全体的な計画を基に，どのような保育を行うのか具体的な活動や保育者の具体的な援助等を示したものが「指導計画」です。この指導計画には「長期の指導計画」と「短期の指導計画」があります。

　図表9－2の上3段「年間指導計画」「期の指導計画（期案）」「月の指導計画（月案）」が長期の指導計画，下2段「週の指導計画（週案）」「日々の計画（日案）」が短期の指導計画ということになります。

　このように，指導計画は「おおむね○歳児」としてそれぞれの学年で計画され，園によって在籍する子どもの年齢分が立案されていることになります。

　保育者をめざして学んでいる学生は，実習時に日案で苦労しますが，その1日は大きな組織的な計画の下に営まれているのです。このような計画案を見ると，保育者のまなざしというのは，数年後の育ちゆく子どもの姿の見通しにより目の前の子どもたちに注がれ，入園から卒園までの育ちを保証していることがよくわかります。

図表9－2　指導計画の種類

①年間指導計画	幼児期の終わりまでに育てたい子どもの姿へ向けての○歳児の年間指導計画											
②期の指導計画	Ⅰ期		Ⅱ期				Ⅲ期		Ⅳ期		Ⅴ期	
③月の指導計画	4月	5月	6月	7月	8月	9月	10月	11月	12月	1月	2月	3月
④週の指導計画												
⑤日々の計画												

図表9−3 「○○保育園保育の内容に関する全体的な計画」

事 業 の 目 的	・心身ともに健やかに育成されるよう、乳幼児期の教育・保育を行うほか、保育所保育指針に掲げる目標が達成されるよう教育を行うことを目的とします。	保育
保 育 方 針	・様々な体験を通して豊かな感性を育て、創造性の芽生えを培います。 ・「非認知能力」・「主体的,対話的,深い学び(アクティブ・ラーニング)」を重視します。	めざす 子ども像

子どもの保育目標 (保育目標・保育の内容ともに年間指導計画の基礎事項・年間保育計画・行事のねらいは別紙)	乳児	生理的欲求を満たし生活リズムをつかむ	3歳児	身近な仲間や
	1歳児	行動範囲を広げ探索活動を盛んにする	4歳児	信頼感を深め,
	2歳児	象徴機能や想像力を広げながら集団活動に参加する	5歳児	集団生活の中

■保育に関する 基本原則／役割員目標	■保育の方法／環境	■保育園の社会的責任	■養護に関する基本的事項	■保育の計画
児童福祉法に基づき、保育を必要とする子どもの保育を行い、健全な心身の発達を図る。保育に関する専門性を有する職員が、養護及び教育を一体的に行う。保護者支援及び地域の子育て支援等を行う。	健康、安全で情緒の安定した生活ができる環境を整え、一人一人の発達過程に応じ、乳幼児期にふさわしい体験が得られるように、生活や遊びを通して総合的に保育する。保護者を理解し適切に援助する。	人権に配慮する。子どもの人格を尊重し保育を行う。地域社会との交流や連携を図り、保育の内容を適切に説明する。個人情報を適切に取り扱う。保護者の苦情解決を図るよう努める。	養護とは、子どもの生命の保持及び情緒の安定を図るために保育士等が行う援助や関わり。保育園における保育は、養護及び教育を一体的に行う。養護に関するねらい及び内容を踏まえた保育を展開する。	保育の目標を達もの発達過程を構成され総合的作成する。保育い、公表し、常

■保育の目標	ア 子どもが現在を最も良く生き、望ましい未来をつくり出す力の基礎を培う (ア) 生命の保持及び情緒の安定を図る (イ)心身の健康の基礎を培う (ウ) 愛情と信頼感、人権を大切にする心を育てるとともに、自主、自立及び協調の態度を養い、道徳性の芽生えを培う (エ) 生命、自然及び社会への興味や関心を育て、豊かな心情や思考力の芽生えを培う (オ)言葉への興味や関心を育て、言葉の豊かさを養う (カ) 豊かな感性や表現力を育み、創造性の芽生えを培う	イ 入所する子や保育士等の専

■養護 (保育士が行う事項)	年齢	乳児	1歳児(満1歳より)	2歳児	
	生命の保持	●生理的欲求の充実を図る	●生活リズムの形成を促す	●適度な運動と休息の充足	●健康的生活習
	情緒の安定	●応答的な触れ合い ●情緒的な絆の形成	●温かなやり取りによる心の安定	●自我の育ちへの受容と共感	●主体性の育成

◎ねらい及び内容並びに配慮事項(養護と教育は一体となって展開されることに留意)

◎教育 (園児が環境に関わって経験する事項) ※乳児は3つの視点、幼児は5つの領域で区分されている。(基本的事項を十分に参照) ※指針では乳児と満1歳に区分されているので、満1歳を迎えた場合は1歳児の5領域を参照。	(乳児) 3つの視点	乳児	(満1~3歳未満児) 5領域	1歳児(満1歳より)	2歳児	(3-5歳児) 5領域
	健やかに 伸び伸びと 育つ	●身体機能の発達 ●食事睡眠等の生活のリズム感覚の芽生え	健康	●歩行の確立による行動範囲の拡大	●排泄の確立 ●運動、指先の機能の発達	健康
	身近な人と 気持ちが 通じ合う	●特定の大人との深い関わりによる愛着心の形成 ●喃語の育みと応答による言葉の芽生え	人間関係	●周囲の人への興味、関心の広がり	●自己主張の表出 ●友達との関わりの増大	人間関係
			環境	●好奇心を高める	●自然事象への積極的な関わり	環境
	身近なもの と関わり 感性が育つ	●身近なものと関わり感性が育つ ●身体の諸感覚認識による表現	言葉	●言葉の獲得 ●話しはじめ	●言葉のやり取りの楽しさ	言葉
			表現	●いろいろな素材を楽しむ	●象徴機能の発達とイメージの膨らみ	表現

★健康支援／状態把握・増進・疾病対応	★食育の推進(食育計画別紙)	★環境及び衛生管理並びに安全管理 (危機管理計画別紙)	★災害への備え
●健康及び発育発達状態の定期的、継続的な把握 ●年2回の嘱託医による健康診断(内科・歯科) ●年2回の視力検査と歯検査 ●登園時及び午睡中の状態観察、また異常が認められたときの適切な対応 ●年間保健指導計画(別紙参照) ●年1回職員健康診断及び毎月の検便(調理員・調乳担当者)	5領域との相関性を構築する。 ●栄養バランスを考えた自園給食の提供 ●食育活動の実施 ●炊き立て米飯の提供(未満児提供。以上児については希望者のみ) ●行事食の提供 ●菜園作りの実施 ●クッキングの実施	●施設内外の設備、用具等の清掃及び消毒等、安全管理及び自主点検 ●子ども及び職員の清潔保持 ●感染予防対策指針の作成と実施及び保護者との情報共有 ●警察署等指導安全教室	●避難訓練(火 ●消防署視察 ●消火訓練の実 ●被災時におけ ※外部業者によ

情 報 公 開 等	●人権尊重 ●虐待確認保護 ●個人情報保護 ●苦情処理解決対応及び第三者委員, 運営協議会設置 ●看護師, 栄養士等の専門者の配置 ●適正な園運営のための会計事務所による外部監査 ●ホームページの開設 ●障がい児保育 ●病児保育 ●延長保育	特色 あ
地域の実態に対応した保育事業と 行 事 へ の 参 加	●老人ホーム慰問 ●地域の行事に参加 ●一時保育 ●英語活動	研
自 己 評 価 等	●法人施設による適切な施設運営管理の評価 ●保育所の評価(全体の反省による全体計画等の反映) ●保育士等の評価 (自己評価と子どもの評価の確立) ●自己チェックリストの実施と危機管理マニュアルの作成, 習得	

提供:S保育園。

| ・教育目標 | 子ども一人ひとりの心身の健全な育成を図り，主体的な活動を促し，自立できる子どもの育成 |

| ・自ら課題を見つけ取り組む子ども
・誰にでも優しく，自ら考えを言葉にできる子 | めざす
園の姿 | ・確かな遊びを保障する園
・保育，教育の充実の改善に努める園
・ドキュメンテーションを通じ保護者に発信する園
・異年齢保育で子どもの育ちを保障する園 | めざす
保育士像 | ・乳幼児を理解し，一人ひとりを大切にする保育者
・日々の保育改善に取り組む保育者
・幼児や保護者の気持ちに共感でき，信頼される保育者 |

| ◯自然等の環境と積極的に関わり，意欲を持って活動す
る子 | 保育時間など | 開園時間　　　　7：00〜19：00
保育短時間　　8：30〜16：30（早朝7：00〜8：30，延長16：30〜19：00）
保育標準時間　7：00〜18：00（延長18：00〜19：00） |

| り，仲間とともに感情豊かな表現をする | 主な行事（日常の節目としての行事設定） | 入園・進級式／音楽会／プール開き／夏祭り／宿泊学習／親子レクリエーション／親子遠足／保育参観／生活発表会／個人面談／送る会／卒園式／季節の行事（時の記念日，虫歯予防，こいのぼり，七夕，敬老の日，節分，ひな祭り）は各クラスによる |

| 〜中で自立的・意欲的に活動し，体験を積み重ねる |

| 〜と評価 | ■幼児教育を行う施設として共有すべき事項 | ◎小学校との連携（接続） |
| 達成するため，方針や目標に基づき，子どもを踏まえた保育の内容が組織的・計画的・効率的に展開されるよう，全体的な計画を作成し，基づき指導計画，食育計画等を保育士ума の自己評価，保育園の自己評価を行い保育内容の改善を図る。 | 生涯にわたる生きる力の基礎を培うため，保育の目標を踏まえ，資質・能力の3本の柱を一体的に育むよう努める。「幼児期の終わりまでに育ってほしい姿」は，ねらい及び内容に基づく保育活動全体を通して資質・能力が育まれている子どもの小学校就学前の具体的な姿であり，保育士が指導を行う際に考慮する。 | 保育園が，小学校以降の生活や学習の基盤の育成につながることに配慮し，幼児期にふさわしい生活を通じて，創造的な思考や主体的な生活態度などの基礎を培う。育まれた資質・能力を踏まえ，小学校教師との意見交換，研究の機会などを設け，「幼児期の終わりまでに育って欲しい姿」を共有するなどして，保育園と小学校教育との円滑な接続に努める。子どもに関する情報共有に関して，就学に際し，市町村の支援の下に，子どもの育ちを支えるための資料が保育園から小学校へ送付されるようにする。 |
| 子どもの保護者に対し，その意向を受け止め，子どもと保護者の安定した関係に配慮し，保育園の特性専門性を生かして，その援助に当たる。 |

3歳児	4歳児	5歳児	◎小学校以上との連携に鑑みて
習慣の形成	●運動と休息のバランスと調和を図る	●健康・安全への意識の向上	育みたい資質・能力は小学校以上の個別の「知識や技能」「思考力・判断力，表現力等」「学びに向かう力，人間性等」につながるものである。また，この資質・能力を実現するためにアクティブ・ラーニング（主体的，対話的で深い学び）を用いる。
成	●自己肯定感の確立と他者の受容	●心身の調和と安定により自信を持つ

3歳児	4歳児	5歳児	■幼児期の終わりまでに育ってほしい姿10項目		■教育・保育において育みたい資質・能力の3本の柱
●意欲的な活動 ●基本的生活習慣の確立	●健康への関心 ●体全体の協応運動	●健康増進とさらなる挑戦への意欲	ア	健康な心と体 自立心	ア　豊かな体験を通じて，感じたり，気付いたり，分かったり，できるようになったりする 「知識及び技能の基礎」
●道徳性の芽生えと並行遊びの充実	●仲間との深いつながり	●社会性の確立と自立心の育成	ウ エ	協働性 道徳性・規範意識の芽生え	
●身近な環境への積極的な関わり	●社会事象への関心の高まり	●社会，自然事象へのさらなる関心と生活への取り入れ	オ カ	社会生活との関わり 思考力の芽生え	イ　気付いたり，できるようになったことなどを使い，考えたり，試したり，工夫したり，表現したりする 「思考力，判断力，表現力等の基礎」
●言葉の美しさ，楽しさへの気付き ●生活の中での必要な言葉の理解と使用	●伝える力，聞く力の獲得	●文字や数字の獲得による遊びの発展	キ ク ケ	自然との関わり・生命尊重 数量や図形，標識や文字などへの関心・感覚 言葉による伝え合い	ウ　心情，意欲，態度等が育つ中で，よりよい生活を営もうとする 「学びに向かう力，人間性等」
●自由な表現と豊かな感性の育ち	●豊かな感性による表現	●ダイナミックな表現 ●感動の共有	コ	豊かな感性と表現	

| 〜え（避難計画等別紙） | ◆子育て支援（子育て支援計画別紙） | △職員の資質向上（研修計画別紙） |
| 火災，地震，不審者対応）の実施（毎月）
実施
ける対応と備蓄
よる消防設備点検 | 教育及び児童福祉としての保育並びに子育て支援の有機的な連携が図られ，子どもの成長に気付き，子育ての喜びが感じられるよう子育て支援に努める。 | 質の高い保育を展開するため，一人一人の職員についての資質向上及び職員全体の専門性の向上を図るよう努める。保育所職員に求められる専門性を理解し，保育の質の向上に向けた組織的な取り組みを行う。職場研修，外部研修など体系的な研修計画を作成し，結果を活用する。 |

| 〜る教育と保育 | ●異年齢保育　●子ども一人ひとりへの丁寧な保育　●スイミング　●英会話　●体操教室　●課業（保育カリキュラム） |

| 修計画 | ●法人研修の継続　●保育指針対応の園外・園内研修の継続　●講師を招いての園内研修　●先進地視察見学
●園外研修への計画的な参加　●処遇改善 |

保育所保育指針の各章とマークの対応　第1章＝■　第2章＝◎　第3章＝★　第4章＝◆　第5章＝△

① 年間指導計画案

1年間を見通して立案される指導計画で，前年度の年間指導計画案を見直しながら毎年，新しく作られています。保育の全体的な計画に基づいて，おおむね○歳の成長の姿を思い描きながら作成され，前の年齢での育ちの姿からバトンをもらい，さらに1年後にはバトンを渡す先へ送り出すのです。子どもの成長においては，常にゴールはスタートとなり進化されていくわけです。

先ほどのエピソードで泣いて登園していたナオトは，2週間も経つとサトルにすっかり心を開き5月後半からは年長さんにくっついて歩くだけではなく，同年齢の友だちとも遊べるようになってきました。11月に入ると，教えてもらったばかりの"すわり鬼"に興味津々です。ナオトの成長の様子を見てみましょう。

エピソード 9-2　つかまってないもん！（3歳児）

"すわり鬼"は，一人の鬼が逃げる子どもを追いかける鬼ごっこです。子どもが地面に座って（しゃがんで）いる間は，捕まえることはできません。ただし，しゃがんでいられるのは10秒までです。鬼は，狙った子どもがしゃがんだ瞬間から10秒をカウントして捕まえても良いルールです。逃げる子どもは，しゃがんでいない時に鬼にタッチされたら鬼を交代します。保育者は最初に自ら鬼を務め，遊びながらルールを確認した後に，鬼はヒロカ（3歳・女児）に託されました。

さて，鬼になったヒロカはなかなか友だちを捕まえることができません。走りまわること数分，やっと，ナオトにタッチしました。しかし，ナオトは逃げ続けています。ヒロカは保育者に訴えます。保育者が，ナオトに「捕まっちゃったの？」と聞くと，ナオトは「捕まってないもん！」と主張します。捕まえた，捕まってない，のやり取りを繰り返すうち，ナオトは悔しくて，ヒロカをぶってしまいます。ヒロカはぶたれた勢いで転び，とうとう，二人とも泣き出してしまいました。ゲームは中断です。保育者はまず，ナオトの乱暴な手を止めながら話を聞き，周囲の子どもたちにも確認しながら，状況の整理を始めました。

　ナオトは，この後しばらく泣き続け数回は見ているだけの回を経て，号泣したまま保育者に「また入りたい」と訴えて，やはり泣きながらもゲームに何度も参加したそうです。保育者は，ルールのある遊びを導入したばかりで興味はもつものの，「逃げる・捕まえる」というこの遊びの楽しさを自分のものにしていくには，これからもたくさんの経験と時間が必要だと語っています。

　幼稚園の3歳児にとって，逃げる楽しさを自分のものにして，捕まったことを自分の気持ちのなかでおさめて次に向かうことには，まだまだ，かなりの葛藤があります。その葛藤を理解した上で，年間指導計画にルールのある遊びを組み込んでいるのです。

　また，ヒロカにも課題はあるといいます。ヒロカはルールの理解はできていても10までの数の理解が十分ではないため，数え方が早口で，仲間と共通のテンポ感をもつことができなかったことで，逃げる子どもたちにも混乱が生じていました。

　年間指導計画のなかでは，それらの概ね〇歳の発達の段階や5領域との整合性を考えあわせながら作成し長期計画を実態に沿う生きたものに整えていきます。

　②　期　案

　期案は，単独で立案されていることはあまりなく，多くの園で，年間指導計画のなかに組み込まれています。園生活の流れや子どもの育ちの節目を期で区切り，その期を見通して立案される指導計画です。その園の生活の流れ等により，1年間をどのような期の設定にするかは異なります。日本では，3学期制の流れが多いですが，乳幼児期の成長の速度は非常に速いため，学期の区切りではなく子どもたちの生活や発達の状況によって，4期〜5期などの区切り方が多く見られます。たとえば，同じ1学期でも，4月の新入，進級時にまだクラスに自分の居場所が見つけられない子どもが多い時期と，4月下旬の少し園生活になじんできた子どもの姿とではまったく違います。同様に5月のゴールデンウィーク（長いお休み）の前後では，子どもの姿が変化していることも考

えられます。子どもの実態が変われば，自ずと保育者の援助や願いも変わってくるのは当然で，そのような保育者の配慮事項や質的転換が必要とされる時期を区切っていくことで，その園の子どもの実態が反映された子どもに沿った計画が立案されることになります。

③　月間指導計画案

1カ月を見通して立案される指導計画です。日本には多くの地域で四季の変化が感じられるという環境を大事にして，古来の年中行事を園の行事として取り入れている園も多くあります。保育内容も四季折々の自然物を教材として活用したり，季節に合う絵本や歌を選定したりするなど，暦の上での月の考え方と，季節の変化による環境の設定などの考え方を組み合わせながら，期案に比べると少し細やかに立案されるのが特徴といえます。年間指導計画案を具体化するために必要な保育内容の選択を行い，月のどの時期（上旬・中旬・下旬）に行うと子どもにとってより良いのか考えながら保育を構成していきます。1カ月を見通して経験してほしい活動を位置づけることで，子どもの経験が偏ったものになりにくく，バランスの取れた保育内容を考える指針となります。

④　週　案

週案は，1週間7日間を見通した保育の計画です。前の週の子どもの遊びや生活の姿から翌週の子どもの姿を予想して，月案に書かれているねらいに向けて保育活動や保育の形態を考えて立案します。週案では短期の計画として，日々の子どもの姿を受けてある程度は柔軟に設定され，それらが数珠つなぎにつながりながら連続性をもっていくところが特徴といえます。

次のエピソードは，冬には気温が−10℃以下にもなる地域にある園での，5歳の男の子から届いたものです。タケルは普段からとても大人っぽい子どもでした。ご両親は揃って大手企業の商社に勤め，タケルが2歳から4歳までの2年間は家族帯同で海外赴任をしていた家庭でした。ご両親は忙しく住環境も頻繁に変わるため，特にタケルを習い事に行かせるなどはしたことがないといい

ます。でも，普段が忙しい分，タケルが園から持ち帰るお便りや連絡帳を一緒
に読むことを日課としているうちに，タケルは大人が読む漢字が入った文章を
すらすらと読めるようになってしまいました。一人っ子で同年齢の友だちとの
交流があるわけでもないタケルは会話も大人びていて，他の子どもたちとは話
がかみ合わず，園でもクラスでも少し浮いた存在でした。そんなタケルが，あ
る大発見を契機にして友だちと打ち解けて遊ぶようになり，タケルを中心にし
た大プロジェクトが始動し，保育者の計画していた週案をも変えてしまったの
です。

エピソード 9−3　氷になると太るよね！（5歳）

　寒さが厳しい冬のその頃，クラスでは氷作りが流行っていました。帰る
前の遊びの時間に色々な入れ物に水を入れ，色を付けたり何かを入れて置
いたりして翌日の朝にはそれが氷になる面白さを子どもたちは体験してい
ました。そんな氷作りにも入れるもののネタが尽き少し飽きてきていた子
どもたちの姿があり，保育者はそろそろ室内遊びの充実を図ろうと週案の
構想を練っていました。

　ところが，ある日の朝，いつもは落ち着いて静かなタケルが「うわ！
すごい！　取れなくなった！」と大きな声を出して慌てふためいているの
です。周りにいた子どもたちも「どうしたの？」とタケルのそばに駆け寄
ってみると，砂場で使う容器が氷でくっついて離れなくなってしまってい
ます。タケルは普通のバケツ型の容器の上に，砂を濾すための網状の容器
を乗せて，その状態で水を入れたのです。昨日は上に乗せた容器底面の網
の下まで水を入れていたのに，氷になって膨張し網から溢れた状態で凍り
付いてしまったのです。タケルも皆も「本当だ，取れない」と言いながら
代わる代わる回していましたが，その様子を見ながら原因を考えていたタ
ケルが「わかった！」と手を打って言いました。「水ってさ，氷になると
太るよね！」この一言で，その朝は大きな笑いに包まれました。

　では，一体，氷はどれくらい太るのでしょうか？　そんな疑問が子ども

たちの間に広がり，“氷ふとっちょノート”（「氷」はタケルが漢字で書いた）が作られ，文字や数字に強いタケルがその計測・記録の主任研究員となり，クラス全員が次の日から入れ物を変え，水の量を変え，水の種類を変え，天気や気温の変化も分析しながら氷の膨張度合いを調査する遊びが始まっていきました。保育者は，翌週の週案を練り直し，水に関する辞典や小学校理科の教科書（4年生「水の3態変化」）を用意するなど教材準備に奔走することとなったのです。

　この大プロジェクトは冬の間ずっと続き，3月の卒園式の日には式典会場の入り口にクラス全員で作った大きな氷のオブジェが飾られて，タケルたち全員が無事に氷に見送られて卒園していったそうです。保育者は「水の3態変化」という昔勉強した記憶を呼び起こしながら教材準備をすることは大変だったといいます。毎週，週案に「氷プロジェクト」の記述も加え，日々変化する子どもたちの姿に応じて立案するのは困難も多かったけれども，子どもたちと一緒に喜んだりがっかりしたりした日々は，その大変さを拭ってもあまりある経験だったと振り返っています。

⑤　日　案

　前日の子どもの姿から翌日の子どもの遊びや生活を予想して立案する保育の計画です。遊びや生活の連続性はもちろんのこと，子どもの実態に即応できる最も単位の短い計画です。日案は，保育者をめざして学ぶ学生も，実習のなかで立案します。現職の保育者も，日案を書く機会は多くあります。日案は，その日の保育で大切にしたいことが明確になるので，公開保育や保育参観など，他者が保育を観る際の資料として用いられることがあります。

⑥　個別指導計画

　園によっては，特に乳児に関して個人指導計画を書くことがあります。どのようなスパンで書くかは園によっても異なりますが，あまり期間を決めずに，

一人ひとりの育ちの個性が見えるところ等をその都度書き込む形式が多く使用されています。特に乳児は個々の発達の差が大きいことから一人ひとりのねらいが異なってきます。また，疾病に罹患しやすかったり体調が急変しやすかったりと個々の配慮事項が多く含まれます。

第2節　カリキュラムの構造

（1）指導計画の原則

①　指導計画立案で大事にしたいこと

皆さんは「指導計画」という言葉を聞くと，どのようなイメージをもつでしょうか。どうしても「指導」という言葉にとらわれると"保育者が子どもに何かをさせる"ことを連想してしまうかもしれません。また，「計画」という言葉にとらわれると"物事を決めたとおりに行わなければならない"と思うでしょう。しかし，あくまでも保育のなかでの「指導計画」は，子どもの実態に即した柔軟性をもっているということが最大の特徴であるといえます。

計画は物事の事前に書くので，予想される子どもの姿を頭のなかで思い描きながらそれを明文化して記述していきます。実際に保育をしていると，保育者の予想と子どもの実態にズレが生じることもあります。その際に，保育者の計画に子どもを沿わせようとするのではなく，目の前の子どもの実態や要求に沿いながら保育者が柔軟に応答していくことが大切です。保育者は，ただ子どもを遊ばせて放任している存在ではありません。子どもの今が子どものより良い経験につながるよう臨機応変な対応力を求められる存在なのです。そのためには，常に「～ねばならない」にとらわれない発想力が必要です。大事なのは，保育後に，予想と実態のズレはどこから生じたものなのか省察し，次の計画を立案していく姿勢です。

日本の保育の父と呼ばれる倉橋惣三は，「育ての心」のなかで，「子どもらが帰った後」という文を載せています。倉橋は，保育が終わった後にホッとするのはほんの束の間で，その後が大切であると述べています。保育はいつでも一

心不乱に子どもと過ごしているが，朝からのことを思いかえすなかで失敗にハッとしたり後悔の念に駆られたりすることも多いといいます。"大切なのは此の時である。此の反省を重ねている人だけが，真の保育者になれる。翌日は一歩進んだ保育者として，再び子どもの方へ入り込んでいけるから"(2)。

　日々の保育の営みは，保育者と子どもたちとの信頼関係の築きやクラス全体の雰囲気，さらに広い目で見れば，園に根付く文化のなかで創り上げられていくものです。保育の計画を立案するのは保育者ですが，保育の主人公はいうまでもなく子どもたちです。子どもたちの生み出す遊びは素晴らしいものですが，子どもから生まれる遊びを支えているのは，環境を整え，必要な働きかけをしている保育者です。子どもと保育者は車の両輪のようなもので，そのどちらかが先走って横にズレてしまっては保育もうまくいきません。そんななかで，子どもたちは人との信頼関係に気付き，仲間意識に芽生えたり思いやりの気持ちをもったりすることができるのでしょう。

　次のエピソードは，クラスの倫理的な雰囲気が生み出した思いやり溢れる物語です。このこども園では，満3歳から6歳までの縦割りでクラス編成をしています。去年のお正月明けからカルタ遊びに夢中だった子どもたちは新年度になってから手作りのカルタを作り始めていました。1グループ6名程度の組を作り，読み札と絵札をセットで作りました。まず，「読み札」作りです。与えられた札の五十音のつく言葉を皆で出していきます。たとえば，「あ」なら「あり」「あひる」「あさ」「あお」「あいらぶゆー」など，「あ」のつく言葉を皆で出し合って，そのなかで楽しい文章を作ります。「⑧ひるが　うみで　ぱちゃ　およいでる」という可愛らしい読み札が完成しました。「ぱちゃぱちゃ」ではなく「ぱちゃ」と表現されているのは「小さいあひるだから"ぱちゃ"って1回ね」という子どもの思いが反映されているのです。さて，読み札ができたら見合う絵を描いて絵札を完成させます。このカルタには子どもたちや保育者の名前もたくさん登場します。

エピソード 9－4　みずうみで およいで たのしかった こうくん（3～5歳児）

　縦割りクラスのなかの最年少は，満3歳を迎えたばかりのコウです。コウは難聴のため両耳に補聴器を装着していました。夏になるとプールに入る日がありますが，コウは全部の回に入れるわけではなく，本人の体調や天気や気温，補聴器の装着を担当する唯一の保育者が勤務していることなどのいくつもの条件を満たした時だけ入ることができます。クラスの皆にとっては，「コウくんがプールに入れる日」は特別な日なのです。補聴器を外して聞こえにくくなってしまうコウのために，皆は，コウの顔の前で話すことを心がけて唇を読みやすくしたり，後ろから急にコウに触らないよう気を付けたりしています。

　さて，カルタ作りの際，あるグループが与えられた文字は「み」。「みずうみ」というキーワードがあがった時，ユカが「湖ってすっごーく大きなプールみたいだよね」と言いました。それに反応したのがケンタです。「そんなにすっごーく大きいプールなら，コウくんと泳ぎたいよね」。そうだ，そうだ，とあっという間にできあがった札が『みずうみで　およいで　たのしかった　こうくん』です。コウも，できあがった札を見て照れ笑いです。

図表9－4　手作りカルタ

み

ずうみで
およいで
たのしかった
こうくん

　他にもテルがお母さんのお手伝いで，卵を冷蔵庫に入れようとして落として大泣きしたエピソードを描いた「㋟まごが　われて　たいへんだ!!」や，トマトが大嫌いなヒロキの言い訳「㋩まとが　ぴょんぴょこ　あるいてる」，ふれあい動物園でヤギの大きさに驚愕した子どもたちの驚きが表現された「㋳ぎが　め〜〜〜っと　さけんだ」などは，まさに日常の一場面を皆で共有し共感してできあがった作品です。このような作品は，保育者の計画上の「〜ねばならない」にこだわっていては決して生まれないものです。

　保育者は，子どもの主体性を尊重するというまなざしをもち，その子らしさが発揮されることを願って保育の計画を立案することが求められます。保育の計画は，保育者が記述するものではありますが，子どもと共に創り出しているものといえます。

　②　保護者や地域との連携をふまえた指導計画
　乳幼児期は長い生涯のなかで基礎となる，基本的な生活習慣を身につける時期でもあります。子どもの生活習慣は，望ましい方向性はありますが，成育歴や家庭環境による差が大きいため，保育者による細やかな配慮が必要です。そのためにも，日頃から保護者との情報の交換や意見交換をまめに行い，子どもの成長への願いを共有しながら，あたたかなまなざしを注いでいく姿勢が必要です。特に乳児に関しては個人の指導計画は保育者の思いや経験に頼るだけではなく，子育て親支援の観点からも正確に記載し活用したいものです。

　また，園の立地環境や気候風土によっても保育の内容は変わります。保育の計画は，園で生活をする子どものためのものですので，園内に目が向きがちではありますが，地域のお祭りに参加したり，お店屋さんごっこの前には近くの商店街へ出かけたりするなど，地域のなかに位置づけられている公共の施設という側面も活かして保育内容を考えていくと良いでしょう。

（2）指導計画の構造
　2017（平成29）年告示の「幼稚園教育要領」「幼保連携型認定こども園教育・

保育要領」「保育所保育指針」は，その改訂（改定）の意味やめざすところを
理解していくと，カリキュラムの編成にも自ずと加味していく内容があること
がわかります。

① 育みたい資質・能力の３つの柱

　これまで保育内容５領域のねらいとして「心情・意欲・態度」と記述されて
いたものを，この改訂（改定）によってこれらを含んだ３本の「資質・能力」
に変更し，全ての施設において統一がなされました。この「資質・能力」とい
う考え方は，小学校以上の学校教育において共通に使われていた言葉です。こ
のことにより，就学前の保育施設が小学校に繋がる教育に向かってより明確に
子どもの姿のねらいを描くことができるようになったともいえます。

図表９−５　幼児教育において育みたい資質・能力の整理

出所：文部科学省。

1）知識及び技能の基礎
2）思考力，判断力，表現力等の基礎
3）学びに向かう力，人間性等

② 乳児保育の3つの視点
1）身体的発達に関する視点「健やかに伸び伸びと育つ」
2）社会的発達に関する視点「身近な人と気持ちが通じ合う」
3）精神的発達に関する視点「身近なものと関わり感性が育つ」

③ 満1歳以上満3歳未満の5領域の記述

保育内容5領域といえば，これまでは3歳以上児の幼児期の保育の計画に組み入れられているものでした。0歳を含む乳児期には人としての基盤となるものが芽生え，その後の人間形成に大きく関わり，すなわち"赤ちゃんは自分で何もできない"存在ではなく，自ら周りの環境と関わり考え学び発達する存在であることが明らかとなり，乳児期の保育がその遊びの価値と共に見直されています。今回の改定ではそれらのことをふまえ，乳児期における5領域のねらい及び内容が加わりました。

5領域の項目は幼児の5領域と同じですが，乳児の発達の連続性の観点から，記述には少しずつ異なる文言が使われています。発達の見通しをもって0歳児や乳児，3歳以上児ときちんと見比べて，かつ，乳児がどのような感性をもって世界を見ているのかを保育者自身も感性をもってとらえながら，保育の計画を立案する必要があります。

④ 幼児教育の5領域

満3歳以上児の5領域は，「乳児の3つの視点」から「乳児の5領域」とつながってきたバトンを引き継いで，次の「幼児期の終わりまでに育ってほしい姿」へ向けて連続性をもつ記述に深められました。そのため，5領域のねらい及び内容には追加された文言も多くあります。保育の計画を立案する際には，

子どもの発達をより長いスパンでとらえ，これまでに積みあがってきたことを十分に理解し先を見据えていくことが大切です。

⑤　幼児期の終わりまでに育ってほしい姿（10 の姿）

第 1 章でも述べられている内容ですが，5 領域のねらい及び内容に基づく活動全体を通して資質・能力が育まれている幼児期終了時の具体的な姿が「10 の姿」（第 1 章図表 1 – 1 参照）です。就学に向けて，これら 10 の姿が「できていなければならない」ということではなく，子どもそれぞれの成長と共に学びの形が変わる小学校への通過点として，保育の計画の際に考慮する事項となっています。

さらに，この「10 の姿」の項目は，小学校等へ送る「幼稚園幼児指導要録」「幼保連携型認定こども園園児指導要録」「保育所児童保育要録」の新様式にも加えられ，小学校教育との接続時の共通理解を図る大事なポイントとなりました。

第3節　カリキュラム・マネジメント

（1）指導計画の評価についての基本的な考え方

保育の評価は，「保育の全体的な計画の編成と指導計画の作成（Plan）」「保育実践（Do）」「省察・評価（Check）」「改善（Action）」という PDCA サイクルのなかの「省察・評価（Check）」に該当します。

日々の保育のなかには，多くのドラマが起こります。本テキストには，たくさんのエピソードが紹介されています。ここまで学習してきた皆さんの心のなかには，どのエピソードが残ったでしょうか？　さて，この第 9 章では，これまで 4 つのエピソードを紹介してきました。どのエピソードにも，そして登場してきたどの子どもたちにも素敵な成長の物語があり，保育の場における子どもの姿の素晴らしさを実感していただけたのではないかと思います。保育の計画という観点で見ると，どのエピソードも 1 つとして保育者の予想が 100％当たって具現化されているものはありません。しかし，どの保育者も，それぞれ

の場面で子どもたちから驚かされたり一緒に笑い合ったりしながら，柔軟に応
答的に対応していることがわかります。

　保育場面の省察とは，単に「悪かったところを直す」という次元のものでな
く，子どもへの愛情を注いだ確かな観察の目と子ども理解の土台の上に，また
子どもたちと共に歩む"新しい明日"への一歩を踏み出す方向の確認でもある
のです。保育という営みが続く限り，その歩みがとまらないサイクルでもあり
ます。時折，迷ったり戻ったりしながらも，子どもの育ってほしい姿を願いイ
メージする目的地を見失わないための道のり検索と道順選択が，保育のさまざ
まな指導計画であるといえます。さらに，指導計画は常に園全体で編成の方向
性を確認しながら作成することが保育の質を高めることにつながります。

図表９－６　保育の評価サイクル

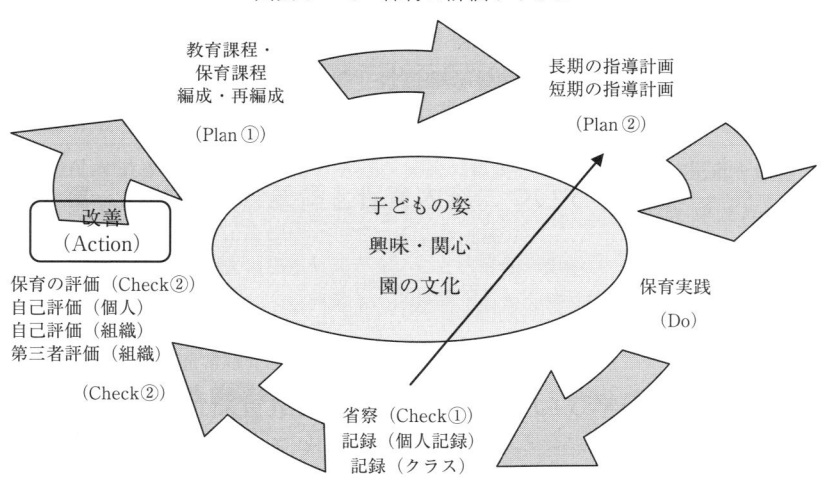

出所：福﨑淳子・山本恵子編著『エピソードから楽しく学ぼう 保育内容総論』創成
　　　社，2015 年，234 頁。

（2）カリキュラム・マネジメントの意味

　2017（平成 29）年告示の幼稚園教育要領等には，新たに「カリキュラム・マ
ネジメント」という考え方が加わりました。「カリキュラム（curriculum）」と

いう言葉を訳すと，“教育内容を学習段階に応じて配列したもの”“教育課程”となります。また，「マネジメント（management）」は，“「計画」―「組織」―「統制」の一連の活動”“管理”です。単純に統合してみると“教育内容を学習段階に応じて配列した教育課程を「計画」―「組織」―「統制」の一連の活動として管理すること”となります。わかりやすくいえば，カリキュラム・マネジメントとは，教育・保育活動の質の向上を図る組織的かつ計画的な PDCA サイクルの確立ということです。マネジメントという言葉が加わったことにより，これまでよりも組織的なカリキュラムの必要性が強調されたともいえるわけです。さまざまな指導計画を実践する保育者一人ひとりの質の向上に目が行きがちですが，それを支える組織にも役割があることを再考させてくれる言葉です。カリキュラム・マネジメントの4つあるポイントの内の3点目に“教育課程の実施に必要な人的・物的な体制を確保する”とあることからも，園長をはじめ，教職員全員が高い参画意識をもちながら，園全体や個別に実施する計画及びその内容を適切なものとしていく必要があります。

（3）小学校学習指導要領とスタートカリキュラム

ここまで，保育におけるカリキュラムについて学んできました。最後に，2017（平成 29）年告示の幼稚園教育要領等に新しく加わった「幼児期の終わりまでに育ってほしい 10 の姿」の，その先について学びましょう。

新しい幼稚園教育要領等が施行された 2018 年 4 月から，小学校や中学校，高等学校等の学習指導要領も改訂しています。小学校の新学習指導要領の「第1章　総則　第2 教育課程の編成　4 学校段階等間の接続」の部分を読んでみましょう。

“教育課程の編成に当たっては，次の事項に配慮しながら，学校段階等間の接続を図るものとする。
（1）幼児期の終わりまでに育ってほしい姿を踏まえた指導を工夫することにより，幼稚園教育要領等に基づく幼児期の教育を通して育まれた資質・能力を

踏まえて教育活動を実施し，児童が主体的に自己を発揮しながら学びに向かうことが可能となるようにすること。また，低学年における教育全体において，例えば生活科において育成する自立し生活を豊かにしていくための資質・能力が，他教科等の学習においても生かされるようにするなど，教科等間の関連を積極的に図り，幼児期の教育及び中学年以降の教育との円滑な接続が図られるよう工夫すること。特に，小学校入学当初においては，幼児期において自発的な活動としての遊びを通して育まれてきたことが，各教科等における学習に円滑に接続されるよう，生活科を中心に，合科的・関連的な指導や弾力的な時間割の設定など，指導の工夫や指導計画の作成を行うこと。

※（２）は省略─中学校や義務教育学校との接続について書かれている"[3]

　近年，ジェームズ・ヘックマンの代表的な研究の１つである「ペリー就学前プロジェクト」の結果などにより，乳幼児期の "遊び" の価値が見直され，遊びこむなかで育まれる「非認知能力」や「社会情動的スキル」などが，小学校以上の教科教育に向かうことのできる力につながっていることが明らかになりました。いわば，小学校以上での教育を下支えしているものは，乳幼児期に培われた力によるということが広く人々に認知されるようになってきたわけです。上に抜き出した小学校学習指導要領には，「幼児期の終わりまでに育ってほしい姿（10の姿）」が明記され，小学校の教師が，１年生になって入学してきた子どもたちから教育を始めるということではないことがわかります。子どもたちが通っていた園の保育者からバトンを受けて，これまでの子どもたちの育ちを理解した上で教育活動がスタートするのです。同時にそれは，保育者にも小学校へ適切にバトンを引き渡す役割があるということでもあります。文部科学省は，「発達や学びをつなぐスタートカリキュラム─スタートカリキュラム導入・実践の手引き─」のなかで，スタートカリキュラムの考え方やデザインの具体，実践例等を写真入りで紹介しています。

　幼児期までの保育施設と小学校との接続時に生じる段差には２つの段差があるといいます。次の図のように，"学び" の形が変わり，自席についての教科

図表9−7　2つの段差のイメージ

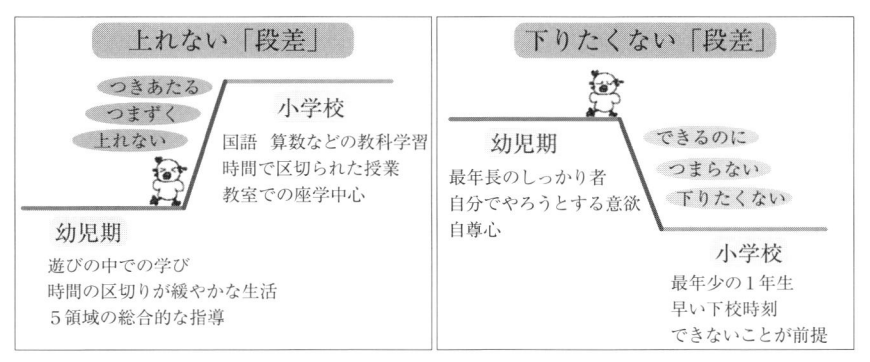

出所：栃木県総合教育センター幼児教育部　栃木県幼児教育センター。

図表9−8　フリースペースのある教室

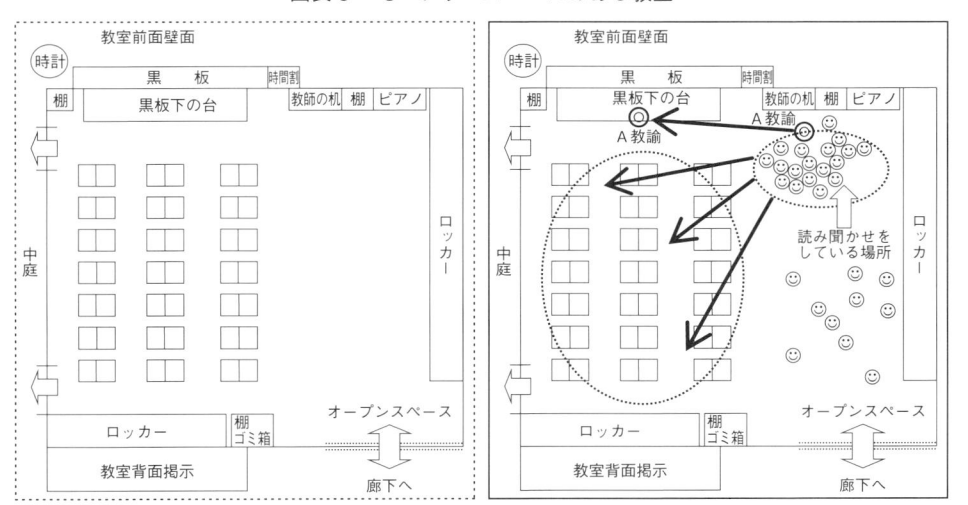

学習になじみにくい「上れない段差」と，園では年長として頼りにされながら自分で生活してきた子どもたちが小学校で"できない"存在として扱われてしまうことに抵抗感を感じる「下りたくない段差」です[4]。

　ある小学校では，教室の構造そのものを工夫しました。自分の席を設け黒板に向かって配置したいわゆる"教室"の部分の横にフリースペースとして，

広い空間を設けたのです。その空間をうまく使ったこんな場面が見られました[5]。

［エピソード 9−5］　移動絵本の時間だね（小学 1 年生児童）

　教師はフリースペースで絵本「11 ぴきのねこ」の読み聞かせを始めました。児童が徐々に教師の前の床に集まり好きな体勢で読み聞かせを聞いています。しかし，時間になったにも関わらず，15 人程度の児童しか揃っていません。他の児童はまだ，休み時間から戻っていなかったり，フリースペースに広げてあるテントで遊んでいたりなどしています。絵本の読み聞かせが始まっていることに気が付いた児童がポツリポツリと戻ってきました。ほとんどの児童が揃ってくると教師は絵本を読みながら，フリースペースから徐々に黒板前中央へ場所を移動していきます。それに合わせて児童たちも各自の席に移動します。ナナカがニヤリとしながら隣のマユに「また，移動絵本の時間だね」と耳打ちしました。マユもひそひそ声で応じます。「じゃ，給食の後の絵本の時また一緒に見ようね」

　保育の場面では，読み聞かせの光景は当たり前のように見られます。けれども，保育者が子どもたちの移動の手段に読み聞かせを利用することはあまり見かけることがないでしょう。一方，小学校でも特に 1 年生は絵本の読み聞かせの場面は時折見かけます。しかし，たいがいの場合は，子どもたちは自分の席に黒板を向いて座った位置から，黒板前の中央の教師を見ています。ところが，この小学校ではフリースペースがあるので，保育の場面のように読み聞かせをする教師を取り巻くようにして思い思いの場所，姿勢で聞いており，その子どもたちの表情は実に楽しそうです。ところが，教師がいつもの学習時間と同じように黒板前に移動すると，指示がなくとも子どもたちは各自の席に移動し，一斉に教室の前面を向いて教師に向かい合う体勢になりました。休み時間から授業時間への移行の際，まだ時間割に沿った生活に慣れきっていない小学 1 年生に対し，教師は巧みに読み聞かせの場所を移動することで，時間の変化

や活動内容の変化を伝えています。そして，ナナカとマユの会話がほほえましいと思えませんか。二人は，これからの授業時間ではそれぞれの席につき，並んでお喋りしながら過ごすことができないことを楽しんでさえいるように見えます。入学して3週間程のゴールデンウィーク合間の5月1日の1年生の姿です。おそらく，これから徐々に場所の移動が無くても勉強に集中できる日がくるのでしょう。

（4）保育内容と指導計画の結びつき

　次のエピソードは，保育者養成校に通う実習生と実習指導者との間で交わされたやりとりです。このやりとりから実習生が学んだことを考えてみましょう。

エピソード9-6　困るよね，0歳って

　保育者養成校に通う学生のAさんは，初めての実習で0〜1歳児のクラスに入っていました。1週間入るなかで最後の日に部分実習を行うよう指導者から指示がありました。部分実習は3歳以上児で行うイメージだったため，0〜1歳児での部分実習の指導計画がどうにも立案できず苦しむAさんの心の声を聞いてみましょう（そもそも，ハイハイしたり離乳食を食べたり午睡したりと"生活"のことがほとんどの時間を占めているこの子たちに，私は何を"教え"れば良いのか見当もつかない。まして，それに"ねらい"を立てるなんて無理だ！）。そんな心の声が聞こえたのか，実習指導担当の保育士が，ある日の午睡の時間に連絡帳を書く手を止めてAさんに話しかけてくれました。「私も昔，初めての実習で初めて書いた指導案が0歳児だったの。困るよね，0歳って。絵本の読み聞かせとか一斉活動できないからね。その時，担当の先生が『0歳児は愛情をもって見てくれればいいから』って教えてくれたけど，その時は全然意味がわからなかった。」と朗らかに笑う保育士を見て，何か保育の手がかりや指導計画の書き方を教えてもらえるのではと期待していたAさんはガッカリ。「でも，今はその意味がわか

る」という保育士。そしてAさんに，こんなアドバイスをくれたそうで す。"0歳児の目線を追ってみると良い。目線の先に何があり，それを見 ている時の表情がどうかをじっくり観察してみると，その子なりの好き嫌 いのようなものが見えてくる。実習生は，子どもに何もしてあげなくて良 いから，ゆっくり観察してほしい。"それから2日間，Aさんは8カ月の ユウタを見続けました。そして，ユウタが時々，ハッと素早く顔を振り向 ける瞬間には，必ずその方向で何かの音が鳴っていることを発見したので す。そこで，円筒型の空き箱に切れ目を入れた容器を用意し，ハンカチを 数枚つなげて鈴をつけた長い布を，切れ目から引っ張り出す玩具を製作し て持って行きました。ユウタはその日，機嫌が悪く朝から泣いていたので すが，Aさんが手作りの玩具で遊ぶと，布が切れ目にこすれて出る音と そのたびに揺れる鈴の音とに反応し泣き止んだのです。そして，まるで初 めから自分の玩具だとでもいうように，猛スピードのハイハイで近づいて きてAさんから玩具を奪い取り遊ぶユウタの姿が見られました。Aさん は，指導計画のねらいを迷うことなく「いろいろなおもちゃを振ったり叩 いたりして，音が出るのを喜んで遊ぶ」と記入することができました。

　養成校で学んだことを実習先で行おうとする時に，何度も指導計画を修正す るということはよくあります。保育の計画は，子どもの実態や園舎内外の環境 との関わり，園の文化や保育者との信頼関係の築き方などのたくさんの要因を 検討して立案されるものなので，そこで生活をしていない実習生が立案すると いうことはどうしてもズレが大きくなるのです。特に乳児は日々の生活を生き ることがそのまま生きる力となっているので，保育者が提案した保育に対する 成果が見えにくいのです。担当保育士のいう「愛情をもって見る」ということ は，決して保育者から子どもへ一方的に指示を与えるような保育の方法ではな いのです。そのことに気が付いたAさんは，"指導する"ことにとらわれない 「指導計画」を立案することができました。その指導計画には，ユウタへの愛 情と成長への願いが込められていました。指導計画の本当の意味とは，計画を

一人歩きさせず，子どもの姿に次なる計画の「ねらい」や「内容」を含め積み重ねていくということなのです。

———————————　引用文献　———————————

（1）文部科学省『幼稚園教育要領　平成 29 年告示』フレーベル館，2017 年，8 頁。
（2）倉橋惣三「育ての心」津守真・森上史朗編『倉橋惣三文庫③育ての心（上）』フレーベル館，2008 年，49 頁。
（3）文部科学省『小学校学習指導要領　平成 29 年告示』東洋館出版社，2018 年，21 頁。
（4）栃木県総合教育センター幼児教育部　栃木県幼児教育センター『みんなで考えよう!! 学びをつなぐ幼・保・小連携』栃木県総合教育センター幼児教育部，リーフレット，1 頁。
（5）山路千華『学校文化の視点からみた幼小の差異性』上越教育大学大学院学校教育研究科修士論文，2008 年，8 頁，49 頁。

・・・・・・・・・・・・・・・・・　参考文献　・・・・・・・・・・・・・・・・・

伊瀬玲奈編著・足立区教育委員会就学前教育推進担当監修『0.1.2 歳児保育「あたりまえ」を見直したら保育はもっとよくなる！　足立区立園の保育の質が上がってきた理由』学研教育みらい，2018 年。
倉橋惣三「育ての心」津守真・森上史朗編『倉橋惣三文庫③育ての心（上）』フレーベル館，2008 年。
倉橋惣三「育ての心」津守真・森上史朗編『倉橋惣三文庫③育ての心（下）』フレーベル館，2008 年。
佐藤暁子・川原佐公・月刊保育とカリキュラム編集委員編著『保カリ BOOKS ㉒　0 〜 5 歳児　指導計画の書き方がよくわかる本』ひかりのくに，2017 年。
宍戸健夫『日本における保育カリキュラム―歴史と課題―』新読書社，2017 年。
畠山大「「教育観」・「保育観」の再考に基づく学びの連続性の再構築―幼稚園・保育所・小学校の連携に関する原理的考察―」『作大論集』3 号，作新学院大学，2013 年。
平塚幼稚園『平塚幼稚園　教育・研修用ビデオシリーズ　年少たんぽぽ組〔3 歳児〕の一年』平塚幼稚園 HKG 映像製作委員会，2006 年。
福﨑淳子・山本恵子編著『エピソードから楽しく学ぼう　保育内容総論』創成社，2015 年。
保育総合研究会監修『プリプリブックス　平成 30 年度施行　新要領・指針　サポートブック』世界文化社，2018 年。
無藤隆・汐見稔幸・砂上史子『ここがポイント！3 法令ガイドブック―新しい『幼稚園

教育要領』『保育所保育指針』『幼保連携型認定こども園教育・保育要領』の理解のために—』フレーベル館，2017 年。

無藤隆監修・大方美香編著『平成 30 年度実施　ここが変わった！指導要録・保育指針早わかりガイド　幼稚園幼児指導要録・保育所児童保育要録・幼保連携型認定こども園園児指導要録』チャイルド本社，2018 年。

師岡章『保育カリキュラム総論—実践に連動した計画・評価のあり方，進め方—』同文書院，2015 年。

文部科学省『幼稚園教育要領　平成 29 年告示』フレーベル館，2017 年。

厚生労働省『保育所保育指針　平成 29 年告示』フレーベル館，2017 年。

内閣府・文部科学省・厚生労働省『幼保連携型認定こども園教育・保育要領　平成 29 年告示』フレーベル館，2017 年。

文部科学省『幼稚園教育要領解説　平成 29 年告示』フレーベル館，2017 年。

厚生労働省『保育所保育指針解説　平成 29 年告示』フレーベル館，2017 年。

内閣府・文部科学省・厚生労働省『幼保連携型認定こども園教育・保育要領解説　平成 29 年告示』フレーベル館，2017 年。

文部科学省『小学校学習指導要領　平成 29 年告示』東洋館出版社，平成 30 年。

文部科学省　国立教育政策研究所　教育課程研究センター編著『発達や学びをつなぐスタートカリキュラム　スタート・カリキュラム導入・実践の手引き』学事出版，2018 年。

第9章　確認問題

1．指導計画の種類について下記の表中（　　）に適切な言葉を書きましょう。

スパン	指導計画の種類	特　徴
長　期	（　①　）	園の教育目標や保育目標を達成するまでの道筋を示した土台となる大きな計画
	（　②　）	保育の（　①　）に基づき，前年度の（　②　）を見直しながら，毎年，新しく作成される計画
	（　③　）	（　②　）のなかに組み込まれ，園生活の流れや子どもの育ちの節目を区切り見通しをもって立案される計画
	（　④　）	暦の上での考え方と季節の変化による環境の設定などの考え方を組み合わせながら1カ月を見通して立案される計画
短　期	（　⑤　）	（　④　）に書かれているねらいに向けて保育活動や保育の形態を考えて立案される週を見通した計画
	（　⑥　）	前日の子どもの姿から翌日の子どもの遊びや生活を予想し，遊びや生活の連続性を考えて立案する保育の計画
―	（　⑦　）	乳児に関して書かれることが多く，一人ひとりの育ちの個性が見えるところ等を書き込みながら見通される計画

2．カリキュラム・マネジメントについて，適切な言葉を入れましょう。

カリキュラム・マネジメントとは，教育・保育活動の（　⑧　）を図る（　⑨　）的かつ（　⑩　）的な PDCA サイクルのことである。

第10章
保育内容の課題について学ぼう

本章のねらい

　情報化や都市化の進行，地域社会の衰退など子どもを取り巻く社会環境は急激に変化をしています。社会環境の変化に伴い，子どもの育ちに関する新たな課題が生じ，従来の考え方や取り組みでは解決することが難しくなっています。保育施設においては，乳児期における保育の重要性や，在籍する子どもの家庭だけではなく，地域の子育て家庭を支援することの重要性が指摘されています。保育者として子どもを取り巻く現状を理解し，保育を行う上で重要なことや保育の新たな方向性を把握することはとても大切となります。以下の視点から子どもを取り巻く社会環境の現状とそこから現れてくる保育の課題について理解を深めましょう。

① **現代の子育てを取り巻く環境について学びましょう。**

　現代の子どもを取り巻く環境について理解を深めるとともに，そこから生じる子どもの育ちにおける課題について考えましょう。

② **幼稚園や保育所や認定こども園における保育内容の課題について学びましょう。**

　子どもの育ちにおける課題の解決にむけて，幼稚園や保育所，認定こども園ではどのような保育の工夫を行っているでしょうか。具体的な保育場面から考えてみましょう。

③ **子育ての現状を受け，保育施設ではどのような取り組みをしているか学びましょう。**

　子育て支援や保育の質向上のために保育施設において行っていることについて理解を深めましょう。

第1節　子育てを取り巻く環境

（1）少子化・核家族化による子どもの育ちへの影響

　まずは，現代の社会環境について人口構成や家族構成という点から考えてみたいと思います。図表10－1からわかるように2016（平成28）年度の年間の出生数は約98万人となっており，1947（昭和22）年の調査以来過去最低となっています。また女性が生涯のうちで出産する子どもの数である合計特殊出生率は，1.44となり現在の人口を維持するために必要な2.07[1]を大きく下回っています。日本においては少子高齢化が加速しており，全人口に対する子どもの割合が減少しているということがわかります。

　では，子どもがいる家庭の状況はどうでしょうか。2016（平成28）年度の調査によると世帯構造において，全世帯に占める夫婦と子どものみの家庭が29.5％と最も多くなっています。時代における変化をみると，昭和60年代に15.3％

図表10－1　出生数及び合計特殊出生率の年次推移

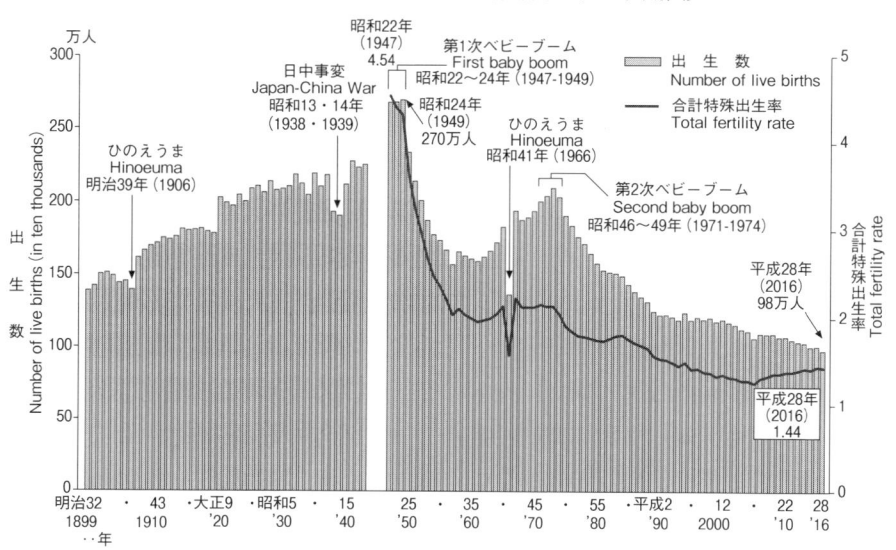

出所：「我が国の人口動態　平成30年」厚生労働省[2]。

であった三世代世帯が平成 28 年には 5.9 ％へと減少しており，これらの結果から核家族化が進んでいることがわかります。また，子どものいる家庭における子どもの人数による構成比では，子ども 1 人の家庭が 46.6 ％，子ども 2 人の家庭が 40.3 ％，3 人以上の家庭が 13.1 ％ [3] となっています。つまり，最も多い家族構成が夫婦と子ども 1 人の世帯ということになります。

　少子化や核家族化といった現象は，子どもの育ちや子育てにどのような影響を与えるのでしょうか。まずは子どもの育ちについて考えてみたいと思います。地域の子どもの数が減少しているということは，地域社会において同年代の子どもと関わる機会が減少しているといえます。また，家族内における子どもの数つまりきょうだいの減少は，年齢の近い異年齢の子どもと関わる機会を減少させます。

　続いて核家族化，少子化は子育てにどのような影響を与えているでしょうか。エピソードをもとにして考えてみたいと思います。

エピソード 10−1　部屋での遊び

　もうすぐ 3 歳になるタクマ。公園に遊びに行っても同年代の遊び相手を見つけることができず，最近は母親とタクマとで室内で過ごすことが多くなっています。集合住宅に住んでいるため，母親は階下に配慮し物音を立てないように気を使っています。

　車が好きなタクマは，ミニカーで遊ぶことが大好きです。その日もミニカーを手に床を走らせながら遊んでいました。初めのうちはカーペットの上でミニカーを走らせていたのですが，だんだんカーペットをはみだしてフローリングの床の上を走らせるようになりました。そのたびに母親は「そこは走らせちゃダメ」とか「カーペットの上でやって」とか「もう少し静かに」とタクマに注意をしていました。タクマがミニ

> カーでの遊びに熱中し，生き生きとミニカーを走らせるにつれて，母親の
> 口調もどんどん荒くなっていきました。

　少子化の影響によって，保育施設に入園する前の子どもをもつ親子は密室で
過ごすことが多くなりました。子育て中の母親の多くは，それまでの生活のな
かで乳幼児と関わる機会をほとんどもたずに母親となっています。また近くに
頼れる親類や知り合いも少ないため，子育てに対する不安や悩みは積み重なる
ばかりです。エピソードにあるように母親が子どもと1日中家のなかで過ごし，
子どもにどう対応したらよいかわからずイライラを募らせ，そのイライラを解
消することができなかったとしたらどうなるでしょうか。
　図表10－2は児童相談所において児童虐待の対応をした件数の推移となっ
ています。このグラフから20年前と比較し対応件数が大幅に増加しているこ
とがわかります。現代の密室育児が児童虐待を引き起こす1つの要因であると
考えることができるでしょう。このような現状を考え，子育て中の家庭を社会
全体で支援していくことが課題となっています。

図表 10 － 2　児童虐待相談対応件数

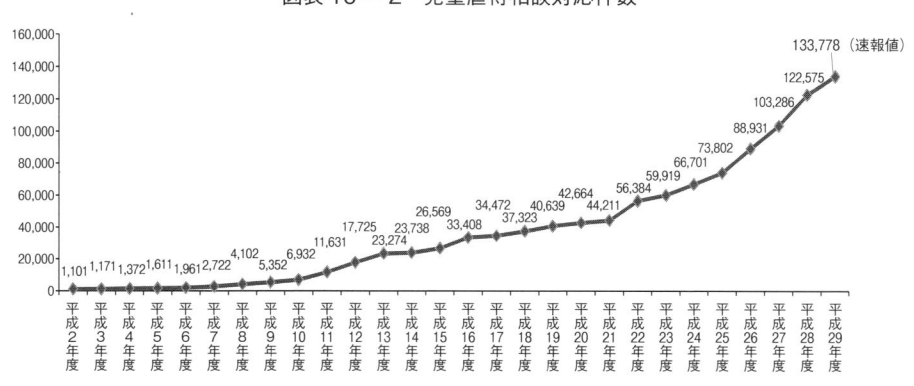

出所：「平成 29 年度児童相談所での児童虐待対応件数」厚生労働省[4]。

（2）効率化・情報化による子どもの育ちへの影響

　交通手段や交通網の発達により，かつてと比較して移動が容易になりました。また，生活の効率化が進みボタン 1 つで洗濯が完了したり，出来合いの食事がいつでも購入できそれが食卓に並ぶようになりました。人々の生活は効率化によってとても便利になりましたが，人の手で行っていた洗濯をすることや料理することといったそこに至るまでの行為の過程がわかりづらくなっています。

　情報機器の進化や情報インフラの普及により，さまざまな情報がどこにいても瞬時に手に入るようになりました。少し前までは，乳幼児のテレビの視聴が問題視されていましたが，現在においては 0 歳からスマートフォンやタブレットという情報機器により動画視聴をしているという調査結果[※1] があります。幼児期になるとスマートフォンやタブレットを操作し，ネットワーク型ゲームを楽しむ姿を目にすることもめずらしくありません。

　大人社会の生活の効率化や情報化は，子どもの生活にどのような影響をもたらしているでしょうか。文部科学省によると移動手段として車などを利用するようになったことや子どもが情報機器を使って過ごす時間が増加したことにより，体を動かして遊ぶ機会が減少し，子どもの体力が低下した[※2] と指摘しています。また，スマートフォンやタブレットの情報機器は個人で使用することが主であるため，人との関わりによって育っていくコミュニケーション能力が低下するのではないかということが懸念されています。

　乳幼児期は感覚器官や身体機能をはじめとして著しく発達する時期であるとともに今後の育ちの基礎を作る重要な時期です。子どもを取り巻く現在の環境を再度見直し，乳幼児期に必要な体験や多様な人との関わりを保障する必要があるでしょう。

（3）男女共同参画社会

　1999（平成 11）年「男女共同参画社会基本法」が制定されました。男女共同参画社会とは男女が，社会の対等な構成員として，自らの意思によって社会の

あらゆる分野における活動に参画する機会が確保され，もって男女が均等に政治的，経済的，社会的及び文化的利益を享受することができ，かつ，共に責任を担うべき社会[※3]のことをいいます。このような基本原則のもと，男女共に働きやすい職場環境や仕事と家庭の両立支援が整備されてきました。子育てをする女性の有職率も年々上昇し，それとともに保育所に入所する子どもの数も増加しています。しかし，一部の都市部では保育所の定員に空きがなく，入所待ちをする待機児童が問題となっています。

　図表10－3は保育所の施設数と入所人数の変化となっています。保育所に入所する子どもの数が年々増加していることがわかります。このような状況を受け，子ども子育て支援制度において，今まで無認可であった保育施設が小規模認可園として認可を受けることになりました。就学前の子どもを保育する施設として幼稚園や認定こども園そして多様な形態の保育所があります。1章で述べたようにどこの施設においてもそこで育みたい資質・能力，幼児期の終わ

図表 10 － 3　保育所等待機児童数及び保育所等利用率の推移

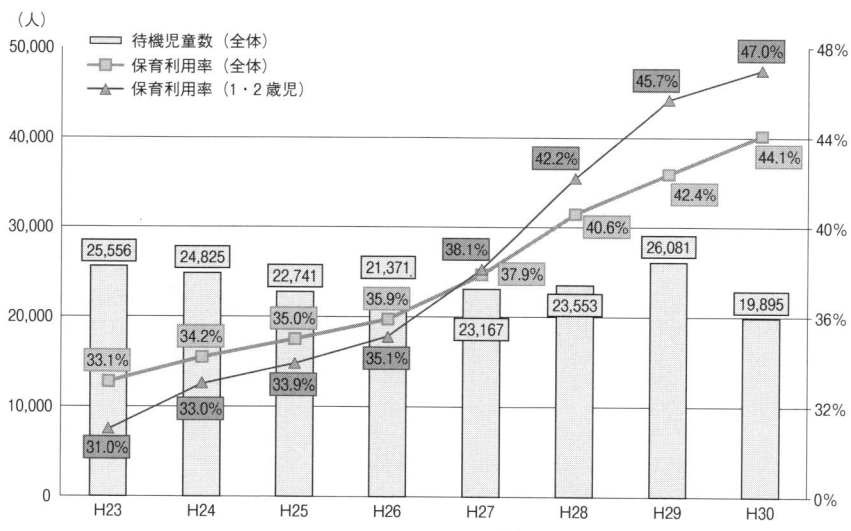

出所：「保育所等関連状況取りまとめ」厚生労働省[(5)]。

りまでに育ってほしい姿，そして保育の内容としての領域については，共通の事項となります。保育施設の形態によらず，保育の質が担保されることが課題であるといえるでしょう。

第2節　保育内容における課題

　第1節では，子育てを取り巻く現代の状況について述べました。現代の子育てをめぐる状況を受け保育施設においてはどのような課題があるといえるでしょうか。またそれに対してどのような保育を展開すればよいかということについて考えてみたいと思います。

（1）興味や関心に基づいた直接的な体験

　効率化を優先した生活は，直接子どもが状況に関わって体験する機会を減少させています。情報化によって娯楽性を追求したゲームでは，液晶画面上で生き物を捕獲したり，飼育をしたりすることができます。日常生活においては直接的で具体的な体験がどんどん減ってきているといえるでしょう。一方で環境や状況と直接関わりながら得ることができるのは身体の五感を通した経験であり，子どもたちはそこから多くのことを学び身につけていきます。

> **エピソード 10-2**　てんとう虫見つけた（5歳児）
>
> 　園庭で男児四人が図鑑を持ちながら花壇を覗き込んでいます。ケイトがてんとう虫を見つけ，「てんとう虫だ。これ赤じゃない。黄色だ。」と気づき，図鑑のてんとう虫と見比べています。トモヤは「見て，ここてんとう虫たくさんいる。ほら，ここにはダンゴムシ。」と植木鉢の下を覗きたくさんのダンゴムシを見つけて友だちに知らせました。カズキは「見て。さなぎ，さなぎはここにたくさんい
>
>

るんだよ！」と保育者にうれしそうに伝え，図鑑を見ながら何のさなぎなのかを保育者と一緒に考えています。

　エピソードでは，友だちと花壇で虫を探すこと，虫を見つけて触ってみること，そして虫についてもっと知りたいと思い図鑑で調べるといった多様な体験をしていることがわかります。このような体験からさまざまなことに気づいたり，気づいた内容をさらに調べ学びを深めようとする子どもの姿を読み取ることができます。虫のいる花壇がそばにあり，子どもがすぐ手に取れる場所に図鑑があってこその学びであるといえるでしょう。保育施設において保育者は，子ども理解に基づきながら子どもたちの興味や関心を引き出す環境を整えるとともに，多様な体験を位置づけながら保育を行っていくことが大切であるといえます。

（2）他者と関わりあう生活

　少子化や核家族化の影響によって，子どもが成長する過程において自身の親以外の他者と関わる機会が減少してきました。子どもは他者と関わるなかで，他者の存在に気づき，他者とともに過ごすことの楽しさや，他者との関係のなかで自己を抑制することなどを学ぶとともに自己という存在を確立していきます。保育施設の環境のなかには，自然環境や物的環境だけでなく，保育者や友だちなどの"人"も含まれています。遊びのエピソードからこのことについて考えてみたいと思います。

■エピソード 10−3■ どうやったら溜まる？（3歳児2月）

　砂場に穴をほり，「おんせん」を作っているシュウ。バケツで水を運んで入れますが，すぐに水が砂にしみこみ，消えてしまいます。「なんで消えちゃうんだろう」諦めずに何回か水を運んで入れますが，変わらず…。別の方法を考え，バケツのなかで作った泥水も入れてみますが，やっぱり溜まりません。その隣で，コウが数人の友だちと穴に水を入れ，海を作っ

て遊んでいました。なみなみと水が溜まっているのを見て，「コウくんが
やって」と，声をかけます。すると，「いっせーの，でやると（数人で一気
に水を入れると）できるんだよ」とコウが教えてくれました。

　二人で一緒にバケツに水を汲みに行き，せーので水を入れてみると，さ
っきよりも水が溜まりました。「やった！」と嬉しそうなシュウ。その後
しばらく，水を運んでは入れて，溜まり具合を確かめていました。

　エピソードのシュウが砂場で一人で遊んでいたとしたら…シュウがイメージ
したように「おんせん」の水はずっと溜めることができなかったかもしれませ
ん。同じクラスのコウにアドバイスをもらい，二人で協力して水を溜めます。
うれしそうに水を運んでは入れることを繰り返しているシュウの様子からは，
友だちと一緒に遊ぶことの楽しさを感じていることがわかります。

　同じクラスの友だちとして同じ場を共有して遊ぶからこそ，友だちとの関わ
りが生まれてくるといえます。保育施設は，子どもたち同士の関わりを創出す
る場として，重要な役割を果たしています。

［エピソード 10-4］　縄跳び跳べたよ（4，5歳児）

　花の水やりをしていた5歳児クラスのハルトとユウスケ，アカリとユキ
はじょうろをじょうろ置き場に戻すと，男児たちがテラスの床に縄跳びの
入った箱が置いてあるのを見つけました。「縄跳びやろう」と一人が言い

出すと他の三人も続きます。四人は縄跳びを手に取ると勢いよく駆け足跳びで園庭に駆けていきます。前跳びや後ろ跳び，あや跳びなどさまざまな跳び方に挑戦します。保育者も縄跳びで遊んでいる子どもたちに気づくと，「ハルトくん，すごいすごい。」などと声をかけたり，「1，2，3…」と数えたりしています。子どもたちは「先生，今10回跳べたよ！」「先生，見てて！」と保育者を呼び，保育者は一人ひとり順番に応えていきます。

　少しすると，4歳児クラスのヒロトが縄跳びを持ってきて遊びに加わります。前跳びがなかなかうまくできないヒロトを見て，5歳児クラスのアカリは「ヒロトくん，こうやって跳ぶといいんだよ。」とアドバイスをします。ヒロトは言われた通りに跳んでみるものの跳ぶことはできませんでした。保育者は二人の様子をそっと見守っていましたが，その後，ヒロトに跳び方を教えます。跳べるようになったヒロトの姿を見たアカリも嬉しそうに微笑んでいました。

　縄跳びは個人で行うものですが，エピソードにあるように5歳児の子どもたちが誘い合って遊ぶ姿が見られます。友だちの跳び方が刺激になったのでしょう，子どもたちそれぞれがいろいろな跳び方に挑戦していきます。そして子どもたちの遊びを支え，より楽しいものとするために，遊びを見守り子どもたちに言葉をかける保育者の存在も欠かせません。

　保育施設における子どもたちの関わりは，同年齢の子どもたち同士だけのものではありません。4歳児のヒロトは年長児の姿に憧れて縄跳びを始めます。5歳児のアカリは自分より年少のヒロトに優しく跳び方のアドバイスをします。このように異年齢児が集まる保育施設においては，その関わりのなかから生まれる子どもたちの育ちがあります。

　日常生活のなかで人との関わりが希薄となっている現代だからこそ，エピソードに見られたように保育のなかで多様な人との関わりを創出する工夫が必要であるといえるでしょう。

（3）生活の連続性

　子どもたちの園での生活は一日一日が昨日から今日，今日から明日へと時間的に連続しています。また家庭での生活や地域社会から切り離されたものではありません。まずは，園の生活と家庭，地域といった生活空間の連続性について考えてみたいと思います。園に入園するまでの家庭生活における経験は，そのまま園の生活へと反映されます。また逆に園での楽しい遊びを家庭で再現したりすることがあるでしょう。登降園時に家庭での子どもの様子を聞いたり，園だよりなどで子どもたちの様子を伝えたりするなど，子どもの生活のつながりを意識して家庭と園との連携を図っていくことが重要となってきます。

　続いて地域社会とのつながりについて考えてみたいと思います。現在，都市化による地域社会の衰退に伴い，そこに住む住人の地域への帰属意識が薄くなってきていることが問題となっています。幼稚園や保育所，認定こども園はどの園も地域のなかに存在し，その園を取り囲む自然環境そしてさまざまな地域資源があります。近年では，地域社会の将来を担う人材の不足から，地域社会自体が消滅の危機にあるといわれています。まずは，保育者自身が地域への帰属意識をもって園周辺の地域を見直すことが重要となってくるでしょう。そして未来において地域社会を担っていく子どもたちを育成するために，地域の自然，地域の人々との交流，地域の伝統や文化などを保育にとり入れ，子どもたちに "地域のなかで生活している" という意識を体験から育てていくことが大切となってくるでしょう。

　最後に子どもの育ちの連続性について考えてみたいと思います。5 歳児は 3 月に幼稚園や保育所での生活が終了し，4 月になると小学校での生活が始まります。子どもの育ちは連続しており，子どもたち自身に大きな変化はありませんが，通う施設の変化からその環境は大きく変わります。自発的な遊びを中心とした幼稚園や保育所から，教室での授業が中心となる小学校へという生活の場の変化は，子どもたちの不適応を起こすことがあります。授業中に先生の話を聞くことができない，立ち歩いたり教室から出て行ってしまう，不登校など小学校の 1 年生のころに見られる不適応の状態を「小 1 プロブレム」[※4] とし，

現在多くの小学校において問題となっています。

　こうした背景を受け，幼稚園や保育所ではどのような取り組みがされているのでしょうか。幼稚園教育要領や保育所保育指針，幼保連携型認定こども園教育・保育要領においては，小学校教育への円滑な接続のため，幼児と小学校の児童との交流の機会を設けることが示されています。年長児が近くの小学校に出かけていき，小学生と一緒に数時間を過ごすことなどがこれにあたります。一方小学校では，教科等を合科・統合させたり，活動時間を短くしたりするなどスタートカリキュラムを編成・実施[5]するなどの工夫がされています。

　幼稚園や保育所，認定こども園と小学校が連携を図り，保育者と教師が交流しながらお互いの教育内容の理解を深めることを通して適切な支援をしていくことが学校現場における問題解決のために必要となるでしょう。

第3節　保育施設としての取り組み

（1）子育て支援

　子育て環境の変化から，親の養育力の低下が問題視されています。保育の専門性をもつ保育者のいる幼稚園や保育所および認定こども園は，在園児の家庭のみならず地域の子育て家庭の支援を行うことや地域の乳幼児期における保育や教育の中心的な役割を果たすことが求められています。

①　預かり保育・延長保育

　女性の社会進出が進み，働き方が多様化してくると同時に保育のニーズも多様化してきました。それに伴い保育施設における保育時間も変化をしてきています。幼保連携型認定こども園は，2006（平成18）年に小学校就学前の子どもに対する教育及び保育並びに保護者に対する子育て支援の総合的な提供をするための施設として法制化されました。そのため図表10 − 4 からもわかるように同じ施設内においても保育の必要性に応じた認定によって，子どもたちの保育時間は異なります。

図表 10 − 4　認定こども園における認定

	対象	保育時間
1 号認定	3 〜 5 歳児	標準的な教育時間（おおむね 4 時間）
2 号認定	3 〜 5 歳児（保育を必要とする）	保育時間（標準時間・短時間）
3 号認定	0 〜 2 歳児（保育を必要とする）	保育時間（標準時間・短時間）

図表 10 − 5　預かり保育の実施状況

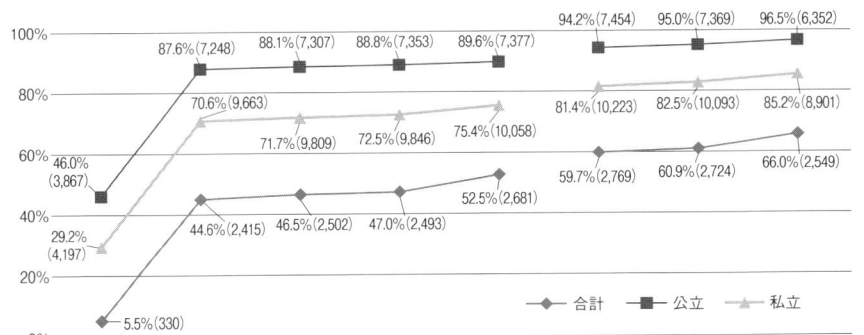

出所：「平成 28 年度幼児教育実態調査」文部科学省（6）。

　保育所においては，親の労働時間の長時間化に合わせて早朝保育や延長保育を行っています。現在では朝は 7 時から，夜は 19 時以降まで延長保育を行っている保育所もめずらしくありません。子どもが起きて活動している時間の大半を保育所で過ごすことになります。

　幼稚園においては，教育課程に係る教育時間外の教育活動として，通常の教育時間の前後や長期休業中に預かり保育を実施する園が増えています。図表 10 − 5 を見てみると，2016（平成 28）年度には公立幼稚園，私立幼稚園を合わせ 85.2％の園，つまりほとんどの幼稚園が預かり保育を実施していることがわかります。この預かり保育は教育課程に係る教育時間外の教育活動ですが，教育課程に基づく活動を担当する教師と連携を図り，通常の保育時間と同様に教育活動の計画を立てることが求められています。ほとんどの幼稚園において実施されているからこそ，預かり保育においても適切な責任体制と指導体制を整

備し，教育時間との関連を考慮しながら実施されることが必要となっています。

　幼稚園においても保育所においても，以前より教育時間や保育時間が長時間化しています。家庭との連携を図りながら，子どもの生活全体を考えて保育を組み立てていくことが大切となるでしょう。

　②　在園児の家庭および地域の子育て家庭に対する子育て支援

　前述した預かり保育や延長保育は，在園児の家庭に対する子育て支援の取り組みの1つですが，他にどのような取り組みがあるか考えてみたいと思います。

　学校教育法第24条には，「幼稚園は幼児期の教育に関する各般の問題につき，保護者及び地域住民その他の関係者からの相談に応じ，必要な情報の提供及び助言を行うなど，家庭及び地域における幼児期の教育の支援に努めるものとする」とあります。個別面談を通して相談に応じること，保護者会を開いて情報を提供することなど，保護者に対して支援の場を設定することもあります。しかしこういった特別な場だけでなく，お迎えの際の会話や行事への参加，園だよりの発行など日々の保育のなかにも，支援の機会は多く含まれています。

　児童福祉法第18条においては，保育士について「専門的な知識及び技術をもって，児童の保育及び児童の保護者に対する保育に関する指導を行うことを業とする者をいう」とあります。幼稚園での取り組みに加え，日々の連絡帳の記入や給食のメニュー紹介なども支援の機会として挙げられるでしょう。

　地域の子育て家庭に対する支援としては，一時保育や子育てに関する相談に応じることなどがあります。また，施設を利用し地域の親子に遊び場を提供する取り組みとして，園庭開放や子育て広場を開設する園もあります。

　保育施設における子育て支援とは，長時間にわたり子どもの保育をして，親の子育てを肩代わりすることではありません。2012（平成24）年に制定された子ども子育て支援法[※6] 第2条には，子育て支援について以下のように規定しています。

　　子ども・子育て支援は，父母その他の保護者が子育てについて第一義的責任を有するという基本認識の下に，家庭，学校，地域，職域その他の社会のあらゆる分野における全ての構成員が，各々の役割を果たすとともに，相互に協力して行わなければならない。

　子育ての第一義的責任は，父母その他の保護者にあります。保育施設における子育て支援において大切なことは，保育者から保護者に対する一方的な支援ではなく，保育の専門性をもった保育者と保護者が共に子どもの成長を喜びあえるような支援であるといえるでしょう。

（2）保育の質向上をめざして

　子育てを取り巻く環境の変化に伴い，保育施設や保育者に求められる役割が多様化してきました。子どもの最善の利益を実現するためには，保育施設の形態にかかわらず，質の高い保育が提供される必要があります。そのため保育者は保育の質の向上に取り組むことが課題となってきます。

　2012（平成24）年に文部科学省より出された幼稚園教員の資質向上に関する調査研究協力者会議報告書においては，現職教員における課題として，教職経験に応じた園内研修・園外研修の充実を挙げています。そして，2017（平成29）年に告示された幼稚園教育要領においては，教育課程に基づき，全教職員の協力体制の下，組織的かつ計画的に各幼稚園の教育活動の質の向上を図ること（カリキュラム・マネジメント）に努めることとしています。また2017（平成29）年に告示された保育所保育指針では，第5章職員の資質向上において，保育所内外の研修等を通じて職務内容に応じた専門性を高めるため，必要な知識及び技術の修得，維持及び向上に努めなければならないとしています。研修の重要性が保育所保育指針のなかに位置づけられました。

　このように，研修や保育の評価を通して保育者としての専門性を高めること，そして高い専門性をもった保育者たちが協働して園の保育全体の質を向上させることがすべての保育施設に求められているといえるでしょう。

　子どもたちを取り囲む社会環境は急速に変化をしています。保育者は常に目の前の子どもたちにとっての最善の利益を考慮しながら保育に取り組む姿勢が求められます。

＊エピソード 10 － 3 は白梅学園大学附属白梅幼稚園教諭松尾桃子氏に提供いただきました。

【注】

※１）平成 26 年総務省の調査によると０歳児の１割が情報通信端末を利用（保護者が見せたり使わせたりしている場合を含む）しており，その割合は年齢とともに上昇し，４歳児〜６歳児は４割を超えているとしています（「未就学児等の ICT 利活用に係る保護者の意識に関する調査報告【概要版】平成 27 年」総務省情報通信政策研究所）。

※２）「幼児期運動指針　平成 24 年」文部科学省スポーツ・青少年局長通知。

※３）男女共同参画社会基本法第２条。男女共同参画社会基本法とは，男女共同参画社会の形成についての基本理念を明らかにしてその方向を示し，将来に向かって国，地方公共団体及び国民がその社会の形成に関する取組を推進するための法律。

※４）大分県，東京都，高知県の調査によると小学校の３〜５校に１校の割合で小１プロブレムの問題が発生しているということである（三浦光哉編著『５歳アプローチカリキュラムと小１スタートカリキュラム』ジアース教育新社，2017 年）。

※５）文部科学省国立教育政策研究所教育課程研究センター編著『発達や学びをつなぐスタートカリキュラム』学事出版，2018 年。

※６）急速な少子化の進行並びに家庭及び地域を取り巻く環境の変化に鑑み，児童福祉法（昭和二十二年法律第百六十四号）その他の子どもに関する法律による施策と相まって，子ども・子育て支援給付その他の子ども及び子どもを養育している者に必要な支援を行い，一人一人の子どもが健やかに成長することができる社会の実現に寄与することを目的とした法律。

―――――――――――――――――　引用文献　―――――――――――――――――

（１）厚生労働省政策統括官『平成 30 年　我が国の人口動態調査　平成 28 年までの動向』統計・情報政策担当　https://www.mhlw.go.jp/english/database/db-hw/dl/81-1a2en.pdf

（２）政策統括官付参事官付世帯統計室　平成 29 年「平成 28 年　国民生活基礎調査の

概況」 https://www.mhlw.go.jp/toukei/saikin/hw/k-tyosa/k-tyosa16/dl/16.pdf
（3）「出生数及び合計特殊出生率の年次推移—明治 32 〜平成 28 年—」『平成 30 年　我
　　が国の人口動態調査　平成 28 年までの動向』統計・情報政策担当，9 頁　https://
　　www.mhlw.go.jp/english/database/db-hw/dl/81-1a2en.pdf
（4）「児童虐待相談対応件数の推移　平成 30 年」『平成 29 年度　児童相談所での児童
　　虐待対応件数＜速報値＞』厚生労働省　https://www.mhlw.go.jp/content/11901000/
　　000348313.pdf
（5）「保育所等待機児童及び保育所等利用率の推移」平成 30 年「保育所等関連状況取
　　りまとめ（平成 30 年 4 月 1 日）」 https://www.mhlw.go.jp/content/11907000/00035
　　0592.pdf
（6）「幼稚園における預かり保育の実施状況（平成 28 年 6 月 1 日現在）」『平成 28 年度
　　幼児教育実態調査』文部科学省初等中等教育局幼児教育科　http://www.mext.go.jp/
　　component/a_menu/education/detail/__icsFiles/afieldfile/2018/01/17/1278591_05.
　　pdf

・・・・・・・・・・・・・・・・・・・・・・ 参考文献 ・・・・・・・・・・・・・・・・・・・・・・

小川博久『保育者養成論』萌文書林，2012 年。
亀崎美沙子『保育の専門性を生かした子育て支援』わかば社，2018 年。
中央教育審議会（答申）「子どもを取りまく環境の変化を踏まえた今後の幼児教育の在
　　り方について」，平成 17 年。
本田由紀『『家庭教育』の隘路　子育てに脅迫される母親たち』勁草書房，2007 年。
前田正子『みんなでつくる　子ども・子育て支援新制度—子育てしやすい社会をめざし
　　て—』ミネルヴァ書房，2014 年。
文部科学省『幼稚園教育要領解説』フレーベル館，2018 年。
厚生労働省『保育所保育指針解説』フレーベル館，2018 年。
内閣府・文部科学省・厚生労働省『幼保連携型認定こども園教育・保育要領解説』フ
　　レーベル館。

第 10 章　確認問題

1．子どもを取り囲む現在の社会環境とそれが子どもに与える影響について
　　100 字程度でまとめましょう。

2．1 のような現状を受け，保育施設においてどのような課題があるかについ
　　て 100 字程度でまとめましょう。

確認問題の解答

▌第1章　保育内容の意味について学ぼう

①	環境	②	援助	③	遊び	④	学習	⑤	ねらい	⑥	内容
⑦	領域	⑧	健康	⑨	人間関係	⑩	環境	⑪	言葉	⑫	表現

（⑧～⑫は順不同）

▌第2章　保育内容の歴史的変遷について学ぼう

1.　　第1恩物（6球）は，乳児の玩具・ガラガラなどに，赤・青・黄・緑・橙などの
球がついたものがあり，握ったり，口のなかに入れたり，振って遊んでいる。
　　　第2恩物（球・立方体・円柱）・第3恩物（立方体）・第4恩物（直方体）・第5
恩物（立方体・三角柱＜2種＞）・第6恩物（直方体＜3種＞）はすべて木の積み木
として，並べたり，積み上げたり，さまざまなものを作ったりする積み木遊びに使わ
れている。
　　　第7恩物（色板）は，色の付いた木片の玩具での組み立て遊びや，折り紙や色画
用紙などを組み合わせて，何かの形や模様を作る遊びができる。
　　　第8恩物（細い木の棒）は，細い木の棒を組み合わせて並べて何かの形に見立て
たり，接着剤などで接合して立体的に組み合わせて遊ぶことができる。
　　　第10恩物（粒体）は，豆や種，ビー玉やビーズなどを並べて，形や模様を作る
遊びや，粘土などと組み合わせて遊ぶことができる。
2.　　保育者が子どもたちに何か課題を提案したり，活動を設定する保育だけでなく，
子どもの興味や関心，発達にあった玩具や保育教材，素材や道具などを豊富に用意
し，子どもが使いやすいように配置したり，安全にのびのびと遊べるような場，落
ち着いてじっくり遊べるような空間を整え，遊びに必要な十分な時間を確保する。
保育者は過度に干渉せず見守りながら，子どもが必要とするときに適切な言葉かけ

やはたらきかけ，物の用意や提供をする。子どもが自分のしたいことを選んで，自分で考えて試行錯誤し，意欲をもって楽しく活動できること，子どものしたいことが実現できるような活動を取り入れる保育が，子どもの自主性を尊重した保育ではないだろうか。

第3章　保育内容と子どもの発達について学ぼう

①	愛着	②	精神	③	喃語	④	誕生	⑤	発達段階
⑥	発達課題	⑦	発達の課題	⑧	発達過程	⑨	発達	⑩	総合

第4章　保育内容における遊びの意義について学ぼう

1．遊びの名称：砂場遊び

　遊びの内容：

・手で砂を触って砂の感触を楽しむ。

・カップの空き容器などを使って，型抜き遊びをする。

・シャベルやスコップなどを使って，砂を入れたり出したりする，穴を掘る，山を作る。

・友だちと一緒にトンネルを掘る，水を入れて川や海を作る。

・どろ団子を作る。

・砂と身近な草花や木の実で料理をする真似をしたり，ままごと遊びをする。

・作った物で友だちと一緒にお店屋さんごっこをする。

2．領域「人間関係」

　内容：④いろいろな遊びを楽しみながら物事をやり遂げようとする気持ちをもつ。

　　　　⑧友達と楽しく活動する中で，共通の目的を見いだし，工夫したり，協力したりなどする。

　領域「環境」

　内容：②生活の中で，様々な物に触れ，その性質や仕組みに興味や関心をもつ。

　　　　③自然などの身近な事象に関心をもち，取り入れて遊ぶ。

　領域「表現」

　内容：⑤いろいろな素材に親しみ，工夫して遊ぶ。

3. 環境整備

　砂場の衛生管理と点検：清掃。ゴミや異物の撤去。動物の糞尿防止。砂の補充．掘り返しなど。

　遊び道具などの用意

　砂場遊びの玩具、ペットボトルや空き容器など、遊びの様子を見ながら必要な物を用意する。子どもの発達を考慮して、数の調整をする（貸し借りができるようにする）。

　保育者の姿勢と援助

　危険がないように見守りながら、必要なときに言葉をかける・一緒に遊ぶ・励ます。助けを求められたときにはヒントを与える・認めるなど、子どもの気持ちや体験していることを考えながら関わる。

第5章　保育内容と環境について学ぼう

1. 環境に子どもが主体的に関わり、何かを感じたり、気づいたり考えたり、試行錯誤を繰り返すこと。

2. 自然環境・・・雨・風など自然事象、草・木・小動物など
   物的環境・・・遊具、材料や素材、場や空間など
   文化的環境・・・日本の文化を伝える行事、異文化に触れる行事、地域行事など

3. 周囲の様々な環境に好奇心や探究心をもって関わり、それらを生活に取り入れていこうとする力を養うこと。

第6章　保育内容と子どもの生活について学ぼう

1. （1）× （2）× （3）×

2.

①	②	③	④	⑤
変化	問い	主体的	教育的価値	精選

第7章　幼稚園教育要領と保育内容について学ぼう

1. 解答：2

　解説：総則では、幼稚園教育の主旨が述べられています。重要な項目ばかりですので覚えておきましょう。

2．解答：5

解説：2017（平成29）年に告示された幼稚園教育要領の主な改訂点に「幼児期の終わりまでに育ってほしい姿」があります。3つの要点も含めて理解しておきましょう。

3．（1）解答：×

解説：「小1プロブレム」のためだけではなく，幼児期の発達と学びを小学校につなげていくことが重要となります。

（2）解答：×

解説：「幼児期の終わりまでに育ってほしい姿」は，卒園までの達成目標ではありません。目安として，年少からの幼稚園生活全体でとらえ，小学校とも共有すべき事項となります。

（3）解答：○

解説：保育者は，あくまで遊びを構成する環境（人的環境）の一部として理解しておきましょう。その場を取り仕切り，積極的に声をかけたくなりますが，子ども同士の対話を引き出し，支援することが重要な役割となります。

第8章　保育所保育指針と保育内容について学ぼう

1．（1）×　　（2）×

2．

①	養護	②	教育	③	20

3．図表8－2の，かつての「保育に欠ける」事由には，保護者の育休中は該当する事由が存在せず，＜②出産後間がないこと＞の該当期間を過ぎると，「保育に欠ける」とみなされず，致し方なく「退園」に至るケースがありました。しかし，図表8－1の，新制度における事由には，＜9　育児休業取得時に，既に保育を利用していること＞と明記されており，すでに通っている園児は，保護者の育休取得を理由に退園を迫られることはなくなったといえます。

第9章　保育内容におけるカリキュラムの展開について学ぼう

①	全体的な計画	②	年間指導計画	③	期の指導計画（期案）	④	月の指導計画（月案）	⑤	週の指導計画（週案）
⑥	1日の指導計画（日案）	⑦	個別指導計画	⑧	質の向上	⑨	組織	⑩	計画

第10章　保育内容の課題について学ぼう

1．少子化・核家族化に伴い，母子が家族以外の人々と関わる機会が減少している。また都市化や情報化によって子どもが外で体を動かすことや，直接的な体験をする機会が減少した。そして保育施設では，保育時間が長時間化する傾向にある。（108字）

2．保育施設においては，子どもの最善の利益や生活の連続性を考慮しながら，直接体験や多様な人との関わりを意識した保育を組み立てていくことが重要である。また，在園児だけでなく地域の子育て家庭を支援していくことが求められている。（109字）

索　　引

《著者紹介》（五十音順）

今井康晴（いまい・やすはる）　担当：第7章
　東京未来大学こども心理学部専任講師

梶原里美（かじわら・さとみ）　担当：第5章
　足立区立鹿浜こども園・園長

金　瑛珠（きむ・よんじゅ）　担当：第6章，第8章
　東京未来大学こども心理学部准教授

山路千華（やまじ・ちか）　担当：第9章
　白鷗大学教育学部専任講師

善本眞弓（よしもと・まゆみ）　担当：第2章，第4章
　東京成徳大学子ども学部教授

《編著者紹介》

福﨑淳子（ふくざき・じゅんこ）　担当：第3章
　日本女子大学大学院児童学専攻修了　大妻女子大学にて博士（学術）取得。
　東京未来大学名誉教授。
　現　在　白鷗大学教育学部教授。

主要著書
　『大場幸夫が考えていた保育の原点』（共著）創成社，2012年。
　『エピソードから楽しく学ぼう子ども理解と支援』（編著）創成社，2015年。
　『コンパス　保育内容　言葉』（共著）建帛社，2017年。

及川留美（おいかわ・るみ）　担当：第1章，第10章
　聖徳大学大学院児童学研究科博士後期課程単位取得退学。
　児童学（修士）。
　現　在　東京未来大学こども心理学部准教授。

主要著書
　『エピソードから楽しく学ぼう環境指導法』（共著）創成社，2017年。
　『教育課程・保育の計画と評価 書いて学べる指導計画』（共著）萌文
　　書林，2018年。

（検印省略）

2019年4月20日　初版発行　　　　　　　　　　略称―新保育

［新版］エピソードから楽しく学ぼう
保育内容総論

編著者　福﨑淳子・及川留美
発行者　塚 田 尚 寛

発行所　東京都文京区　　**株式会社　創 成 社**
　　　　春日2-13-1
　　　　電　話　03（3868）3867　　ＦＡＸ　03（5802）6802
　　　　出版部　03（3868）3857　　ＦＡＸ　03（5802）6801
　　　　http://www.books-sosei.com　振　替　00150-9-191261

定価はカバーに表示してあります。

©2019 Junko Fukuzaki,　　　組版：ワードトップ　印刷：エーヴィスシステムズ
　　　Rumi Oikawa　　　　　製本：宮製本所
ISBN978-4-7944-8089-7　C3037　落丁・乱丁本はお取り替えいたします。
Printed in Japan